浙江省普通本科高校"十四五"重点立项建设教材

大学生心理健康"微"教程

A Simple Course on Mental Health
for College Students

刘曼曼 来 燕 主编

化学工业出版社

·北 京·

内容简介

本教材结合本科院校大学生的身心发展特点，紧扣大学生适应和发展的主题，以积极心理学理念为指导，注重前沿性和实效性，充分考虑科学性、严谨性和趣味性的结合。

主要内容包括大学生心理健康概论、探索人际、探索恋爱、探索情绪、探索自我、探索生命六个单元。每个单元包括2个或3个"微课堂"，通过案例导入、理论介绍、理论应用、实操训练、延伸阅读等栏目，配以视频"微课"，将知识学习、知识应用和自我探索有机结合，从而帮助学生更好地内化知识，学以致用。"微课"围绕某一个心理健康知识点，以生动活泼的语言、图文并茂的画面，深入浅出地开展教学。

本书可作为本科院校的心理健康教育教材使用。

图书在版编目（CIP）数据

大学生心理健康"微"教程 / 刘曼曼，来燕主编.
北京 ： 化学工业出版社， 2025. 5. -- （浙江省普通本科高校"十四五"重点立项建设教材）. -- ISBN 978-7-122-47948-8

Ⅰ. G444

中国国家版本馆CIP数据核字第2025KE9793号

责任编辑：贾　娜　　　　　　　　装帧设计：史利平
责任校对：杜杏然

出版发行：化学工业出版社
　　　　　（北京市东城区青年湖南街 13 号　邮政编码 100011）
印　　装：天津千鹤文化传播有限公司
787mm×1092mm　1/16　印张 15¼　字数 365 千字
2025 年 6 月北京第 1 版第 1 次印刷

购书咨询：010-64518888　　　　　　售后服务：010-64518899
网　　址：http://www.cip.com.cn

定　　价：49.00元

本书编写人员

主　编　刘曼曼　来　燕

副主编　汪　磊　魏　伟　段丹丹　姜晓燕

参　编（按姓氏笔画排序）

　　　　　　丁艺雪　王　颖　王晓梅　孙　晨

　　　　　　何含笑　林昕潞　俞慧娜　唐　超

前言

  党的二十大报告指出，要重视心理健康和精神卫生，强调育人的根本在于立德，要培养德智体美劳全面发展的社会主义建设者和接班人。站在新的历史方位，心理健康教育作为落实立德树人根本任务的重要抓手，既是新时代青年培根铸魂、启智润心的关键环节，更是培育时代新人的重要工程。

  浙江中医药大学自 20 世纪末以来，一直高度重视心理健康教育工作，1991 年正式启动心理健康教育课程教学工作，在全体新生中开设"心理卫生"专题讲座，每学期 10 学时；1998 年开设"心理健康概论"选修课，课程时数 36 学时。2011 年，教育部颁布了《普通高等学校学生心理健康教育课程教学基本要求》，2012 年浙江中医药大学及时响应，将心理健康课由公共选修课升格为公共必修课，覆盖全体大一学生。当时，正值教学改革浪潮的兴起，信息技术在大学教育中的运用日趋成熟，学校对"大学生心理健康"课也进行了深度的改革。2013 年，以心理健康教育中心（教研室）为主体，主持完成了系列"微课"的创作，并在省内率先开展"翻转课堂"教学模式改革与实践，在取得较好成效的同时，我们也意识到传统教材无法匹配"翻转课堂"的教学需要。为了将"大学生心理健康""翻转课堂"深入推行下去，以期取得更好的教学效果，我们决定编写配套教材，即《大学生心理健康"微"教程》。教材由教学视频和配套文字两个部分组成，教学视频包含 13 讲"微课"，每讲"微课"约 10 分钟左右。"微课"围绕某一个心理健康知识点，以生动活泼的语言、图文并茂的画面，深入浅出地开展教学。文字部分，除了配合教学视频介绍相关知识点的基本内容以外，着重通过"案例解析、常见问题答疑、课堂练习、延伸阅读"等形式，强化理论在实际生活中的运用，提升学习的实效性。该教材 2015 年由电子工业出版社出版后，得到省内一些兄弟院校使用或部分使用，获得较好的同行认可。

  随着时代的发展，信息技术的更新迭代，以及新时代学生对数字教学资源提出的更高要求，2020 年，我们对原有"微课"进行了重新创作与拍摄，从原有的 13 讲更新为 25 讲，内容更加丰富，制作更加精良，同时上线"浙江省高等学校精品在线开放课程共享平台"和"智慧树"平台，进行全国推广。2021 年，该系列"微课"被评为浙江省本科高校"线上一流课程"，因此与之配套的文字教材也亟须更新完善。与此同时，近年来编写团队依据党中央的新政策、新精神，结合社会新形势、学生新实际也开展了相应的研究。基于以上原因，编写团队于 2024 年启动教材的修订工作，在注重深入性、实用性、趣味性等特色的基础上，融入中医药传统文化精髓，突出课程思政理念。

具体来讲，本教材以《普通高等学校学生心理健康教育课程教学基本要求》为纲领，结合本科院校大学生的身心发展特点，紧扣大学生适应和发展的主题，以积极心理学为理论指导，结合中医"未病先防和既病防变"的"治未病"理念，设置心理健康概论、探索人际、探索恋爱、探索情绪、探索自我、探索生命六个单元，每个单元包括 2 个或 3 个"微课堂"，每堂课均通过案例导入、理论介绍、理论应用、实操训练、延伸阅读等栏目，将知识学习、知识应用和自我探索进行有机结合。

案例导入部分：通过故事、寓言或案例引出本堂课的知识点，并明确提出"学习目标"，有利于教师和学生明确哪些内容需要重点掌握，哪些内容需要熟悉，哪些内容只需要了解，以便有的放矢地教与学。

理论介绍部分：通常包括基本知识和拓展知识两个部分。基本知识与微课中的知识点相互匹配，是学生必须掌握的内容，也是学生在复习迎考时重点学习的内容；拓展知识部分与基本知识相关度较高，是基本知识的深化或延伸。

理论应用部分：通过案例解析和常见问题答疑两个板块，帮助学生更好地将理论与实际生活相结合，目的是帮助学生更好地理解和掌握理论知识。这部分内容和"微课"一起，是学生课前自学的重要内容。

实操训练部分：对于教师来说，这部分内容是课堂教学设计的一个模板，可以结合本班学生的实际情况加以筛选，根据课前了解情况，针对学生的薄弱点和疑难点选取部分练习用于强化知识、促进体验。对于学生来说，通过实操训练不仅可以在心理测量中认识和了解自我状态，还可以通过个人和小组练习进一步巩固知识、加深体验，此外它也可以作为自我心理探索和心理成长的点滴记录。

延伸阅读部分：包括课外链接和推荐资源两个部分，内容上主要考虑前沿性、趣味性和启发性，目的在于帮助学有余力的学生开拓视野。教师也可选取其中学生感兴趣的部分在课堂上做进一步分享。

编写教材是一项艰巨的任务，在《大学生心理健康"微"教程》的编写和修订过程中，要特别感谢第一版第一主编陈刚教授（浙江中医药大学原党委副书记）的大力指导和支持，陈教授付出了大量时间参与教材的统稿、修改；感谢学工部王建钟部长对教材修订改版的全力支持和无私帮助；同时，对所有在本教材的初版和修订再版过程中提供支持的相关领导，表示衷心感谢；也感谢方静、蒋笑燕、鞠颂三位老师在初版教学视频拍摄过程中的辛苦付出，感谢李美辰协助搜集部分章节的资料！

由于"大学生心理健康""翻转课堂"的教学实践仍处于不断深化和积累经验的过程，加之我们学术水平的限制，本教材一定还存在着诸多的不足和疏漏，热忱欢迎广大师生对本教材提出批评意见，以便我们不断修改完善。

编者

2025 年 6 月

目 录

第1单元

健康人生，从心开始
——大学生心理健康概论

第1堂

认识心理：心理及其发展规律

1800年，一个一丝不挂的男孩出现在法国中南部一个小镇的郊外。这个男孩年纪约12岁，但身高只有136厘米。他爬树，用四肢奔跑，喝溪水，吃橡树果和树根充饥。他既不说话，也不对别人的话做出反应，就像一只习惯了野外生活的动物一样，他不但拒绝人们为他准备的食物，还想撕烂人们为他穿上的衣服。毫无疑问，他不是父母双亡就是被父母遗弃，但很难确定这些事情究竟发生在什么时候。经过最初的观察后，这个被人们称为"维克特"的孩子被送往巴黎的一所听障儿童学校。在那里，维克特被转交给吉恩·伊塔德。伊塔德把维克特带到自己家里，并且在接下来的五年中开始"驯化"他。伊塔德首先通过洗热水澡和干搓等手段，唤醒了维克特区分各种感觉经验的低级能力；然后逐步训练他的情感反应、道德教育、社会行为、语言和思维。然而，伊塔德对维克特的教育并没有取得彻底成功。维克特学会了很多物体的名称，并且可以读写一些简单的句子；他还可以表达自己的意愿，服从命令，与别人交换想法；他会表达感情，尤其是对伊塔德的管家格林太太，他还会表达诸如骄傲、羞愧、懊悔以及渴望取悦别人等情绪。但是，除了能够发出一些元音和辅音之外，他一直没能学会说话。而且，他只关注自己的想法和需求，并且看起来他似乎"对充满快乐的社会生活漠不关心，而一直期待着回归到大自然中重获自由"。但是社会化后的维克特已经难以适应野外生活，因此在这项研究结束后，他一直和格林太太生活在一起，直到1828年他40岁左右时去世。

由上文这个故事可以看出：尽管具备人类大脑这个物质基础，但若没有合适的环境，依然无法发展出正常的人类心理。心理学研究表明，人的心理现象和发展会受到成长环境、教育、发展关键期等多方面因素的影响。心理发展是动态变化的，贯穿人的生命历程，那么什么是心理现象？作为大学生，我们一般处于哪个心理发展阶段？又存在什么样的发展特点？本堂课，将带领你：

- 了解人的心理现象；
- 熟悉人的心理发展阶段；
- 掌握大学生的心理发展特点；
- 探索自己的心理适应性水平；

- 尝试主动适应大学生活，明确大学目标与规划。

一、理论介绍

基本知识

（一）人的心理现象

人的心理现象，又称心理活动，是心理学的研究对象，也是一种我们在日常生活中经常体验到并表现出来的现象。以学习为例：我们能看到书本上的文字，听到老师讲课的声音；我们会理解和记忆重要的知识点以应对考试；教师讲到有趣之处，我们会哄然大笑；我们会为没有达到理想成绩而失落。有人学习很吃力，有人学得很轻松；有人在学习中显得沉稳，有人显得急躁；有人持之以恒，有人常半途而废。这些就是心理现象的部分表现。人的心理现象既是人人都熟悉的，又是世间最复杂、最奇妙的。科学心理学认为，心理现象既是脑的机能，又是客观现实的产物，是人脑对客观现实的能动反映。心理现象一般分为心理过程和个性心理两个部分。

$$
\text{心理现象}
\begin{cases}
\text{心理过程}
\begin{cases}
\text{认知过程：感觉、知觉、记忆、思维、想象} \\
\text{情感过程：情绪、情感} \\
\text{意志过程}
\end{cases} \\
\text{个性心理}
\begin{cases}
\text{个体倾向性：需要、动机、兴趣、理想、信念} \\
\text{个性心理特征：能力、气质、性格} \\
\text{自我意识：自我认识、自我体验、自我调节}
\end{cases}
\end{cases}
$$

1. 心理过程

心理过程，即人的心理现象的动态过程，主要包括认知过程、情感过程和意志过程。认知过程是指人获得知识或应用知识的过程，或信息加工的过程，这是人最基本的心理过程，主要包括感觉、知觉、记忆、思维、想象等心理现象。个体在认知和改造客观世界的过程中，并不是无动于衷或人人一致的，而总是采取一定的主观态度，并伴有喜、怒、哀、乐、悲、惊、恐等主观体验，产生道德感、理智感、美感等情感体验，这就是情感过程。意志过程是个体自觉地确定目标，并根据目标调节支配自身的行动，通过克服困难去实现预定目标的心理过程。它表明个体不仅认识世界，还能改造世界，并在改造世界的实践活动中体现其主观能动性。

认知过程、情感过程和意志过程不是彼此孤立的，它们相互联系、相互作用，构成了个体有机统一的心理过程的三个不同方面。

2. 个性心理

个性心理也称人格，由于遗传、生活环境、教育经历等的不同，人的心理活动会表现出一系列的个别差异，正如古语所说"人心不同，各如其面"，体现了每个人不同的心理面貌，这就是心理学上所说的个性。个性心理是一个人在社会生活实践中形成的相对稳定的各种心理现象的总和，具有个体独特性和稳定性两个特点，包括个性倾向性、个性心理特征及自我意识。

综上所述，心理过程和个性心理是构成个体心理现象的两个方面，是个体心理活动的两种不同表现形式，它们既相互影响、相互联系，又相互制约，个性心理在心理过程中形成、发展并表现出来，反过来又会影响心理过程，给心理过程赋予个性色彩。

（二）人的心理发展

人的心理发展是一个复杂而多维的过程，是个体在胚胎发育、出生、成熟、衰老直至死亡的整个生命过程中所发生的一系列生理和心理的变化过程。每个人的人生经历各不相同，但是所经历的生命阶段以及该阶段所面临的心理发展任务大体相同。

国内心理学家林崇德教授根据个体的年龄和发展特点，将人的心理发展分为八个阶段，包括胎儿期（个体在母亲腹中孕育）、婴儿期（出生至3岁）、幼儿期（3岁至6或7岁）、儿童期（6或7岁至11或12岁）、青春期（11或12岁至17或18岁）、成年早期（18岁至35岁）、成年中期（35岁至60岁）、老年期（60岁至死亡）。

人的心理发展遵循一些共同的发展规律：

第一，心理发展是遗传和环境共同作用的结果。先天遗传为心理发展提供了可能性，后天的环境和教育则决定了这些可能性在多大程度上得以实现。两者相辅相成，缺一不可。

第二，心理发展具有连续性和阶段性。心理发展是一个连续的过程，前一阶段的发展为后一阶段奠定基础。不同发展阶段都有其不同的发展任务和心理特点。

第三，心理发展具有顺序性。心理发展遵循一定的顺序，如从低级到高级、从简单到复杂、从量变到质变等。

第四，心理发展具有不平衡性。心理发展的各个方面（如认知、情感、社会性等）并非同步进行。不同年龄阶段的心理发展，具有不同的速度；不同的心理过程，具有不同的发展速度。

第五，心理发展具有个体差异。尽管个体的发展总要经历一些共同的基本阶段，但发展的个体差异仍然非常明显，每个人的发展优势、发展速度、最终达到的水平各不相同。

另外，不同的心理发展阶段也会有不同的发展任务。心理学家埃里克森提出的心理发展理论认为发展和变化是持续终生的，他将人的心理发展分为下表中的八个阶段。该理论认为个体在人生每个阶段都有一个主要的发展任务（或心理社会危机），这些发展任务会随着个体的成熟逐一出现，为了保证个体的健康发展，人们必须妥善地解决这些发展问题，成功的过渡会带来生活满足感和对未来的信心，未能成功过渡则可能导致生活中的困惑和困扰，任务解决与否决定了个体后续的发展是否顺利。值得说明的是，埃里克森并不认为解决发展危机的办法要么是完全积极的，要么是完全消极的，他认为危机的解决办法中兼有积极和消极两种因素，只有在有利于积极解决的因素比消极因素所占的比率高时才能说危机被积极地解决了，而一旦某一阶段的发展危机得到积极的解决，那这个人的人格中就形成一种美德。比如，婴儿期的关键任务是基本信任对不信任，在这一阶段，个体需要对周围的世界以及其中的人建立信任感，否则就会产生不信任感，然而，他们也需要一定程度的不信任感用来保护自己远离危险，而如果成功度过婴儿期这个阶段，个体就会获得希望的美德。

发展阶段	发展任务	积极结果	消极结果
出生至 1.5 岁	信任对不信任	从周围环境得到支持，信任自己和他人，获得希望	对他人感到害怕和不安，不信任自己和他人
1.5 ～ 3 岁	自主对羞怯	自主决定、自我约束，获得意志	怀疑自己，缺乏独立性
3 ～ 6 岁	主动对内疚	主动发起行动，明确方向和目标	对行为和想法感到内疚
6 ～ 12 岁	勤奋对自卑	胜任感的发展，获得能力	自卑感、缺乏掌控感
青少年期	同一性对角色混乱	对内在一致性和连续性有信心，获得自我同一性	角色混乱和消极的自我同一性
成年早期	亲密对孤独	亲密关系的发展，获得爱的美德	避免亲密，关系淡漠
成年中期	繁殖对停滞	对生命连续性的贡献感，获得关心的美德	停滞和人际关系贫乏
成年晚期	整合对失望	对人生成就的统一感和意义感，获得智慧的美德	后悔、失望和无意义感

（三）大学生的心理发展

根据埃里克森的心理社会发展理论，大部分大学生正处于青少年期向成年早期过渡发展的关键时期。很多人会以为一个人的成年是在 18 岁的时候，处于这一阶段的大学生虽然生理意义上趋于发展成熟，但是从心理学的角度上来看，成年是一个过程，这个过程大概在 18 ～ 28 岁进行。就现在来看，很多人在上大学之前基本没有接触过社会，只有一部分人会利用一些业余时间接触社会，这也就导致了现实中成年期的推后。

我们先来了解下青少年期。青少年期是成年期之前的一个阶段，是成年的基础，是整合自我的一个关键过程。从埃里克森的社会心理发展阶段来看，青少年期的主要挑战是如何整合自己身上的各种特质，明白自己想要成为怎样的人，适合成为怎样的人。如果可以完成自我整合，就可以获得自我同一性，知道自己是一个怎样的人和想成为怎样的人，而如果没有充分整合自我，就会留下一个破碎混乱的、不清晰的自我认知。个体在从出生到高中的这十几年的时间里，累积了很多对自己和世界的认知，开始对未来的生活有自己的展望。也许有的人会认为过往这些都是小时候的胡思乱想，但其实即使当时的想法再幼稚，对于人生发展而言也都非常重要。就像人从小吃的食物会影响其身体发育一样，一个人从小吃的"精神食粮"也会影响他的心理成长，这里的"精神食粮"指的是家庭成长环境、父母的教养方式、从小到大所接受的教育经历等，这些都会成为一个人成长的心理环境的一部分，这些精神食粮的影响是从一个人出生开始就被施加在身上的，到了青少年期，这些影响开始发挥作用，让人形成不同的想法和特质。但有时候这些影响、想法和特质会像一堆碎片，也会互相矛盾，需要被整合，否则人们就会感觉自己的内在很破碎、很矛盾，不知道应该怎样看待自己。

过了青少年期这一阶段后，就进入了成年早期，这一阶段的发展任务是亲密对孤独。亲密与孤独，是完成青春期的整合并开始把目光投向外界后所要面对的第一个人生问题，然而很多人对这个问题并没有形成成熟的答案，而在随波逐流。比如，有的人在面对恋爱问题时，只是因为感觉年龄到了或是身边人都在谈恋爱，所以自己也随波逐流开展了一段关系，甚至走入婚姻，那么有可能在这个维度上，他们就只是交了卷，但是并没有回答这个问题，因为他们并没有根据自己的经历和思考得出自己的答案。每个人的特点都不一样，整合出的自我也不一样，整合过程中锻炼出的能力也不一样，所以，在各种人生问题上，人们自然也会得出各自不同的答案，而随波逐流其实是对自我成长的忽视和压制。之所以要回答亲密与孤独这个问题，是因为它并不仅仅是恋人之间的问题，更多时候是在拷问人们：我如何跟另外一个人建立关系，应该建立怎样的关系，以及应该怎样处理这些关系。只有通过这一过程，才能慢慢发展出在亲密关系、情绪和道德方面都能做出完整承诺的能力。做出完整承诺既需要体察自己，也需要体察别人；既能提出人际要求，也能承担相应的责任；既能融入社群和朋友关系，也能处理好彼此的独立性。所以，亲密与孤独这一问题的答案，并非只涉及是否恋爱、是否结婚，它涵盖的内容很多，包括是否能够理解自己、信任自己，是否对自己有安全感等，因为只有在可以信任自己的时候，人们才能感到很踏实、很安全，有安全感，亲密关系才可能从互相索取、相爱相杀的状态变成互相支持的状态。在成年早期，人们会和不同的人建立不同的关系，并且在建立关系的过程中逐渐看清自己、发展自己。但这并不意味着要做交际花或者必须要有很广泛的人脉，而意味着要开始思考，自己是一个怎样的人，想要拥有怎样的关系，以及怎样建立适合自己的关系。同时，在成年早期，人们还要经历一个很重要的探索过程，就是通过把目光投向外界，开始把过去对未来生活的想象落实到实际的行动中，并且接受现实、调整目标，根据实际情况进一步发展自我。总体来说，这是一个稳固并沉淀自我认知的过程，也是一个心理逐步迈向成熟的过程。

总而言之，大学阶段是完成自我整合、获得自我同一性和发展亲密关系获得爱的美德的关键期，是影响个体心理健康和幸福生活的重要时期。

📖 **拓展知识** ────────────────────────

大学生活适应

大学是新生社会化的关键过渡时期。面对全新的大学环境，个体原有社会支持随着空间距离的延伸而弱化，随之而来的挑战涉及生活、学习、人际、情绪调节等多个方面，很容易给个体带来适应方面的心理困扰。相关调查研究发现，大学新生的适应性问题主要集中在生活适应（新环境不适应、生活方式的转变、不适应学校的管理模式等）、学业适应（未能适应大学授课方式、失去目标和缺乏学习方法、自主学习能力较低等）、人际适应（原有支持随着距离拉大而减弱、尚未建立新环境中的人际支持等）和情绪适应（孤独、失落、焦虑等情绪）。心理适应是大学生保持心理健康的第一步，积极的适应可以提升大学生的心理素质，消极的适应容易引发心理冲突，这时如何调整自己的心态，做到积极适应新生活就显得尤为重要。

在探索如何适应大学生活之前，我们先结合心理学家皮亚杰的认知发展理论来认识理解"适应"这个心理过程，看看适应是如何发生的，心理是如何通过适应外界环境得以发展完善的。皮亚杰通过观察及访谈法研究儿童的认知发展，他发现个体的认知发展始于一种与生俱来的适应外界环境的能力，例如儿童通过抓握的动作或爬行探索一个房间的方式，来形成对自己周围环境的精确描述，同时也发展出更好的能力来应对周围世界。通过研究，皮亚杰提出：心理起源于个体的动作，而动作的本质就是个体为了完成对环境的适应，而适应的本质在于达到个体与环境的平衡。换句话说，我们在人生发展的各个阶段都可能面临环境的变化，一旦环境发生变化，个体原有的生存机制可能就不再适用于新的环境，变成一个不平衡的状态，这时为了恢复平衡，个体普遍会采取各种方式来达到机体与环境的平衡，这种不断地"平衡—环境变化—不平衡—适应环境—平衡"转化的过程，就是适应的过程，而在这种不断适应的过程中，心理得以不断发展完善。

所以，我们要意识到，不仅到了大学会有生活适应的议题，其实这个适应环境的过程广泛存在于我们的日常生活之中，因为我们面对的外在环境总是在不断变化的。适应也是一个普遍存在的过程，当我们来到一个全新的环境，可能会感到不适应，甚至可能产生一些焦虑、压抑的情绪，这是非常正常的现象。而每个人的适应能力不同，适应期需要花费的时间、精力也不同；但无论这个人的适应能力有多强，对全新生活的适应期，都是无法避免的。

那么，有没有一些具体的方法帮助我们尽快适应大学生活呢？

一是理解接纳自己的适应期。有时候为了尽快适应新的环境，为了缓解适应新环境的焦虑，我们会下意识地要求自己去快速学习、快速融入。但快速成长的诉求，必然带来时间上的压迫感、对自我能力的质疑感。在新的环境下，这些压力会让自我感觉很不良好，甚至伴随着受挫、焦虑等负面体验。所以，不要被这种诉求牵着鼻子走，构建新的生活模式、学习新的事物都是需要时间的。有时候慢慢来并不代表没有效率或者自己没有能力，而是意味着多给自己一些空间和时间，接纳自己的真实状态和情绪，主动花时间精力去做可以改善现状的事，即使是很微小的事情，用事实鼓舞自己，让自己获得一些可见的成就感，从而逐步建立信心。

二是主动融入新的校园环境。尽可能地熟悉周边环境，尝试建立新的生活习惯。你可以从宿舍出发，带着好奇心去探索校园，看看教学楼在哪里、食堂有哪些好吃的、图书馆设施怎么样……之后可以进一步扩大你的探索范围，看看学校的周边有哪些好吃的店铺、好玩的地方。带着好奇心的这种探索可以帮助你构建大脑的校园版图和城市版图，减少你的陌生感和防备，也会为你以后的生活增添很多便利。来到一个新环境，你的生活习惯可能也会随之改变，在新的环境里，你可以适当地去规划你的生活方式，形成一种习惯，保持着自己熟悉的节律。或者可以主动地尝试将自己的爱好或者擅长的事情作为一个切入点。比如你可以加入感兴趣的社团，认识更多志同道合的人；如果你擅长某一种运动，也可以从这种运动出发，加入拥有共同爱好的社群，定期参加一些活动或比赛。这样，用你擅长的事情，拓展你对新环境的认知，可能更容易获得认同感和价值感。这样做，还有一个额外好处是：你的大脑可能会对这个新环境留下更友好的印象，你制造越多愉快的体验，就会越快喜爱上这个新的环境。

三是积极构建新的人际关系。刚来到一个新环境，我们会更加思念远方的亲朋好友，可能会更频繁地开展线上联系来缓解思念，获得力量和支持。面对新环境，亲友的支持固然很重要，但有可能也会阻碍我们在新的环境发展新的社交圈子。如果不能在新的环境建立新的人际关系，可能在遇到问题时就会出现亲友在远方爱莫能助、自己孤立无援、倍感孤独的情况。所以远方的亲友虽好，也不要过度依赖，要尝试在新环境中结交新朋友，这将给我们带来融入感和必要的支持。

二、理论应用

◎ ⟨ 案例解析

小 A 来到大学后，感到所学专业和自己想象的不太一样，虽然每天也在忙着上课、参加活动，偶尔也会打打游戏、刷刷手机，看上去时间被塞得满满的，但是内心会对未来该何去何从充满迷茫和焦虑：这个专业真的是我喜欢的吗？未来我想要从事什么样的工作？怎样才能找到自己真正想做的事呢？

教师点评：听上去小 A 同学在进入大学后感到深深的迷茫和无所适从，内心感到有些焦虑空虚，这可能是很多同学来到大学会经历的一个心路历程。让我们回忆下过往经历，从小学到初中，我们可能都被安排得很好：每天几点起床，今天要上哪些课、完成哪些作业任务，要考到什么样的初中、高中和大学？但是当同学们来到大学，可能会突然发现，大学生活好像不太一样，不再有他人把自己的日常生活和学习安排得明明白白，可能更多地需要靠自己去探索大学生活，来建立自己的学习节奏，找到适合自己的发展目标，很多同学在这个过程中会感到迷茫和无所适从，那么，我们可以做一些什么探索才能找到有意义且自己也很感兴趣的人生目标呢？

在《如何找到自己想做的事》一书中，作者谈到可以通过自我认知法的三大支柱找到自己真正"想做的事"，这三大支柱分别是：

① 喜欢的事，即自己感兴趣、能激发出自己热情的事。要注意的是，喜欢的事并不一定能作为工作，把喜欢的事作为工作可以满足自己，但是很难给别人提供价值，例如为了自我满足，"只做自己喜欢的菜肴"的人绝对开不好餐饮店。

② 擅长的事，即自己自然而然就比别人做得好，做起来不觉得痛苦，反而令自己心情舒畅的事。该书作者强调，在寻找"喜欢的事"之前要先找到"擅长的事"，例如一个人因为喜欢跳舞而去做了舞蹈老师，但是可能他并不擅长教授别人，久而久之也会体验到挫败感，那这就并不是他真正想做的事。

③ 重要的事，即自己的价值观取向，自己认可并想要达到的工作目标和人生目标，因为最终我们找到的真正想做的事应该是符合我们的价值观需求的，所以探索重要的事应该放在三大支柱的首位，毕竟做以符合自己价值观为中心的工作，才能获得长久的动力、满足感和价值感。将这三个要素进行交叉组合，会产生两个公式。

公式1：喜欢的事×擅长的事=想做的事

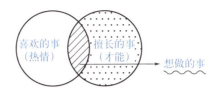

公式2：喜欢的事×擅长的事×重要的事=真正想做的事

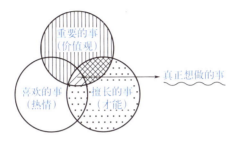

如果你在大学感到对未来有些迷茫，不妨试试这个办法。祝愿各位同学都能够顺利找到自己的人生目标，让自己的人生丰盈而有意义！

三、实操训练

心理测试

青少年心理适应性量表

（陈会昌教授 编制）

指导语：下面这些问题都和你在学校、在家里的行为有关，请你回忆自己过去半年以来的表现，和下面的 20 种情形比较一下，每题后面有 5 个数字，它们的意思分别是：

"1" 表示该题所说情况与你自己完全不符合；

"2" 表示该题所说情况与你自己情况的符合程度是 20% ～ 30%；

"3" 表示该题所说情况与你自己情况的符合程度是 50% 左右；

"4" 表示该题所说情况与你自己情况的符合程度是 70% ～ 80%；

"5" 表示该题所说情况与你自己情况的符合程度是 100%。

请你根据这个标准，在每题后面选择一个数字，用一个圆圈把它圈起来。

1*. 我的考试成绩常低于我真实的学习能力和水平。　　　　　　1 2 3 4 5

2. 我喜欢尝试我从没吃过的、味道或名称古怪的食物。　　　　1 2 3 4 5

3*. 到一个新地方，我常闹消化不良、皮肤过敏或失眠。　　　　1 2 3 4 5

4. 我参加正式运动会的成绩比体育课或平时练习成绩好。　　　1 2 3 4 5

5*. 该背的课文已经背熟了，可是一到课堂上背就出差错。　　　1 2 3 4 5

6. 我开会发言时不紧张,措辞自然,临场发挥自如。　　　　1 2 3 4 5

7*. 我冬天比别人怕冷,夏天比别人怕热,夜里比别人怕黑。　1 2 3 4 5

8. 在嘈杂混乱的环境中,我照常做手里的事且效率不低。　　1 2 3 4 5

9*. 体检时,我的脉搏、血压等指标因为紧张而比平时高。　　1 2 3 4 5

10. 如果需要,我可以熬一个通宵,精力充沛地做事。　　　　1 2 3 4 5

11*. 当家里有人来,父母让我去见客人时,我不想去。　　　1 2 3 4 5

12. 出门在外,我能很快习惯新的、变化了的生活条件。　　　1 2 3 4 5

13*. 体育课或运动会上,同学们越给我加油,我越紧张。　　1 2 3 4 5

14. 上课回答问题时,我冷静地把想好的一切完整说出来。　　1 2 3 4 5

15*. 我一个人做事比和大家一起做事效率高。　　　　　　　1 2 3 4 5

16. 为了和睦相处,我宁愿放弃自己的意见,附和大家。　　　1 2 3 4 5

17*. 当着众人、生人或异性的面,我感到腼腆、不自在。　　1 2 3 4 5

18. 发生紧急情况,大家都慌乱时,我很镇静。　　　　　　　1 2 3 4 5

19*. 和别人争辩时,我常语塞,事先想好的话也说不出来。　1 2 3 4 5

20. 和陌生人接触时,我不大设防,容易攀谈起来。　　　　　1 2 3 4 5

计分规则:单数标*号项题目为反向计分,如你选择的是"5"则记为"1"分,以此类推;双数项题目正向计分。20道题目的总分则代表你的总体心理适应性水平,对照以下量表常模可了解自己的心理适应性水平如何。

性别	很差	较差	中等	较好	很好
男	20～49	50～59	60～70	71～81	82～100
女	18～47	48～57	58～68	69～79	80～100

课堂互动

微课:大学生活适应

1. 通过扫描二维码自学完成微课"大学生活适应"后,回答下列问题。

(1)听完"谁动了我的奶酪"这个故事,你有什么感悟和启示?

_____

_____

(2)进入大学后,你有遇到一些有关适应方面的困扰吗?你打算如何应对?

_____

_____

(3)回顾过往经历,你有没有在进入新环境时有过类似的适应困扰?当时你是怎么度过那个阶段的,有没有值得现在借鉴应用的方法?

_____

_____

2. 走进新生活——新生适应练习：进入大学后"五个最"。

进入大学后，我最满意的是＿＿＿＿＿＿＿＿＿＿＿＿＿＿＿＿＿＿＿＿＿＿

进入大学后，我最高兴的是＿＿＿＿＿＿＿＿＿＿＿＿＿＿＿＿＿＿＿＿＿＿

进入大学后，我最关心的是＿＿＿＿＿＿＿＿＿＿＿＿＿＿＿＿＿＿＿＿＿＿

进入大学后，我最担心的是＿＿＿＿＿＿＿＿＿＿＿＿＿＿＿＿＿＿＿＿＿＿

进入大学后，我最想做的是＿＿＿＿＿＿＿＿＿＿＿＿＿＿＿＿＿＿＿＿＿＿

完成练习后，和小组成员进行分享讨论。

课后实践

我的大学拼图

为了更明确清晰自己的大学规划，请你将大学期间要规划的内容逐一填在表格中，完成你的大学拼图。

课程学习	专业发展	人际关系
个人情感	身心健康	休闲生活
自我成长	社会工作	兼职工作

💗✏ 我的感悟 ────────────────────────────

四、延伸阅读

📑 课外链接 ────────────────────────────

1. 心理学家写给"藤校新生"的 10 个建议

（1）尽快主动适应大学生活

基尔大学的 Julie Hulme 博士告诉我们，许多学生在刚刚进入大学之后发现，自己需要面对的第一个挑战就是过渡期。她建议新生要尽快投入大学生活，并建立新的人际关系。走读生不要每个周末都回家，花些时间认识并了解其他同学的状况，投身于新的活动中，但为了平稳过渡，同时也要继续做你喜欢的事情。研究表明，加入学生社团确实有助于提高你在大学里的归属感和心理健康。如果你喜欢运动，那就更好了，因为体育活动将有助于提高你的情绪，让你保持健康，同时能够帮助你建立一个社交网络。如果你一开始有点害羞和紧张，那就去看看学生会的网站，找到一个你喜欢的活动，让自己有更多的机会结识志趣相投的同伴。

（2）不要只是一味地学习

阅读是教育的核心，但重要的是学习如何深入阅读，尽可能把你学到的东西和你读到的内容联系起来。研究表明，我们需要积极地关注，注意信息的吸收，因此，找一个没有干扰的地方，你可以在那里专注于你所阅读的东西，提醒自己为什么读它，并经常停下来问自己是否理解所读的内容，以及如何将阅读的内容与所学内容联系起来。

（3）心中要有钱的观念

在大学时，要把钱花在刀刃上，坚持预算。南安普敦大学的 Thomas Richardson 博士建议使用记账 APP 和在线工具来帮助掌握财政。钱和幸福关系密切，两者都要关心。钱和心理的关系可能是一个恶性循环，你不能在不解决另一个问题的前提下处理这个问题。如果你以前曾经因为饮酒、精神健康或饮食失调而苦苦挣扎，请当心，这些可能会让你在大学里的财务状况更加紧迫，所以，当你受困于此之时，请立刻寻求帮助。

（4）目标要小，要容易消化

班戈大学的 Rebecca Sharp 博士说，基于任务而不是时间来设定目标是个不错的方法。

当你把一项任务分解成小块，决定你当天要做多少事情而不是总共需要花费多长时间，目标就会更容易实现。专注于任务而不是时间。例如，读两本书比读两小时书更好。一旦你完成了计划要做的事情，可以休息一下，做一些有趣的事情。这样，尽管任务特别小，但是你总是在不断进步，而且任务会显得并不那么艰巨。

（5）要学会寻求帮助

Alana James 博士（伦敦大学的 Royal Holloway）在研究同辈支持与指导时说，虽然大学自主学习很重要，但这并不意味着学生不能获得支持。要积极主动，在需要帮助时不要犹豫。如果你被某事困住了，试着找出答案，尝试不同的资源，试着问你的同学和好友，如果还是找不到答案，那就问问老师。他说："我和学生们聊过的最有趣的话题，就是在我上班时的办公室里进行的。"

（6）充分参与面对面的授课

虽然可以通过互联网获得课程 PPT 以及视频讲座，但是，你要始终参加面对面的授课，以充分利用教材，并从中获得最大的价值！伯恩茅斯大学的教育心理学副教授 Jacqui Taylor 强调了听课的诸多好处。做好课前准备、积极参与互动可以增加乐趣。随着"翻转学习（flipped learning）"的出现，自主学习完成新主题的任务就落到了学生手里，然后学生对这些任务进行反思并提出更多的问题，面对面的授课成了后期的修通，而非最初的内容介绍。

（7）不要过度依赖酒精

我们倾向于高估别人喝酒的意愿，而且为了融入圈子，我们可能会喝得过量。但是牛津布鲁克斯大学的 Emma Davies 博士询问了大二、大三的学生，他们都说，他们希望劝告自己和朋友不要喝那么多。他们往往会在酒过三巡后才发现，大多数人其实并不想喝那么多酒，他们只是认为其他人都想喝酒，因此迁就自己迎合（自己心中的）别人的期望。

（8）不要害怕错过什么

社交媒体平台可以为人们带来福祉，例如对抗孤独和加强同伴之间的网络连接，这对大学生活而言特别重要。然而，越来越多的家长、教师和健康专家担心社交媒体的使用会影响大学生的睡眠。首先要睡个好觉，网上聊天次之。格拉斯哥大学的 Heather Cleland Woods 博士说，我们会因为害怕错过社交媒体的信息而不断地查看手机，因此干扰了我们的睡眠。

试着在晚上放下手机，让自己放松下来，然后开始入睡。有些人说他们感到很难不参与话题的讨论，因为担心这样做会让别人觉得他们粗鲁，或者担心别人会生气。但是很多人会说，自己特别想要和对方说，明天早上再谈吧，因为我要睡觉！

（9）尽量不要把大学生活当作一次消费

学生们想要从每年的学费中获得更多的价值是显而易见的。但是，如果在大学里把自己当成一名消费者，就不太可能让自己找到成功的道路，要尽量把自己看成是来学习知识、增长经验的学生，而不是买文凭的人。温彻斯特大学的 Louise Bunce 博士和他的同事调查了 600 多名本科学生的消费态度，以及和学习有关的行为，结果发现，将学位视为正在购买的产品的消费观与学习成绩下降有关。

（10）留住美好的回忆

威斯敏斯特大学的 Catherine Loveday 博士说："大学生活可能是一生最难忘的时刻，你的时间飞逝，但是几年之后，你会不时地回首往事，在怀旧中碰撞记忆。让你的大学生活充满难忘的事情：放松，享受乐趣，尽你所能充分利用它！"如果你希望未来对大学生活的回忆是丰富而又积极的，那么，请现在就抓住每一个机会做一些值得纪念的事情！

2. 心理美文赏析

心之所向，身之所往——做一个优秀的"普通人"

（文／复旦大学　梁永安教授）

一个优秀的普通人，会热爱世界，热爱万物，热爱人类，踏踏实实找到一个自己内心喜欢又有时代价值的事情，这就可以了。从内向外生活，不要从外向内生活，不要外面说什么好，我就这样生活，而是我内里喜欢，我很自然地发自内心地去做，就这样的人一辈子很单纯，一辈子做好一两件事就非常好。那么从这个点出发，一个优秀的普通人应该具备什么特质？

第一点，爱自然。中国与美国两个大国在竞争中也互相合作，两国合作签署的若干条约，致力于人类进步，致力于碳中和。碳的排放和碳的消除，在若干年里边要达到平衡。为什么把这个问题放得那么重要？因为自然是我们人类的生存的基础。我们人类是从自然里出来的，内心深处会希望按照自然的规律去生活。而且自然有它伟大的智慧，现在活在自然里的所有的东西，包括我们人类，都是伟大的智慧选择的结果，不要以为自己比自然高，面对大自然要谦卑，内心深处，你的生活要有一个自然的尺度，而不是野心勃勃把一些虚假的东西作为替代品。所以我很喜欢孟子，在《孟子·离娄下》里面有一句话，我特别喜欢，他说"源泉混混，不舍昼夜，盈科而后进，放乎四海"。"盈科"，"盈"就是水流，流到这个"科"，"科"就是一个坑、一个坎，水流到这里之后，首先要把它灌满，然后才能继续往前，就是自然的。我们人生活也是这样，不能整天忙着奔，整天就是急匆匆的，我们要有"盈"的时候，要有沉淀的时候，据柳宗元《小石潭记》里有一句最美的话，写鱼在水里游，"空若无所依"。我们人心深处太混乱了，永远没有"空若无所依"的状态，所以我们给自己要有一个严苛的节奏，这是自然给我们的一个启发。其实鲁迅小说里边我觉得最伟大的是《故乡》，写出了中国人最大的问题就是"闰土化"。书里对十一二岁的闰土的描述，"项带银圈，手捏一把钢叉，向一匹猹尽力地刺去"，多么活泼多么灵动。不到 30 岁，变成什么样了呢，"小时候的我回乡看到他了，动着嘴唇却没有作声，最后恭恭敬敬叫了一声，老爷"，跟他爸爸一样的，跟他爷爷一样的，跟他曾祖父一样的，中国人 2000 多年，农业社会几千年就在循环，一代一代在循环，根深蒂固的那种在内心深处的未老先衰。自然到哪里去了？所以鲁迅才感慨"仁义道德，全是痴人"。我们现在商品社会更厉害，对人的塑造和老化过程更厉害，金钱的意识，有时候让一个孩子七八岁就固化了，再也打不开了，任何东西的衡量核心全是钱，比农业社会还厉害。爱自然的人，实际上都包含着特别丰富的、特别深切的内心。爱自然的人，他的生命里面才有刺激。我们爱自然，会有意识地让我们保持一个自然的节奏。所以我觉得我们今天的人要特别提倡做一个有二十四节气的人。每到冬至春分时候，你要想一想自己这一天，想一想我这半个月怎么样，我的生长怎么样，想一想停一停，这样你会有一个内心深处的一个节律。中国文化特别重要的一个核心概念，除了人以外，我觉得就是"节"，有礼有节或者节制、节操、节俭，中国语言里面"节"用得特别多，而我们今天都忘记了。复旦大学已经去世的钟扬教授，我特别钦佩他，他就是看到了人活得不自然，大自然一点都不自然了。西藏有 30 多种独有的植物，一些植物种子因为气候变暖，很多植物都没了，他急了个半死，然后跑到西藏努力收集，想起码收集 2000 种植物，结果收集了 1000 种，后来因车祸去世了，他是个高端科学家，在中国 3 万多名植物学家里面，他的排位在前 100 名之内。但是他放弃了高端实验室，带着采集队去西藏，这就是甘愿做个普通人，什么院士都不申请了，这就是为自然焦虑，它会带动你的价值观，这就是我们说为什么要爱自然。如果你当官的话，一定要做一个有四季的官，你该当春官就当春官，该当夏官就当夏官，该当秋官就当秋官。朱洞来到长沙，发现当地民风野蛮，看到有一个地方废墟，原来是道家的道场废掉了，他想想要搞教育，于是搞了个岳麓书院。他自己也不是什么大学问家，但是他是个"春官"，多种树为后代留点文化的种子，结果现在变成了千年学府，后来朱熹都到这来，这就是"春官"，自己看不到，但是留给后人。我们今天的人太缺乏这种春天播种的精神，都是急着收，都想马上做一个"冬官"，赶快收回来，急啊……真的爱自然，做普通人，爱自然这是第一点。

　　第二点，爱生命。每个人都要珍惜自己。什么叫珍惜自己？你是很特别的，你跟别人是不一样的，不管从生物学上，还是从你的原生家庭、你的成长历程上来看，你都是跟别人不一样的。很多人被磨平了，变得跟别人千篇一律了，没价值了。下面的时代是需要高度的创造精神，从小失去了自我，将来你凭什么去创造？为什么我们中国动漫现在不如人意，因为我们强调从幼儿园开始就不能输在起跑线上，分数第一，工作之后绩优第一，这时候你的生命你自己真实的生命到哪去了？约翰·多恩在 1623 年欧洲大文艺时期做布道，他说"没有人是独自存在的岛屿，每个人都是大地的一部分"。这话说得很好，你首先要说是大地的一部分，不然你什么都不是，你在这个世界上是虚漂的，价值的基础都没有。什么叫大地？土地的逻辑，种瓜得瓜，种豆得豆，什么土种什么东西，一个人就是要活出自己的特质来，自己是个什么特质，就过成什么样子。桃花就是桃花，我们很多人是个桃花，却硬是要长成一个梨花，或者长成个椰子树，一生奋斗，不知道自己是谁。所以人活着就是一个模子，精神人口太少了。我很喜欢村上春树，他相信自己，相信奇迹，敢于想象自己今后活出什么样子。还有梵高，就是很简单，热爱太阳，画画就是要画出耀眼的光芒来。英国评论家评论："他用全部精力追求了一件世界上最简单、最普通的东西，这就是太阳。"

　　第三点，就是爱人类。爱人类，才会拥有中产化社会的社会情感，才能看到人类的苦难，找到自己一生的事业。我们爱人类，不是因为人类美好，我们爱他，而是人类存在那么多问题，我们怀着正义之心去看待问题，然后你去爱，才能看到人类的苦难，有焦虑，才能找到自己一生的事业。这个世界有多少人获得不了公正的一种生活，因为我们心里有焦虑，我们才会去奋斗，你个人可以选择奋斗，也可以不奋斗，很容易放弃，也很容易去争取。但是你有一份人间情怀，那就大不一样。所以普通人就是要有一种对于世界的，对人类的一种深切的感情。比如发明电影的卢米埃尔兄弟，他们为什么要发明电影？因为对人类有价值。1895 年 12 月 28 日，在法国巴黎卡普辛路 14 号大咖啡馆地下室的印度沙龙，卢米埃尔兄弟放映了《工厂大门》《拆墙》《火车到站》。这对满心好奇的双胞胎，最大的幸福，是想知道世界需要什么，自己又能做到什么。做一件心里喜欢、又有时代价值的事儿，是他们的人生向往。

所以我们说做一个普通人不容易。我们作为优秀的普通人一定是努力地创造，然后努力地按照自己的本心去生活，要做到心之所向，身之所往，这就是我们普通人的一个最好的要求。所以今天我们为什么要说做一个优秀的普通人，先做普通人，同时我们要努力地让自己优秀。

📖 推荐资源

1. 书籍：安德斯·艾利克森与罗伯特·普尔 《刻意练习》

安德斯·艾利克森博士是"刻意练习"法则的研创者，佛罗里达州立大学心理学教授，康拉迪杰出学者。所有人都以为"杰出"源于"天赋"，"天才"却说：我的成就源于"正确的练习"！不论在什么行业或领域，提高技能与能力的最有效方法全都遵循一系列普遍原则，他将这种通用方法命名为"刻意练习"。对于在任何行业或领域中希望提升自己的人，刻意练习是黄金标准，是迄今为止发现的最强大的学习方法之一。让我们进行一些学习方式和态度上的改变，对于刻意练习有一个更全面的认知并且实践于自身的专业学习中，变得更加优秀。

2. 书籍：八木仁平 《如何找到想做的事》

经常会有迷茫的年轻人和发展陷入瓶颈的中年人找不到人生的方向，他们听说过很多关于"如何确定什么是自己想做的事"的理论，比如：想做的事就是能够一直对之保持激情的事。但在作者八木仁平看来，并非如此。本书是一本简单有效的自我认知指南，帮助你拨云驱雾，用自我认知三大法则、五个步骤，快速找到并确立自己的人生目标。在社会更加复杂多元化的当下，本书读起来通俗易懂，适用性广，有助于帮助刚入学的大学生找到人生方向。

第2堂

幸福人生：积极心理学概述

苏轼（字子瞻，号东坡居士，1037—1101 年），北宋著名文学家、书画家，唐宋八大家之一。

苏轼的一生，跌宕起伏、颠沛流离。

贬谪黄州，深陷强烈痛苦的苏轼并没有放弃希望，纵使宦海浮沉、经历坎坷、理想不竟、抱负未果，他依旧发出了这样的感叹："竹杖芒鞋轻胜马，谁怕？一蓑烟雨任平生。"

后苏轼又被贬惠州，在地处偏远、物资贫乏的惠州，他主动适应当地生活，留下"日啖荔枝三百颗，不辞长作岭南人"的名句。

最后，苏轼被贬海南岛，此时的他已年过花甲，晚年流落至此，他也有过沮丧——"吾始至南海，环视天水无际，凄然伤之，曰'何时得出此岛耶'"。依旧，带着不颓废的倔强与旷达，他这样安慰自己，九州大地都被大海包围，那不就相当于人人都在岛上。自己的处境，就像路上泼了盆水，一只蚂蚁在小草枝上，茫然四顾，不知道要飘向何方。当水干了，蚂蚁见到同类，哇哇大哭："我以为再也见不到你了，哪知道一小会儿就出现了四通八达的路呢！"

"心似已灰之木，身如不系之舟。问汝平生功业，黄州惠州儋州。"在天地宇宙的宏观角度，俯瞰小我的处境，苏轼的一生一直在超越苦难。于是有了后人的感慨："人生缘何不快乐，只因未读苏东坡。"

当你遇到生活的苦闷，你会如何应对呢？是沉浸在抱怨与懊悔中，还是像苏轼一样在困境中转念，积极投入生活？当你看到积极心理学，你会想到什么？积极心理学是否就是心灵鸡汤？我们为什么需要一场积极心理学的运动？本堂课，将带领你：

- 熟悉什么是积极心理学以及它的主要研究内容；
- 了解乐观型与悲观型两种不同的解释风格；
- 探索自己的幸福感水平；
- 练习用积极心理学来改变自己的生活。

一、理论介绍

基本知识

（一）什么是积极心理学

积极心理学是 20 世纪末在西方心理学界出现的一种新的研究取向或思潮，是"致力于研究人的发展潜力和美德等积极品质的一门科学"。以塞里格曼等为代表的美国心理学家，首次将人的乐观、幸福感、好奇心、心理弹性、利他、智慧和创造的勇气等作为实证研究的课题。他们在《积极心理学导论》一文中宣称："当代心理学正处在一个新的历史转折时期，心理学家扮演着极为重要的角色和新的使命，那就是如何促进个人与社会的发展，帮助人们走向幸福，使儿童健康成长，使家庭幸福美满，使员工心情舒畅，使公众称心如意"。

21 世纪初，风靡世界的积极心理学运动传入我国。当前，积极心理学正在我国迅速发展。它研究幸福、美德、助人、意义等人类积极心理，与我国人民日益增长的精神文明需求相契合。

心理学自 1879 年取得独立的科学地位之后，主要面临三项使命：治疗人的精神或心理疾病；帮助普通人生活得更幸福；发现和培养人类的卓越才能。但是第二次世界大战后，心理学的研究重心发生了偏移，只强调心理疾病的治疗，而忽略后两项的重要性，导致"很多心理学家几乎不知道正常人怎么样在良好的条件下获得自己应有的幸福"。更令人遗憾的是，随着心理疾病研究的深入，患心理疾病的人数却日渐增多，这一现象似乎是与心理学的研究初衷背道而驰的，不得不引起心理学家们的反思。消除心理疾病并不意味着个体就能获得幸福和快乐。

其实对大多数人来说，过丰富而有意义的生活才是与自己息息相关的。积极心理学研究的对象是平均水平的普通人，用一种更加开放、欣赏性的眼光去看待和理解人类的潜能、动机和能力（甚至人类的问题或缺点）。相对于过去的心理学而言，积极心理学中的"积极"主要包含三层含义：第一是对前期集中于心理问题研究的消极心理学的修正；第二是倡导心理学要研究人心理的积极方面；第三是强调用积极的方式对心理问题做出适当的解释，并从中获得积极意义。

（二）积极心理学的主要内容

当前，积极心理学的研究主要包括三个方面：一是主观层面上关于积极情绪体验的研究，包括对过去的幸福感和满意度、对现在的愉悦感、对未来富有建设性的认知等；二是个人层面上关于积极人格特质的研究，形成了与疾病分类谱相对应的 6 类 24 种优势人格体系；三是群体层面强调建设积极的组织系统，主要研究如何创造良好的社会环境，促使个体发挥其人性中的积极层面。

1. 积极的情绪体验

积极的情绪体验是指个体满意地回忆过去，幸福和从容不迫地感受现在并对未来充满希望的一种心理状态。当前，关于积极情绪的研究很多，主观幸福感（subjective well-being）、快乐（happiness）、爱（love）等，都成了心理学研究的新的热点。其中，最有影响力的一项研究是积极情绪"拓展 - 构建"理论（the broaden-and-build theory of positive emotions）。该理论认为，某些离散的积极情绪，包括高兴、兴趣、满足、自豪和爱，都有拓延人们瞬间的思想和行为的能力，并能构建和增强人的个人资源，如增强人的体力、智力、社会协调性等。它直接推翻了过去心理学中关于情绪研究的一个经典结论：消极情绪更有利于个体产生准确的认知。

2. 积极的人格

人格是一个复杂组织，它在日常生活中支持着个体的认知、情感和行为。人格的形成受遗传因素和后天的各种生活经验的影响。所谓积极人格指的是个体能在生活中不断主动追求幸福并时时体验到这种幸福，同时又能使自己的能力和潜力得到充分的发挥。因此积极人格理论强调的是对积极人格特质的研究。

（1）美德与优势人格

心理学家彼得森博士（Christopher Peterson）带领的团队梳理了几乎所有人类重要的文化典籍，从圣经、道德经、佛教经典等典籍，到流行小说，希望从中整理出具有"普世价值"，能被所有文化和时代承认的又彼此独立的美德与优势人格。最终，他们提炼出了 6 种核心美德和 24 种优势人格。每一种美德都由不同的优势人格组成，个体可以通过发挥这些优势人格来实现这些美德。例如，仁爱可以经由仁慈、博爱、爱人与被爱的能力、牺牲或热忱来达到。智慧与知识可以由创造力、好奇心、开放性思维、热爱学习、正确观察事物之间相互关系来实现。下面罗列了 6 类核心美德与 24 种优势人格。

- 智慧和知识：包括创造性、好奇心、热爱学习、思想开放和洞察力 5 种性格优势。
- 勇气：包括诚实、勇敢、坚持、热情 4 种性格优势。
- 仁爱：包括善良、爱、社会智慧 3 种性格优势。
- 公正：包括正直、领导力、团队合作精神 3 种性格优势。
- 节制：包括原谅、谦卑、审慎、自我调节 4 种性格优势。
- 精神卓越：包括对美和优点的欣赏、感激、希望、幽默、灵性 5 种性格优势。

感兴趣的同学可以在网络上搜索相关问卷进行测评。积极心理学认为，美好的生活来自每一天都应用你的突出优势，有意义的生活还要加上一个条件——将这些优势用于增加知识、力量和美德。这样的生活才是有意义的生活。

（2）乐观型解释风格与悲观型解释风格

"解释风格"理论最早来源于塞里格曼早期的习得性无助的研究。塞里格曼发现，在对狗进行了多次不可躲避的电击之后，狗就会放弃任何努力。他将这一现象称为"习得性无助"（learned helplessness）。依据这个发现，塞里格曼把这一现象推广到了人类自身，认为许多人存在的诸如抑郁、过分内向等心理问题的主要原因很可能是因为"习得性无助"，阻止个体采取任何积极的行动。由此，塞里格曼发展出了"解释风格"理论，把人格分为"乐观型解释风格"和"悲观型解释风格"两个对应的极点，两个极点之间构成一个中间状态，每一个人的人格都处在这两个对应极点之间的某个位置。

"乐观型解释风格"的人倾向于认为失败、挫折是外部原因所致，是暂时的，不会长期存在，而成功、成就是来源于自己的努力，是可控的、可重复的。他们会说"我这次没做好，但不是每次都做得不好""我只是这件事没做好，但在其他方面还是挺优秀的"。"乐观型解释风格"的人会认为失败和挫折只限于此时此地。

而"悲观型解释风格"的人与此相反，他们倾向于认为失败、挫折是内部原因所致，是难以避免的，而成功、成就是偶然的，源自不可控的外部原因，是不可复制的。所以，"悲观型解释风格"的人在遇到不愉快的事情时会说"这是我的错""我就是一个很糟糕的人""我做什么都不行"，他们会将失败与挫折延伸至过去与未来。乐观型和悲观型解释风格如下图所示。

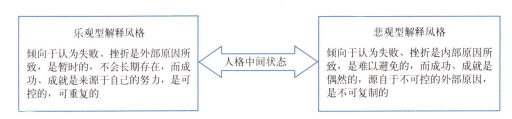

3.积极的社会组织

积极心理学把那种能够促使个体获得更多积极体验并易于形成积极人格的环境系统称为积极的环境系统，目前主要关注的重点在社会制度层面，例如和谐的社会、团结的家庭、积极的教育体系等。积极的社会制度不仅是建构积极人格的支持力量，也是个体不断产生积极体验的最直接来源。积极的组织机构能够促进积极特质的发展和体现，进而促进积极主观体验的产生。并且，随着积极心理学的兴起，可能会影响更多学科对积极社会制度的关注。

二、理论应用

 常见问题

Q1：积极心理学能带给我们什么？

A：积极心理学让我们学习如何生活得更幸福。

大多数人认为，如果要幸福，必须消除自己的不幸。如果能够祛除抑郁、焦虑等负面情绪，把那些不开心的东西从生活中剔除掉，我们就会很快乐。但大量的研究事实已经告诉我们，这两者之间并不对等。即便我们剔除了不快乐的成分，快乐也不会自动出现。在从负面情绪通往正面情绪之间，是"从负到零，从零到正"的动态转化。

如果你常常问自己的问题是：我有什么缺点，我有什么不足。诚然，这能让你改正错误，弥补不足，但并不代表能够实现卓越。人的注意力是有限的，如果你仅仅问哪里错了，哪里有问题，哪里要改进，那你最终看到的只能是问题和缺点。积极心理学则会采取另外一种问法：为什么我尽管有这样一些缺点和不足，但还是坚持下来了？哪些优势让我做到了这些？如何发挥优势让自己变得更强？这是一种关注视角的转变。

"问题"（注意力）缔造现实。

积极心理学并非简单的心灵鸡汤，它是行动的科学，将经过实证研究的结论运用于具体生活。它指导我们通过培养乐观、积极、正念、有价值感这样的能力，来改变我们看待和体验世界的方式，让我们突破框架，激发潜能，更好地应对不可避免的困难。这如同我们的生理免疫系统，拥有健康的体魄并不意味着我们不会生病，但这意味着我们不会常生病，就算生病了，也能恢复得很快。

积极心理学，也并非否认痛苦的存在，而是倡导在痛苦面前，人依旧可以拥有"行动的积极"。也许生活中，我们依旧会遇到伤心、抑郁、焦虑，拥有"行动的积极"，在于我们可以面对痛苦并从痛苦中恢复过来。这也许是积极心理学能带给我们最大的礼物。

当然，积极心理学也有其局限性，它更适合用在心理困扰程度较低的个体身上，若是个体出现较为严重的心理困扰或心理疾病，积极心理学不一定有非常好的干预效果。

Q2：学习积极心理学就是追求快乐吗？

A：积极心理学的目标之一是追求快乐，但不仅仅只是快乐。积极心理学家曾经提出过一个幸福生活的 PERMA 模型。

P 是积极情绪（positive emotion）。类似于快乐，同时也包括放松、宁静、对生活充满期待等正向的感觉。这是我们最熟悉的一个部分。

E 是专注和投入（engagement）。这和普通的快乐不一样。快乐的时候，你能感觉到自己很快乐。但当你全身心投入一件事情的时候，就感觉不到自我了。例如在打球、跳舞、比赛甚至考试的时候，活动紧紧抓住了我们所有的注意力，根本来不及体验任何情绪。就像下面这段话所描述的那样，它是由芝加哥公牛队的篮球运动员本·高登所写的：

"你感觉不到时间，不知道现在打到了哪一节。你听不到观众的欢呼声，也不知道自己得了多少分。你不会去思考，你只是在打球。所有的进攻都是源自本能。当这种感觉开始消失，就会变得很恐怖。我对自己说，加油，你可以打得更好。"

在专注和投入中，人与环境已和谐统一，随之而来的是精力充沛的流动的体验。尽管事后你会为此精疲力竭，但却能体验到无比的满足与踏实感，感受到了自我成长与自我实现。就像高中时我们攻克一道又一道数学难题，推导出一个又一个化学公式所产生的快乐与满足感，都是专注与投入带给我们的。

R 是人际关系（relationship）。人际关系与幸福的关联度非常高。从出生开始，我们就处在一张人际关系网中，家人温暖的怀抱、朋友的友爱与包容就像空气和水，不可或缺，爱和友谊是我们赖以生存的基础。一份好的人际关系才能支持我们走得足够远。

M 是人生意义（meaning）。这是一个非常难定义的词，因为每个人内心对它的理解各不相同，或许根本不知道自己的人生意义是什么？但也许在我们内心都深埋着一种渴望，渴望在那么一刻，能够为一个宏大的目标奉献些什么。就如同一句英文名言所说—— Be part of something bigger than yourself（成为比自己更强大的事物的一部分）。

A 是成就（achievement）。取得成功和他人的认可，就像马斯洛的需求理论所说的那样，满足自我实现的需要。这也是幸福不可或缺的元素。

所以，对于积极心理学来说，追求快乐仅仅是第一步，发掘自己的优势并全身心地投入，获得有意义的人生，为自身、他人和社会谋福祉，这样的目标值得我们为此奋斗。

Q3：悲观的人可以变成乐观的人吗？

A：一个人是乐观的还是悲观的，有一半是天生的。研究显示，人的积极情绪，50%是由基因决定的，这就意味着还有50%的可能性可通过后天改变。我们可以工作的空间就在这后50%当中。为了改变人的悲观型解释风格，塞里格曼提出可以使用ABCDE模型进行认知调节。美国心理学家艾利斯创建情绪ABC理论，并发展出"理性情绪行为疗法（REBT）"，ABCDE模型便是"理性情绪行为疗法"的升级版。这个理论在有关情绪的章节中会详细解释，所以这里仅做简要介绍。

在ABCDE模型中，A代表诱发事件，B代表想法，C代表情绪反应及行为结果，D代表与不理性的信念辩论，E代表新的情绪与行为结果。积极心理学家认为学会乐观最根本的就是了解你的ABC，即识别和评估不愉快事件（A）、信念（B）和结果（C）。然后通过与自己的悲观思想争辩（D），从而激发（E）新的动力和行为。用ABCDE能针对性地改变悲观的思想，并且通过自我对话，逐步调整自己的态度转向乐观。下面这则案例可以让大家更清楚地理解这一模型。

事件（A）：下个礼拜要上讲台做英语小演讲。

信念（B）：完了，肯定会讲得磕磕巴巴，被人看笑话了。

结果（C）：紧张烦躁，坐立不安，无法好好准备。

辩论（D）：

① 这是我第一次做小演讲，出点错也是正常的。

② 每个人都需要挑战，才会让自己更好。

③ 别人做得也不一定会比我好。

④ 我已经认真准备过了，这个过程也很有收获。

⑤ 都是自己班的同学，会包容我的。万一出错，娱乐大家一下也不错。

新的结果（E）：适当准备，找室友小范围练习，平常心对待。

当我们一次次地与自己的思维辩论，一次次地对自己的归因方式进行改变，就会对情境产生自动化的反应，从而形成新的、更有效的归因方式来解释生活事件，形成"乐观型解释风格"。与习得性无助一样，乐观也是可以习得的。

三、实操训练

 课前准备

1.心理测试

评估自己的幸福指数

在开始上课之前，请花一点时间做一做下面的"自我幸福感评估"测验。你觉得有多幸福或有多不幸福？请选择下面最能描述你幸福程度的句子。

＿＿＿＿＿10 非常幸福（觉得狂喜）

_____9 很幸福（觉得心旷神怡）

_____8 幸福（情绪高昂、感觉）

_____7 中度幸福（觉得还不错、愉悦）

_____6 有一点幸福（比一般人幸福一点）

_____5 持平（不特别幸福也不特别不幸福）

_____4 有一点不幸福（比持平低一点）

_____3 中度不幸福（心情低落）

_____2 不幸福（心情不好，提不起劲）

_____1 很不幸福（抑郁、沉闷）

_____0 非常不幸福（非常抑郁、心情跌入谷底）

请进一步考虑你的情绪，一般来说，你觉得幸福的时间所占的百分比是多少？有百分之多少的时间你觉得不幸福？有百分之多少的时间你觉得处于持平的情绪？写下你最好的估计，在下面填上三个问题的百分比（注意：请确定它们加起来等于 100%）。

一般来说，

我觉得幸福的时间占 _____%；

我觉得不幸福的时间占 _____%；

我既不觉得幸福也不觉得不幸福的时间占 _____%。

评分参考：

根据对 3050 份美国成年人的抽样统计，一般人幸福的指数是 6.92（满分为 10）；一般人觉得幸福的时间是 54.13%，不幸福的时间是 20.44%，持平的时间是 25.43%。当然在做这些比较时，请一定要记住：幸福不是比较而来的，真实的幸福来自内在的自我体验，而不是与别人相比。

2. 通过扫描二维码自学完成微课"积极心理学"之后，你有什么困惑或疑问吗？

问题 1：

_____

微课：积极
心理学

问题 2：

_____

> **课堂互动**

1. 自行观看小视频"本 - 沙哈尔"的个人成长经历，然后回答下列问题：

① 在本 - 沙哈尔的个人自述中，他从小到大经历了哪些事情？为什么说自己"I'm so unlucky"（我是如此不幸）？

_____

_____

② 是什么发生了改变，让本 - 沙哈尔又说"I'm so lucky"（我如此幸运）？

③ 你对这一整个过程有什么感悟和启示？

2. 小组讨论：你会怎样定义幸福？幸福对你意味着什么？

课后实践

1. 精心设计快乐的一天

在你的想象中，愉快的一天是怎样度过的？请发挥你的想象和创意，把下个星期六空出来，为自己精心设计快乐的一天。你会怎么安排时间？和谁在一起？做些什么事？和你的朋友分享你的计划，并尽可能将之实现，或许能让你回味起小时候春游将至的感觉。

2. 三件感恩的事情

在每天晚上准备睡觉的时候，写下三件你今天感觉比较好的事情。你所列举的三件事情可以是微不足道的，例如今天室友又帮你打了热水；或者相对来说非常重要的，比如你拿到了一等奖学金。在所列举的每一项积极事件的后面，请接着解释，为什么这件事会发生？比如，室友帮你打热水是因为他很热心或者你们之间总是互相帮助；拿了一等奖学金是因为你学习一直非常努力和坚持，你喜欢这个专业给你的挑战等。

请每天都这样做，连续坚持一个星期，然后再感受一下自己的心情有什么变化？

我的感悟

四、延伸阅读

课外链接

1. 风靡世界的哈佛"幸福课"

2006 年，哈佛大学一门叫作"积极心理学"的选修课程突然风靡全球。它在校内的人气甚至超过了长期独占鳌头的著名经济学家曼昆讲的"经济学原理"。该课程受到全球数十家主流媒体的热烈关注，被称为"幸福课"，并在全球掀起了一股讨论幸福的热潮。现在，国内的视频网站已经将这门公开课引进和翻译过来，大家可以在网上搜索观看。

泰勒·本 - 沙哈尔

讲授这门课程的老师是一位名不见经传的年轻讲师——泰勒·本 - 沙哈尔。他是哈佛的毕业生，从本科读到博士。在哈佛，作为三名优秀生之一，他曾被派往剑桥大学进行交换学习。他还是一流的运动员，在社团活动方面也很活跃。但这些并没有让他感到持久的幸福。他坦言，自己的内心并不快乐。"最初，引起我对积极心理学兴趣的是我的经历。我开始意识到，内在的东西比外在的东西，对幸福感更重要。通过研究这门学科，我受益匪浅。我想把所学的东西和别人分享，于是，我决定做一名教师。我们的很多课都在教学生如何更好地思考、更好地阅读、更好地写作，可是为什么就没有人教学生更好地生活呢？"把艰深的积极心理学学术成果简约化、实用化，教学生懂得自我帮助，这是本 - 沙哈尔开设"幸福课"的初衷。

泰勒老师将大量心理学研究成果和数据分析带到课堂当中，借助学术研究的成果来帮助大家接纳积极心理学的理念，并要求学生将课堂中学到的东西真正应用到自己的生活和人际交往当中去。他说："请记住，我介绍给大家的这些概念不是因为它们有趣，而是它们都有实际应用价值。"下面是本 - 沙哈尔给哈佛学生的十条幸福忠告，与大家共勉。

◆ 遵循内心的热情。选择对自己最有意义且能够让自己快乐的课，而不要只是为了轻松地拿一个 A。

◆ 尽量多和自己的朋友们在一起。不要被日常的工作缠得不可开交，亲密的人际关系才是获得幸福的不二法门。

◆ 正确地看待失败。成功没有捷径。历史上那些有成就的人，总是敢于行动，也会经常失败，关键是不要让对失败的恐惧绊住你尝试新事物的脚步。

◆ 接受自己。烦乱与悲伤是人性的一部分。坦然地接纳这些，允许自己偶尔地失落和伤感；然后再问问自己，接下来做什么会让自己感觉更好一些。

◆ 简化自己的生活。更多并不代表更好，好事多了，也未必对自己有利。审视自己是否参加了太多的活动？应该求精而不是求多。

◆ 有规律地为自己安排锻炼。体育运动应该是生活中最重要的事情。适当地做一些体育运动，能够大大改善身心健康。

◆ 保证高质量的睡眠。每天保持 7～9 小时的睡眠是一笔非常棒的投资，在醒着的时候，会让自己感觉更有效率，更有创造力，也会感到更开心。

◆ 慷慨做人。没有钱、没有时间一样可以帮助别人。当我们在帮助别人的时候，实际上是在帮助自己；当我们在帮助自己的时候，也有可能是在间接地帮助他人。

◆ 勇气。即使心怀恐惧，依然勇敢前行。

◆ 始终保持一颗感恩的心。在生活中，不要把你的家人、朋友、健康、教育等一切当成理所当然的存在。他们将是我们回味无穷的礼物。

2. 中国人的美好人生课

清华大学是中国积极心理学学科建设的领先力量，清华大学积极心理学研究中心推动积极教育、积极企业等应用项目，在国内外产生广泛影响。

清华大学积极心理学家彭凯平、赵昱鲲于 2018 年首次推出国内的第一门"积极心理学"线上课程，用生动的方式、通俗的语言，把积极心理学跟中国文化做了更多结合，把与中国人生活最相关的部分，讲解出来。

课程分为"厚德载物"和"自强不息"两个部分。其中，"厚德载物"讲人类的美德和幸福，包括美好人生、幸福、品格优势与美德、习得性乐观、积极情绪、助人心理与行为、人际关系和沟通、亲密关系 8 个话题。"自强不息"则发挥中国文化强调修身的传统，包括福流、积极动机、自我、价值观与人生意义、坚毅与自律、创造与美、积极身心、积极心理学应用 8 个话题。

课程中，两位老师用中国人熟悉的例子，比如苏东坡、玄奘法师来讲解积极心理，也会用中国经典思想来印证现代积极心理学的结论，比如"自我决定理论"把动机按照自主程度，分为受控动机、整合动机、内在动机，就印证了孔子说的"知之者不如好之者，好之者不如乐之者"。

▶ 推荐资源

1. 书籍：马丁·塞里格曼 《真实的幸福》

本书的作者是积极心理学之父——马丁·塞里格曼。该书以一种通俗而不失科学严谨的方式告诉人们，什么是真正的幸福，怎样才能变得更幸福。其实，真正的幸福来源于你对自身所拥有的优势的辨别与运用，来源于你对生活意义的理解和追求，它是可控的。如果你想变得更幸福一些，不妨照着塞里格曼博士的建议来试试：改变对过去的消极看法，重视当下的积极体验以及对未来积极的期望。

2. 书籍：赵昱鲲 《无行动，不幸福》

我们知道何为幸福，却不知如何获得幸福。在后疫情时代，每个人的内心都有各种痛苦，原生家庭、儿时记忆、意志不足、患得患失、敏感多疑、消极情绪。在历经多年积极心理学研究后，赵昱鲲结合中国传统文化对于行动的重视后，提出了一个改变我们对于幸福认知的观点：你缺乏的并不是心理学知识，而是可以改变自己人生的有效行动！

本书不仅含有 45 个可以帮助你获得幸福、实现自我的有效行动，还有 7 份权威的心理学测试，帮助你更好地了解自己，此外还有 18 个紧贴当下的心理学问题。希望每一个人都能在每天做出一点点改变自己、提升满足感的行动，从而成为更好的自己，拥有更幸福的生活。

3. 场馆：永宁幸福科学馆

浙江省台州市黄岩区委、区政府与清华大学社会科学学院共同合作，以幸福科学为理论，以体验和提升幸福感为宗旨，建成黄岩永宁幸福科学馆。该馆坐落于风景宜人的黄岩永宁公园永宁河畔，由清华大学美术学院设计，是全球第一个在积极心理学指导下建设落成的城市大型公共服务设施。永宁幸福科学馆共分为三层，一层为幸福共享空间；二层为幸福科技空间；三层为福流空间。

第3堂

和谐身心：大学生心理健康维护

让心灵跟上我们的脚步

有一个探险家，到南美丛林中寻找古印加帝国文明的遗迹。他雇用了当地人作为向导和挑夫，一行人浩浩荡荡地朝着丛林深处走去。

那群土著居民的脚力过人，尽管他们背负笨重的行李，但仍然健步如飞。在整个队伍的行进过程中，总是探险家先喊着需要休息，让所有人停下来等候他。探险家虽然体力跟不上，但仍然希望能够早一点到达目的地，一偿平生的夙愿，好好地研究古印加帝国文明的奥秘。

到了第四天，探险家一早醒来，便立即催促众人打点行李，准备上路。不料领导这群土著居民的翻译人员却拒绝行动，令探险家恼怒不已。经过详细的沟通，探险家终于了解，这群土著居民自古以来便有着一项神秘的习俗——在赶路时，他们会竭尽所能地拼命向前冲，但每走三天便需要休息一天。

探险家对这项习俗好奇不已，询问向导，为什么在他们的部族中会留下这么耐人寻味的休息方式。向导严肃地回答探险家的问题："那是为了让我们的灵魂，能够追上我们赶了三天路的疲惫身体。"

探险家听了向导的解释，心中若有所悟，沉思了许久，他终于展颜微笑。他认为，这是此次探险中最好的一项收获。

看完这则故事，各位同学有什么感悟呢？你是否也曾经思考过心灵与身体的关系？本堂课，将带领你：

- 掌握心理健康的基本判断方法；
- 理解心理健康的标准；
- 了解生物 - 心理 - 社会的健康模式；
- 了解什么是心理咨询；
- 了解学校心理健康服务的各项信息。

一、理论介绍

> 📋 **基本知识** ─────────────────────────────

（一）健康新理念

谈到健康，很多人会联想到身体没有疾病、体格健全等生理功能状态，而容易忽视心理功能状态。时至今日，健康的概念已经发生了突飞猛进的变化。1948年，世界卫生组织（WHO）在其成立宪章中就提出：健康是指"身体上、心理上和社会适应完全处于良好状态，而不仅仅指没有疾病和虚弱的状态。"2016年，由中共中央、国务院印发的《"健康中国2030"规划纲要》也将"促进心理健康"作为"塑造自主自律的健康行为"的一部分。可见，一个健康的人不仅应该拥有健康强健的体魄，还应具有乐观积极的胸怀和灵活应变的能力。生理健康、心理健康和社会适应三者相互影响，不可分割。心理健康是健康的重要组成部分，而良好的社会适应是健康的重要标志。

（二）心理健康的标准

心理健康又是什么呢？它有什么评判标准吗？目前关于心理健康的定义引用最多和最广泛的是1946年第三届国际心理卫生大会提出的关于心理健康的定义："所谓心理健康，是指在身体、智能以及情感上，在与他人的心理健康不相矛盾的范围内，将个人心境发展成最佳状态。"并具体指明心理健康的标志是："①身体、智力、情绪十分协调；②适应环境，人际关系中能彼此谦让；③有幸福感；④在工作和职业中，能发挥自己的能力，过有效率的生活。"显然，心理健康并不只是强调"没病"，更强调个体自身潜能的发挥。

由于心理现象的复杂性，不同学者对心理健康标准的理解存在差异。归纳起来，主要有两类标准。第一类标准主要关注正常心理和异常心理的区分。这种标准最早是针对精神疾病和变态心理的研究而提出的，主要用于各种严重心理疾病的预防、诊断与治疗。如由世界卫生组织编写的《ICD-11精神、行为与神经发育障碍临床描述与诊断指南》，对精神、行为与神经发育障碍的临床描述和诊断给出了详细的指导。由美国精神医学学会编著的《精神障碍诊断与统计手册》（第五版）（DSM-5）为各类精神障碍提供了详细的诊断标准和分类。我国也发布过中国精神障碍分类与诊断标准（CCMD）。

第二类标准主要关注人在理想心理状态下的特征。这些特征并不是每个人都能达到的，但却是个体努力的方向，它以人本主义心理学家马斯洛和米特尔曼提出的心理健康标准为代表。他们认为，人的心理健康应该符合以下标准：①有充分的安全感；②能充分了解自己，并能恰当评价自己的能力；③生活理想切合实际；④不能脱离周围现实环境；⑤能保持人格的完整与和谐；⑥善于从经验中学习；⑦能保持良好的人际关系；⑧能适度地宣泄和控制情绪；⑨在符合团体要求的前提下，能有限度地发挥个性；⑩在不违反社会规范的前提下，能适当地满足个人的基本需求。我国学者也提出了类似的心理健康标准。如江光荣认为，心理健康的人应是一个适应与发展良好的人，是一个心理机能健全的人，具有：①客观的自我认识和积极的自我态度；②客观的社会知觉和建立适宜的人际关系的能力；③生活的热情和有效解决问题的能力；④人格结构有协调性等特征。马建青等认为，大学生的心理健康应该符合：①合理的自我认知；②坚强的意志；③积极、稳定的情绪；④健全的人格；⑤和谐的人际关系；⑥良好的适应能力。这些标准都强调了人对现实生活的适应，强调个人潜能的发挥，体现了人本主义积极向上的人性观。这也与积极心理学理论所倡导的关注积极体验、培养积极特质、构建积极关系、营造积极环境等理念不谋而合，也是当前大学心理健康教育的指导思想。

（三）对心理健康标准的科学解读

心理健康的标准为我们指明了努力的方向，然而人的心理状态是复杂的和过程性的，在使用心理健康标准的过程中需注意以下几个方面。

第一，心理健康是一个过程而不是结果。人的心理状态如同一部精密的机器，需要精心的呵护和持续的保养。个体心理往往经历着平衡—不平衡—再平衡的循环过程。心理健康的标准是每个人努力保健、无限靠近的目标。

第二，在心理健康与不健康之间，不存在泾渭分明的差异，而是一个连续的状态。从良好的心理状态到严重的心理疾病之间有一个广阔的过渡带，大多数人都分布在这个过渡带当中。

第三，心理健康不代表没有烦恼。人生不如意之事十之八九，困难与烦恼往往伴随着人生的各个阶段。心理健康的人不代表他时时刻刻都是开心愉快、没有压力、没有烦恼的。恰恰相反，挫折和烦恼是心理韧性的试金石，能够与烦恼共存，能够积极应对挫折才是心理健康的真实表现，预示着一个健康完善的心理免疫系统。

第四，心理健康的标准也是不断发展的。随着时代的变化和文化的差异，人们对于心理健康的理解与认识也是不断地变化更新，因此要把标准看成是一个不断发展的过程。

（四）心理健康的判断方法

人本主义心理学家提出的心理健康标准是一种理想化的状态。事实上，心理健康是相对的，企图找到绝对标准是非常困难的。那在日常生活中我们该如何判断自己的心理健康状态呢？下面为大家提供三种相对直观的心理健康状态评估标准。

1. 体验的标准

如果你常常感到幸福、快乐，觉得自己有价值，充满希望，说明你的心理处于健康状态。但如果你常常茶饭不思、夜不能寐，不能有效调节自己的情绪、控制自己的行为，这个时候就得问问自己："我的心理状态是不是不对劲？我需要寻求帮助吗？"主观体验是判断心理健康状态的重要标准。它之所以重要是因为你知道"正常"的自己是怎样的。当你偏离"正常"的自己太远时，就可以认为自己的心理状态出现了"异常"。与此同时，异常的心理状态往往也伴随着痛苦的主观体验，影响你的学习与生活。减轻或改善这些痛苦的体验正是我们心理保健的重要目标。与此同时，每个人在以往生活中会形成比较稳定的行为模式。如果这一行为模式突然发生巨大的改变，也预示着心理健康状态的变化。

2. 适应的标准

以社会中大多数人的常态为参照标准，在行为准则上，能够根据社会要求的道德规范行事；在行为能力上，能够配合他人，完成自己的工作，这也是社会功能良好的体现。社会功能包含了个体在社会生活中多个层面的表现和能力。当一个人从熟悉的环境转移到新的生活环境时，能否快速适应新的人际关系、学习要求和生活方式，体现了其社会适应方面的社会功能。这种适应能力包括对环境变化的感知、调整自身状态的灵活性以及在新环境中保持良好心理状态和行为表现的能力。如果你能够很好地适应新的大学环境，能够胜任工作和学习，与周围人相处良好，则说明你的社会适应能力良好，有较灵活的心理应变能力，处于健康的心理状态，反之亦然。

3. 发展的标准

如果你的行为和心理符合自己的年龄，既不过于幼稚，也不过于老成，则说明你的心理是处于健康的状态。心理学家埃里克森曾提出心理社会发展的八阶段理论，包括婴儿期、儿童期、学龄初期、学龄期、青春期、成年早期、成年中期和成年晚期。每个阶段都有核心的任务，只有当这一阶段的任务较好地解决之后，其人格的同一性才能较为完整。大学生正处于青春期至成年早期的过渡当中，这一阶段的核心任务是完成自我同一性，建立完整的心理自我，并尝试建立亲密关系。这两个任务的顺利完成能为将来的家庭生活打下坚实的基础。

除了以上直观的判断方法以外，大学入学之后，学校常规会安排所有新生参加一次心理普查。这也是了解自身心理健康状态非常好的途径。因为如同人的身高、体重、血压等有一个大致正常的范围一样，人的心理活动在总体上也有一个分布比较集中的区域。如果偏离常态分布，超过某些界限值，就有可能提示心理健康状态的问题。入学后的新生心理普查就是为了帮助同学们更好地进行自我了解。因此，请同学们一定要把握好这次机会，认真测量，并将测量结果及时地进行自我比对。

 **拓展知识**

如何有效维护心理健康

1. 睡眠有规律

规律的生活是身心健康的基础，尤其是睡眠。在睡眠中，人的体力得到恢复，能够从白天积累的压力中解脱出来，并为第二天即将面对的挑战积蓄能量。然而大学生群体晚睡、熬夜的情况不在少数。2024年3月，中国睡眠研究会通过调查发布了《2024中国居民睡眠健康白皮书》，调查显示，在大学生群体中，52%的人在零点至凌晨两点入睡，19%的人入睡时间晚于凌晨两点。日出不作，日落不息，长期持续的晚睡，也就是睡眠剥夺，容易引发个体情绪不安，易怒，注意力不集中，记忆力下降，过分敏感等问题，直接威胁身心健康。因此，保持相对规律的作息时间，避免持续性熬夜，是维护心理健康的必要条件。如果长期失眠，或存在其他睡眠问题，应及时找医生或学校心理咨询中心寻求帮助。

2. 身体要锻炼

适度的体育锻炼对于人的心理健康有着至关重要的作用。它是良好的情绪宣泄出口，尤其对于负面情绪的升华或转移。它有助于培养人勇敢顽强、坚持不懈的意志，团结友爱的合作精神，使人保持积极向上的心态，增进人际关系。

早在 2000 多年以前，医学之父希波克拉底就说："阳光、空气、水和运动，是生命和健康的源泉。"他还在古希腊山上的岩石上刻了这样一段文字："你想要变得健康吗？你就跑步吧！你想变得聪明吗？你就跑步吧！你想变得美丽吗？你就跑步吧！"现代脑神经科学的研究还显示，运动能增加通过脑部及全身的血液流量，而脑中血量充足对海马——形成长时记忆的区域——有效地发挥功能尤其重要，能有助于提高记忆力和学业成绩。适度的有氧运动，能够促使身体释放多种神经递质，如多巴胺、内啡肽等，从而改善人的情绪状态，提升心情和幸福感。

无运动，不青春。当前国家、社会、学校等不同层面都在积极宣传和促进青年学生们参与体育锻炼，大力开展阳光体育运动。请别把这些要求当作额外的负担，它对于身心健康有着莫大的帮助。同学们赶紧动起来吧！

3. 朋友多交往

人从出生开始就处于一张社会关系网中，在心理学上称之为社会支持系统。良好的社会支持系统能够增加快乐和自我价值感，并在遭遇挫折和危机时，减少焦虑和抑郁，帮助大家渡过难关。哈佛大学曾有一项持续七八十年的长程研究，研究社会关系对人的影响。研究发现，良好的社会支持系统可以使人更健康、更快乐，是人类幸福的重要因素，而长期的孤独对人有很大的负面影响。

俗话说，在家靠父母，出门靠朋友。家庭和朋友是社会支持系统中最重要的组成部分。当面临压力和挫折时，及时向家人朋友倾诉和求助有助于减轻内心压力，缓解焦虑。因此，进入大学之后，大家要多交一些新朋友，与老同学保持联络，多与辅导员、班主任和任课教师联系，以巩固和改善社会支持系统，提升生活质量和幸福感。

4. 规划早思考

上了大学之后要做什么？这是一个会困扰很多大一新生的问题。从小到大，大家一直被父母和老师们灌输要好好学习，将来考上大学。为了"大学"这个目标，大家一直努力着。当有一天梦想成真的时候，很多同学却会突然间觉得心里空落落的，上大学之后的目标又是什么呢？狂欢之后的空虚让很多人产生了迷茫、焦躁、无助的情绪，是时候为自己做一个规划了。规划可以是短期的具体的学期目标，也可以是长期的几年规划，可以帮助自己厘清思路，充实生活，同时也有助于增强自己对时间的掌控感，提升抗压能力，而不至于蹉跎时间，荒废岁月，追悔莫及。

5. 资源善利用

为了帮助大家顺利地度过大学生活，学校在"奖惩助贷"等方面提供了各种帮扶资源。其中，学生心理咨询是帮助大家解决心理困扰、舒心解压的重要途径。心理咨询是由受过专业训练的人员，运用心理学知识、理论和技术，针对来访者的各种适应与发展问题，通过协商、交谈、启发和指导等，帮助来访者达到自强自立、增进心理健康水平和提高社会适应能力的目的。它不仅用于解决消极的心理困惑、也用于促进积极的个人成长和发展。和家庭、同学或一般老师相比，心理咨询中心的老师在心理问题上提供的帮助更专业、更有效。

浙江中医药大学心理健康教育中心介绍

学校心理健康教育中心是为学生提供各项心理健康服务、开展心理健康课程与活动的专业机构，为全体在校学生免费提供个别咨询、团体咨询、网络咨询等服务，并恪守保密原则，保护学生的个人信息不随意外泄。学生可以关注"苁蓉心晴"公众号，了解心理健康相关资讯，并可在公众号上直接预约咨询。

二、理论应用

◎ 案例解析

大一新生恬恬是第一次离家远行。在新的学校、新的宿舍、新的同学间，她常常感觉到格格不入，觉得什么事情都做不了，情绪低落，不想上课，不想见人，感觉上学是一种煎熬。她非常希望自己能像过去一样充实快乐地生活，高效率地投入学习，与同学说说笑笑，并为此努力过，可就是做不到。她不得已向辅导员和妈妈提出了退学回家的想法，母亲无奈，只能来到学校陪她上学。

教师点评：从心理健康的判断标准来看，恬恬的心理状态是存在问题的。首先，根据体验的标准，恬恬对于新学校主观感觉并不良好，情绪低落，效率低下，回避交往，并伴随着痛苦的主观体验，影响学习与生活；其次，根据适应的标准，恬恬并未很好地适应新的大学生活，无法胜任日常学习与交往，自觉与周围环境格格不入，继而萌发了退学的念头，这是适应不良的表现；最后，从统计的标准来看，虽未进行心理测量，但比较她与周围同学的表现，当其他同学大都能够正常学习生活、投入新环境的时候，恬恬的痛苦与回避凸显着她是人群中的少数，偏离了常态分布。综上，我们可以初步判断恬恬的心理健康出现了问题，可能存在适应不良的问题，需要外界的心理援助。

对于大一新生来说，从高中到大学是一个巨大的环境转变，面临着一系列新的挑战。陌生的环境、陌生的同学、陌生的学习与生活方式，无一不在考验着新生的适应力（resilience），容易产生各种适应问题。常见的适应问题如下。

1. 目标的迷茫感

上大学是为什么？这是一个值得每位新生思考的问题。从小到大，父母老师就向我们灌输，现在要好好学习，将来考上大学。苦读十几年，就像在黑夜中走路，只能看到远方一点星火（高考），目标明确，心无旁骛。然而等到终于走到灯火辉煌的地方（通过了高考），却突然发现这个时候天亮了，周围的一切都能看得一清二楚，远处也没有灯火了，这时候反而不知道该往哪儿走了。

进入大学，原有的目标达到了，新的目标尚未确立，就像站在十字路口迷茫而彷徨。

很多人进入大学之后，或者是因为不知道该做什么，或者是因为觉得考上大学就满足了，或者是对专业的失望或不满，缺乏激情，缺乏动力，而让无聊、空虚、寂寞的感觉接踵而来，无所适从。

2. 角色的困惑感

这是每个大学生所必须经历的事情。进入大学，每个人都会面临着对自己重新评价的问题。有一种说法叫作"大学生的相对平庸化"。很多同学在中学期间都是非常优秀的，在校内和班级担任着各种职务，受到老师的器重、同学的尊重。然而到了大学之后，那么多优秀的人聚在一起，每个人都有辉煌的过去，他们突然发现自己变得平庸了。这一方面是因为比较对象的扩大化，大学里比较对象的范围要远远超过中学时期，导致相对平庸化的现象出现；另一方面是进入大学后评价标准多维化，学习成绩不再是评价的唯一指标，文艺特长、体育强项、组织能力等都成为展现个人的重要指标，而这对于已习惯了"唯成绩论"的同学形成很大的心理落差，造成自我角色定位的困惑感。

3. 学习的不适感

大学的学习与高中的学习在方法上、策略上是有很大的不同的。许多同学来到大学后还沿袭了高中时期的学习方法，等待老师布置作业，期待老师给予学习的监督。然而这在强调自主学习的大学校园里几乎不可能。面对突然增加的大量课余时间，不少同学不知道该如何安排，用大量的社团活动或休闲娱乐来填充它，宝贵的学习时间被白白浪费，加之对大学考试方式的不适应，直到期末才发现自己的学习落后了。学习方式、学习内容的转变，让曾经以学习为人生唯一正业的"学习达人们"傻了眼，如果不适时进行调整，发挥学习的主动性、积极性，"university"可能成为"由你玩四年"，"大学人生"可能成为"大混人生"。

4. 人际的孤独感

高中时期的人际关系主要是与父母、老师和同学打交道，人际环境相对简单，没有语言差异、乡土差异，交往相对容易，可能很少会考虑跟谁交往，跟谁打交道，甚至不会在人际关系上花费时间。然而到了大学，人际关系就复杂多了。不仅要和来自不同地方、有着不同习俗的同学打交道，还要和学校的各种行政部门、后勤部门，甚至社会人士打交道，交往的范围扩大了。此外，由于语言、生活习惯、家庭背景、价值观、思维模式等方面的差异，也在无形中增加了交往的难度。不少人会因为人际关系紧张而产生烦恼与困惑，内心渴望交流，行动却止步不前。在人潮涌动的大学校园，内心孤独，知音难觅。

环境的变化、目标的迷茫、角色的困惑等因素导致不少新生难以适应，心理失衡。他们迫切需要进行积极的心理调整来适应这些挑战，以顺利度过"迷茫的大一"。

🐾 常见问题 ━━━━━━━━━━━━━━━━

Q1：如果短时间内出现强烈的负面情绪或异常行为，属于心理不健康吗？

A：心理不健康与不健康的心理和行为表现不能等同。心理不健康是一种持续的不良状态，偶尔出现的一些异常心理或行为不能等同于心理不健康。当遭遇天灾人祸或者突发事件的时候，人会处于应激状态，此时可能会出现一些异常行为或情绪反应，这些都是正常的，属于非正常情况下的正常反应，不能简单地定义为心理不健康。但如果应激状态持续时间过长，或者一个人已出现诸如幻觉、妄想、哭笑无常、行为怪异、社会功能严重退化等症状，就可能是真正意义上的心理障碍或精神障碍，必须尽快去医院救治，否则延误治疗很危险。

此外，心理状态是一个动态变化的过程。随着人的成长、环境的变化，心理健康的状态也会发生改变。生活中每个人实际上都有各种各样的问题，心理健康不等同于时时刻刻都快乐，没有压力、苦恼、紧张等负性情绪。人本主义所提出的心理健康的标准是一种理想尺度，为我们指明了努力的方向。通过自己的努力与练习，我们都有可能在现有心理健康水平的基础上追求心理发展更高的层次，不断发挥自身的潜能。

Q2：我又没有心理疾病，为啥要去心理咨询？

A：提及心理咨询，很多同学的第一反应都是"我又没有心理疾病，为啥要去心理咨询"，这是一种普遍的误解。事实上，心理困扰人皆有之，只是程度不同而已。大学生活不适应、考试焦虑、人际关系不和谐、恋爱问题、就业的迷茫等都可以寻求心理帮助。调查显示，在美国，有30%的人定期去看心理咨询师，80%的人会不定期去心理诊所。倘若心中郁结，难以纾解，寻求心理咨询是一种较好的选择。

需要指出的是，心理咨询不等同于心理治疗。心理咨询面向心理正常的群体，更多地处理成长性和发展性的问题，而心理治疗则面向心理异常的各类心理障碍患者，后者牵涉到更多内在人格层面的问题，应对的情况也更为复杂。少部分患有严重心理疾病的人，已经超出心理咨询的范畴，需要到医院看精神科医生，进行药物治疗。心理咨询师没有处方权，倘若初诊后发现来访者可能患有严重的精神疾病，应当首先把来访者转介给专业的精神科医生。

三、实操训练

 **课前准备**

1. 心理测试

你的生活方式是否有利于健康?

以下是你生活方式的诸多方面，包括工作学习、交际及其他活动方式。设计这个测验的目的在于评价你在生活方式中的选择，测定这些选择对你的健康影响是积极还是消极的。你的回答将帮助你理解生活方式对于健康的影响。

答题要求：在各项前面的横线上填上数字：5= 完全像我；4= 几乎像我；3= 不确定；2= 几乎不像我；1= 完全不像我。

＿＿＿ 学校自我表现很好

＿＿＿ 我对自己满意，不感到无聊或生气

_____ 我对和别人的关系感到满意

_____ 我能在想表达时表达出自己的情感

_____ 我很好地利用空闲时间，并十分愉快

_____ 我对自己的两性关系感到满意

_____ 我对白天完成的任务感到满意

_____ 我常常玩得开心

_____ 我充分利用了自己的天赋

_____ 我身体很好，充满了活力

_____ 我注意培养自己的能力

_____ 我在对社会作贡献

_____ 我乐于助人

_____ 生活中，我具有自由和冒险意识

_____ 多数时候我都感到快乐

_____ 我觉得我的身体很健康，能应付需求

_____ 我感到轻松并且精力旺盛

_____ 大部分时间我感到很放松

_____ 大多数时候我都能睡个好觉

_____ 我通常都是愉快地上床睡觉并对白天的生活感到满意

评分和解释

你选择的每题数字相加就是你生活方式的得分。分数为 90～100 分，你所选择的生活方式将会促进你的健康。分数为 80～89 分，说明你在很多方面做得很好。注意那些你选择"1""2"或"3"的描述，在这些方面，你可能还需要提高。分数为 61～79 分，你的生活方式在很多方面都需要改进，这些方面可能会对你的健康有不利的影响。如果你只得了 60 分甚至更低，那你的生活方式可能会给健康带来很大的风险。回顾一下你的回答，特别关注你的选择为"1"和"2"的选项，并且要下决心在这些方面改进你的生活方式。

2. 自学微课"心理健康简介"之后，你有什么困惑或疑问吗？

问题 1：

_____

问题 2：

_____

问题 3：

_____

微课：心理
健康简介

材料阅读讨论

　　跨入大学校门的那一刻，小林的心情是激动无比的。曾经大学像一个梦在她的脑中盘旋：幽静的林荫道，一眼望不到尽头的阶梯教室，笑声朗朗的宿舍楼，还有那"睡在上铺的姐妹"。就这样，小林怀着一颗憧憬的心迈入了校园，小心翼翼，生怕打碎那个做了很久的梦。但当生活的画卷徐徐展开时，她发现梦是美好的，生活是骨感的。

　　手忙脚乱地忙完了一系列报到、注册、住宿、体检等项目之后，大学生活就这样开始了。小林开始习惯于奔走于各个教学楼寻找教室，拿不重要的书或本子占位置；习惯于老师匆匆地来、匆匆地走；习惯于没有老师管束、自由的生活……但有一些东西她无法习惯：原本寄予厚望的大学课程，很少有想象中老师们的谈笑风生，更没有师生间思想火花的碰撞；宿舍中的室友们，来自天南海北，各有各的性格，一不小心便弄得不愉快；曾经的好友们各有各忙，联络越来越少，她心中不由升腾起失落和难过。一种迷茫的感觉弥漫在心中，眼中的一切似乎都变成了灰色。这就是梦中的大学吗？这就是寒窗苦读为之奋斗了十几年的大学吗？

　　日子一天天地过去，而她也一天天上着"不知所云"的各种各样的课，意兴阑珊，提不起精神，甚至开始逃课、旷课。她将自己封闭起来，拒绝和他人吐露自己的迷茫与彷徨。她不明白曾经千辛万苦为之奋斗的大学为何没有一点梦想中的色彩……

　　（1）文中的主人公遇到了什么困扰？这些困扰是如何影响到她的情绪、躯体（生理）和行为的？

_____

_____

　　（2）看完阅读材料之后，你的心情如何？请用3～5个形容词来描述。为什么会有这样的心情？

_____

_____

　　（3）如果将自己带入主人公当中，你会采用什么方式帮助自己调适解决？

_____

_____

　　（4）如果自我调适后仍没有改善，你是否想过向好朋友或你信任的人求助？如果有的话，请罗列他们的名字。

_____

　　（5）如果自我调适、他人倾诉开导效果不大，是否考虑找学校心理咨询中心进行求助？是 _____ 否 _____

　　（6）有什么因素会阻碍你向专业的心理咨询机构求助吗？

　　A．不了解心理咨询机构的服务信息与渠道

　　B．担心别人异样的眼光

C．觉得心理咨询没有用，帮不了自己

D．其他 _____

我的感悟 ────────────────────────

四、延伸阅读

课外链接 ────────────────────────

1. 生物－心理－社会的健康模式

1977 年，美国的恩格尔教授提出了"生物－心理－社会"医学模式。这一模式从生物、心理、社会全面综合的水平上认识人的健康和疾病，三者相互影响，不可分割。这一模式认为导致人类疾病的不只是生物因素，而且还有社会因素和心理因素。

生物因素是心理健康的基础。生物因素指的是人体各个系统在生理功能上的正常运行。在生物因素的基础上，我们才能保持心理和情绪的稳定，更好地应对生活中的各种挑战。例如，良好的睡眠、饮食习惯以及适度的运动等都是保持生理健康的有效方式。

心理因素是心理健康的核心。心理因素涉及我们的思维方式、情感状态以及行为模式等多个方面。在心理健康的状态下，我们能够正确地认识和处理生活中的问题，保持积极向上的心态，拥有良好的人际关系。培养良好心理因素的有效方法包括保持乐观心态、学会调整情绪、提高自我认知等。

社会因素是心理健康的保障。社会因素主要指我们在社会生活中与他人、环境以及社会文化相融合的能力。一个拥有良好社会适应健康的人，能够适应社会发展的变化，与他人建立良好的人际关系，为社会做出积极的贡献。培养社会适应健康的方法包括提高沟通技巧、增强团队合作意识等。

总之，心理健康是一个包含生物、心理、社会三个方面的综合概念。在实际生活中，我们要努力在各个方面都保持平衡，实现心理健康的全面发展。让我们从现在开始，关注自己的身心健康，迎接更美好的未来。

2.什么是心理咨询

古希腊有个传说，在一个王国城堡的附近有个女魔，叫"斯芬克斯"。她整天守着那条过往行人必经的路，让人猜一个谜："什么东西早上是四条腿，中午是两条腿，傍晚是三条腿"。如果行人不能答对谜底，她就会把他吃掉；如果猜出来了，她自己就会死去。无数的人都不能猜出谜底，于是王国中死去了许多的人，外面的人也不敢来这里了，王国内外充满了恐惧。终于有一天，一个叫"俄狄浦斯"的年轻人来到了斯芬克斯的面前，说出了这个神奇"东西"的谜底——"人"！斯芬克斯于是死了，而这个谜语却流传了下来。

所谓"当局者迷"，应是神话中遭遇厄运者的最好哀悼了吧？！"斯芬克斯之谜"于今天的我们，可能已不是一个难题，而它所暗含的误区，却不分时代、不分民族、不分老幼、不分性别地存在于我们每个人之中：自己很多时候是认不出自己的，是很难看清自己的。而这层"糊里糊涂"并不能给人带来快乐，渴望了解自我是人天生的需要，因为只有了解自我，了解了真正的需求与愿望，才可以在现实中找到方向，明白生命的意义，才可以当你走得很累很辛苦的时候，并不觉得委屈与懊悔；也只有了解了自我，才可以撕去太多的因所谓"生活"而戴上的种种"面具"，享受清新与安宁！一个人不能真正了解自身，纵使忙碌不停，终是茫然痛苦；纵使优裕富足，终是难耐空虚……

"斯芬克斯之谜"永远地留了下来，人的一生就是在不断地破解它、诠释它，希望找到合理的个人答案，而不沦为"厄运者"！

心理咨询就是采用一些相对便捷或专业的方式，与当事人一起去揭示"斯芬克斯之谜"，一起去探索心灵，感受真我，发现谜底，获得成长、成功的力量。因为心理咨询是一种心灵的对话，在这一时空中，你可以逐层褪下繁重的装束，可以放心地、没有干扰地去看自己，去思考自己，不会遭遇嘲笑，不必忍受评价，有的只是倾听、关注、同感与挑战，你可以全神贯注直抵心灵深处！

不同的时期会遇到不同的问题，因此心理咨询对于每个人都是必需的，只是寻求的方式不同罢了：对父母、对朋友、对神灵、对先知、对"客观的我"、对专业咨询师，而不同的方式也就有了不同的结果，一吐为快、同情安慰、引导指教……发展到今天，心理咨询的工作则较规范化了，主要归属于专业的咨询人员，使得咨询能够更切实地对人有所帮助，使人走出咨询情境后仍满载被关怀的感受，能够学会在现实中应对各种际遇：学习、工作、生活！

3.图解心理咨询

被误解的心理咨询

你以为心理咨询是……

- 情绪垃圾桶——任性地往里面倒入负面情绪
- 精神拐杖——无力行走的人，凭借拐杖，就可以重新迈步前行
- 心灵的不死仙丹——化解悲伤、痛苦、抑郁等，包治百病

有病的人，才会去做心理咨询？

其实心理咨询面向的是正常人群

- 心理咨询的范畴中，包括"一般心理问题"。痛苦与烦恼是每个人生命当中无可回避的部分。倘若心中郁结，难以纾解，寻求心理咨询也是一种好的选择
- 少数人患有较严重的心理疾病，这已超出心理咨询的范畴，需要到医院进行药物治疗
- 心理咨询师若发现来访者有较严重的精神疾病，需转介

心理咨询就是给出建议？

- 心理咨询的基本原则是"助人自助"，咨询师不会直接给出建议，而是通过咨询让来访者看到自己的盲点和未被利用的资源，帮助他们一起探索，做出改变的行为

心理咨询就是让自己变得更快乐？

- 心理咨询旨在实现自我成长与改变，让"伤口"在咨询师的陪伴下逐渐愈合，这个过程必然伴随着痛苦的蜕变

现在，你了解到心理咨询是……

- 镜子——让来访者看见自己真实的存在
- 桥梁——将来访者带到更远的地方去
- 人际关系场——借助关系，让疗愈发生

这是一副催化剂。你的心被打开了。千万种可能性都在奔赴的途中。别惧怕心事，找到正确的打开方式，那将会是很好的礼物

（以上内容摘录自壹心理）

4.什么时候可以寻求心理咨询帮助

在日常生活中，有以下情况发生时，可以寻求心理咨询师的帮助。

① 生活中遇到重大选择，犹豫不定时；

② 工作学习压力大，无力承受又不能自行调节时；

③ 初入一个新环境，对新环境适应困难时；

④ 长期情绪低落，感到生活无意义，心情压抑；

⑤ 在人际交往方面，自感有障碍（如怯懦、自我封闭等）时；

⑥ 恋爱、家庭关系不和睦，渴望通过指导改善时；

⑦ 在经历了失恋、丧亲等情况之后，心灵创伤无法"自愈"；

⑧ 受过处罚后，心情苦闷、难以自我调整；

⑨ 患有某种身体疾病，对此产生心理压力；

⑩ 时常厌食或暴食；

⑪ 性心理知识咨询；

⑫ 个人职业生涯规划。

推荐资源

1. 书籍：罗伯特·戴博德《蛤蟆先生去看心理医生》

这部畅销小说的作者是英国资深的心理咨询师罗伯特·戴博德，他将心理咨询的全过程运用在取材自童话《柳林风声》的动物主角们身上——这些可爱灵动的形象背后，融合了万千真实来访者的特点。我们都可能在生活的某个阶段陷入自我怀疑、情绪的低谷，也都可能遇见这样一个"抑郁"的朋友，想帮助他却感到无能为力。而在罗伯特幽默轻快的笔触下，愤怒、潜意识、自我审判，儿童的自我状态、父母的自我状态、成人的自我状态，适应性儿童、挑剔型父母等专业心理知识被巧妙地编织进故事情节。作为一本大众心理学著作，读者既可以身临其境地代入人物关系，感受情绪涌动，也能从中学到包含了人际沟通分析、精神分析等心理学理论的知识，收获满满干货。

2. 电影：《无问西东》

影片讲述了四个不同时代却同样出自清华大学的年轻人，在各自的时代中面临不同的人生选择，他们在迷茫与困惑中不断探索、追寻真实自我的故事。电影跨越了多个时代，展现了不同背景下人们的成长与抉择，能启发大学生在面对人生的各种诱惑和困难时，坚守自己的内心，勇敢地追求自己真正想要的生活，不被外界的声音所左右。

第 **2** 单元

揭开人际和谐的面纱
——探索人际

第1堂

沟通你我：人际交往原则

大一的安琪第一次离家远行，既兴奋又忐忑。出门前，妈妈反复叮嘱她："在家靠父母，出门靠朋友，到了大学一定要和同学好好相处，尤其是寝室里的同学。"安琪有些不以为然："交朋友有什么难的？我对他们好不就行了。从小学到高中，我和同学们不都处得好好的。""处理好人际关系，不仅仅是对人好就够了，"妈妈说，"大家来自不同的地方，你还得顾及他们的生活习惯、性格特点、说话方式等。""哎哟，妈，我知道啦。一个人际关系值得我花这么大的精力么。"安琪觉得妈妈有些小题大做。

什么是人际交往？为什么要进行人际交往？大学里人际交往真的这么重要吗？大学的人际交往与中学的人际交往有什么不同呢？怎么做会让自己更受欢迎？本堂课，将带领你：

- 了解人际交往的定义及其意义；
- 熟悉影响人际交往的几大因素；
- 掌握人际交往的基本规则；
- 探索自己的人际交往效能感水平；
- 练习如何赞美他人。

一、理论介绍

基本知识

（一）大学里的人际交往

人际交往是指人们运用语言或非语言符号交换意见、传达思想、表达感情和需要等交流过程，包括物质交往和精神交往。如果说探索自我、探索情绪等章节探讨的是人与自己的关系，指向你的内心世界，那么对人际交往的探索则指向了你的外部世界——我如何与他人相处，这在很大程度上也能反映和影响你的内心世界。

有的同学可能也会产生这样的疑问：为什么要进行人际交往，人际交往的意义又是什么呢？一个人独处不也很好吗？这便涉及人际交往的意义了。作为群居性生物，人际交往对个体的意义至关重要。试想一下，一个人待久了是否也会感到孤单？遇到重要事情的时候是否也想和他人讨论一番？在人生的重要时刻是否也希望有他人的见证？可以说，人类社会是围绕着沟通和交往展开并延续下去的，而亲和动机和自我扩张动机是背后的重要驱动力量。

亲和动机是促进人们进行交往的原始动力，它由社会心理学家麦克利兰提出，是指"寻求或维持与他人情感联系的倾向"。亲和动机能满足人们对于归属和安全的需要，并促进社会支持系统的形成。亲和动机可以追溯到早年的母婴关系之中。婴儿与主要照顾者形成依恋关系，体验照顾者带来的温暖、舒适和安全等美好感受，再把这种感受逐步泛化到其他人身上，最后希望有人陪伴的动机也成为一种习惯而被固化下来。亲和动机是人际交往的内在动机，是后期其他人际关系的基础。我们渴望与他人建立良好的人际关系。通过与他人分享喜怒哀乐，倾诉个人情感，增进彼此之间的理解和支持，能获得心理上的安慰和满足感，增强情感调节能力，从而改善心理健康状态，增加主观幸福感。

另外，人际交往有助于个人成长和发展，这是由自我扩张动机带来的。就像我们耳熟能详的一种说法，你有一个苹果，我有一个苹果，如果我们交换，双方依然是一个苹果。但如果我们交换的是思想，就可以同时拥有两种思想。人际交往亦是如此。通过交往，了解他人的知识、经历、思想等，能够丰富和扩展自身的知识、经历与思想。通过借鉴他人的优缺点、得与失，能扩展自身的思想认知，促进自我提升。从某种意义上说，人际交往也是自我扩张的过程。

大学里的人际交往与中学时期有着很大的差异。中学时期，大部分同学都在自己的家乡求学，同学之间有相似的生活环境与成长经历，且以升学为共同目标的集体氛围，让大家的相处更为单纯。我们可以以自己的喜好来决定自己的人际关系，带着浓郁的感情色彩，属于儿童式的人际关系。但到了大学则不同，同学们来自全国各地，生活习惯、语言习惯，甚至思维习惯均有差异，容易导致各种摩擦与冲突，需要彼此间互相体谅、慢慢磨合。这是一种成人式的人际关系。成年人的人际关系最大的特点便是，在自我扩张动机的推动下，无论你喜欢或不喜欢，愿意或不愿意，都尽量要去为自己营造和谐的人际关系，为自己争取更多的发展空间。甚至在有些情况下，你还需要尝试和自己不喜欢的人和睦相处，为自己争取最大的资源。这是成为社会人所需要的考验。

（二）建立良好人际交往的基本原则

1. 相互性原则

我们喜欢那些也喜欢我们的人。在人际交往中，我们都有一个共同的倾向，那就是希望别人接纳自己、喜欢自己、支持自己，认可自己的价值。任何个体都不会无缘无故地接纳他人。喜欢是有前提的，相互性就是重要的前提。正如著名的罗马诗人西罗斯所说："要别人对我们发生兴趣时，我们先要对别人发生兴趣。"因此，善于发现他人的优点，善于表达对他人的欣赏，是建立良好人际关系的重要因素。

2. 交换性原则

人际交往应遵循互惠互利的原则。交换的基本原则是：个体期待人际交往对自己是有价值的，在交往过程中得大于失或得等于失，至少是得别太少于失。正如古人所云："将欲取之，必先予之""礼尚往来""来而不往非礼也"，只有交往的双方都能从交往中获得某种需要的满足，良好的人际关系才能建立和维系。互惠互利在这里不能简单地理解为等价交换或物质、经济上的相互给予。首先应该理解为人际交往中的相互支持、相互帮助、相互爱护的根本原则。这里既有物质上的相互扶持，更有心理及情感上的相互慰藉和满足。当然，也要避免过度付出和容忍。

3. 自我价值保护原则

自我价值是个体对自身价值的认识与评价。自我价值保护是一种具有自我支持倾向的心理活动，其目的是防止自我价值受到贬低和否定。由于自我价值与他人的评价密切相关，因此个体对他人的评价极其敏感。当外界的批评超过一定限度时，个体会自动启用自我价值保护机制，对批评予以否认或反驳。这也是为什么接受他人的批评或者建议是一件困难的事情。人际交往中要时刻注意尊重和保护对方的自我价值，在此基础上提出的批评或异议才有可能被对方接受。

（三）人际交往中的黄金规则与反黄金规则

黄金规则：像你希望别人如何对待你那样去对待别人。

反黄金规则：期待别人像你对待他那样地对你。

生活中我们时常会听到这样的抱怨："我对他这么好，付出这么多，可他竟然……""我这么帮她，她竟然……"抱怨的背后隐含着这样的信念：我对你好，你就必须对我好，我爱你，你也必须爱我。一般来说，当我们向他人做出一个友好的行为之后，或多或少总是期待对方做出相仿的回应。如果对方的行为偏离了我们的期待，我们就会认为他不值得交往，继而产生排斥的情绪。

人际交往的黄金规则是指：像你希望别人如何对待你那样去对待别人，也即你想要别人怎样对待你，你就先要怎样对待别人。黄金规则的关键在于：**主动付出，有限期待**。人总是喜欢那些喜欢自己的人，当他人感受到你的善意与真诚，出于保持自身心理平衡与稳定的需要，他往往也会回应你的善意与真诚，我们对此也会有所期待。只是这份期待有时候也会变成压力，"我对你好，你就应该对我好"，让对方觉得他"应该"报答你，而这种"应该"的意识，会产生一种心理压力，迫使人们逃离。毕竟我们只能要求自己做应该做的事，而不能去决定别人该怎么做。更何况，我们的付出真的是他所需要的吗？他的回报能正好符合自己的心意吗？因此，主动付出能为我们带来更多的朋友，而有限的期待能让我们在付出时心态更平和。

📖 **拓展知识**

（一）人际交往的影响因素

到了大学之后，很多同学会加入各种各样的学生组织、社团组织，希望尽快建立新的人际关系；会参加各类社交课程、课外活动，以提升自己的交往能力。说明了人际交往在同学们心中的重要性。那影响人际交往的因素到底有哪些呢？

1. 空间距离

空间距离是人际交往产生和发展的一个重要因素。人与人之间空间距离越近，交往机会越多，熟悉程度就越高。俗语"远亲不如近邻"说的就是这个道理。社会心理学家费斯廷格曾在1950年对住在同一楼层彼此成为亲密朋友的情况进行了实验研究。结果发现：人们交往的次数与距离的远近成正比，两人住得越近，越容易成为朋友，这被称为邻近效应。我们经常能看到一些特定的人，当彼此变得越来越熟悉，友谊也就越来越容易形成。这也是为什么大学里的好朋友总是先在寝室中诞生的。我接近并与之交往最多的人往往最可能成为我们的朋友和恋人，就是邻近效应的体现。

2. 相似性因素

俗话说"物以类聚，人以群分"，如果交往双方在年龄、爱好、观点、价值观等方面有某种一致性或相似性时，容易互相吸引。校园当中的同乡会、社团组织都是在某一相似性的引导下慢慢聚成的。为什么相似性会有如此神奇的魔力呢？心理学的研究显示，至少有以下三种原因：第一，我们趋向于认为那些与我们相似的人也会喜欢我，因而我们有可能去主动与他建立关系；第二，那些相似的人确证着我们的观点和信念，也就是说，他们带给我们一种我们是正确的感觉；第三，对于那些总是和我们意见相左的人，我们会对他的性格做负面猜测，真的很难亲近起来。所以，被人喜爱的渴望、被人确证的需要，以及我们对人的性格所下的结论都提升着相似性的重要性。要特别指出的是，实际的相似性很重要，但更重要的是双方感知到的相似性。

3. 互补性因素

当然除了相似性以外，有时候两个性格迥异的人也能成为好朋友，这缘于互补性因素的影响。互补性是指在交往过程中，当双方的需要和满足途径正好成为互补关系时，会产生强烈的人际吸引。互补性与相似性并不矛盾，只不过它们在不同的场合和领域发挥作用。一般来说，在人际关系建立的初期，人们更注重相似性因素，但到了人际关系发展的后期，互补性的功能就会体现。

4. 个性因素

个性因素主要包括外表的吸引能力、个性特征等。

（1）外表的吸引能力

长得漂亮会更受欢迎吗？外表在我们对他人的第一印象中有多大的影响力呢？心理学的研究发现，外貌和仪表在交往过程中，尤其在交往的初期会产生重要的影响。当其他条件都相似的时候，我们更倾向于喜欢长得漂亮的人，会不由自主地"以貌取人"。虽然我们都知道"人不可貌相，海水不可斗量"，但外貌所产生的光环效应是很明显的，即人们倾向于认为外貌美的人也具有其他的优秀品质，实际上未必如此。

（2）个性特征

个性特征是影响吸引力最重要也是最稳定的因素。美国心理学家安德森（N.H. Anderson）曾就个体品质进行过一项研究。他提供了555个描绘个性特征的形容词让被试大学生按照自己的喜好程度进行排列。结果如下表所示。从研究结果可以发现，排在最前面、受喜爱程度最高的六个人格品质是：真诚、诚实、理解、忠诚、真实、可靠，它们或多或少、直接或间接与真诚有关；排在最后受喜爱水平最低的几个品质如说谎、假装、不老实等也都与真诚有关。安德森认为，真诚受人欢迎，不真诚则令人厌恶。

令人喜欢的个性品质	中间品质	令人不喜欢的个性品质
真诚	固执	古怪
诚实	刻板	不好
理解	大胆	敌意
忠诚	谨慎	饶舌
真实	易激动	自私
可靠	文静	粗鲁
智慧	冲动	自负
可信赖	好斗	贪婪
有思想	腼腆	不真诚
体贴	易动情	不善良
热情	羞怯	不可信
善良	天真	恶毒
友好	不明朗	虚假
快乐	好动	令人讨厌
不自私	空想	不老实
幽默	追求物欲	冷酷
负责	反叛	邪恶
开朗	孤独	假装
信任	依赖别人	说谎

（3）能力

能力一般会增加个体的吸引力。一般来说，人们比较喜欢聪明能干的人。但如果这种才能对别人构成社会比较的压力，让人感受到自己的无能和失败，那么才能不会对吸引力有帮助。研究表明，有才能的人如果犯一些"小错误"，会增加他们的吸引力。

（二）改善人际关系，纠正认知偏差

大多数情况下，我们都处于自动化思维的状态中自行运转。自动化思维是一种无意识的、自然而然且无须努力的思维方式，为我们节省时间精力，提高效率。但有时候，这样的思维方式也会带来一些错误，造成认知偏差，如先入为主、以偏概全、以己度人等，不同程度地影响着正常的人际关系。

微课：人际交往中的认知偏差

1. 先入为主的首因效应

首因效应又称第一印象。双方第一印象的好坏会直接影响今后继续交往的可能性。在第一印象形成的过程中，我们主要去获得别人一些外在的东西，如外貌、着装、仪态举止

等。虽然理性上知道外在的表象不一定准确，但我们却一而再再而三地去使用它。如果第一印象过于强烈，认为某个人是好的，就会看不到他的缺点。反之，如果对某人印象恶劣，就会看不到他的优点，将之列入黑名单，造成认知上的偏差。

2. 以偏概全的晕轮效应

晕轮效应又称光环效应，形象地说，就是个体的某个特征像一个光环一样，遮住了知觉者的眼睛，使知觉者只能看到这个光环而看不到被知觉者其他的特征。这是一种以点概面、以偏概全的认知反应。"情人眼里出西施""成绩好就代表什么都好""一白遮百丑"说的都是晕轮效应。

3. 僵化固定的刻板印象

生活中大家是否有遇到过这样的场景："你是学心理学的吗？那你知道我现在在想什么吗？""你是东北人啊，来，先干半斤白酒。"心理学上把这些现象称为刻板印象。它是我们对某一类人所具有的特征的高度概括，且这种想法往往是快速而自发完成的，但往往多与事实不符，甚至是错误的。现实生活中，刻板印象无处不在，它能使我们在有限信息的条件下，快速而又尽可能多地了解对方的情况，提高效率。但由于这种分类过于简单化，容易"一竿子打死一船人"，造成人际误解、地域冲突，甚至种族歧视。"世上没有两片相同的叶子"，每个人都有自己的特点，他的一些身份属性可能可以让你更快地了解他的特点，但我们要注意防止刻板印象，切勿生搬硬套。

4. 以己度人的投射效应

投射效应是指在人际交往中，认知者把自己的情感、意志、特征等投射到他人身上并强加于人的一种认知偏差。通俗地说，就是"以己之心，度人之腹"。比如欢乐的人认为别人也应该是欢乐的，而敏感多疑的人认为别人也是不怀好意的。投射效应容易导致认知的主观性、随意性以及猜疑心理，这些都将严重影响良好人际交往的进行。

二、理论应用

◎《 **案例解析** ▬▬▬▬▬▬▬▬▬▬▬▬▬▬▬▬

有一个问题，一直困扰了我很久，希望老师帮我解决。这个问题是怎样才能使寝室关系好？在一个寝室里，每个人的个性都很强，各方面都不同。我是一个很随和的人，喜欢迁就一下别人的意见，比如说一起出去上网，我本身不喜欢上网，但为了陪大家我也去了，不想破坏气氛，但我觉得寝室其他人对我关心一点，好一点，对我笑一点，我就心满意足了。这样的事情还有很多，人家欠我钱，好久，我都不好意思问她要，只好算了。寝室同学有时问我的意见，我说随便，有人会不高兴。我觉得我好孤单，总被人家忽略。比如说，我们寝室有甲、乙、丙、丁。我是丁，甲只会对乙、丙说一些关心的话，而不会对我说，我想不通，也不知道哪里做错了，我感觉没人关心我，连同个寝室里的人都不会，我很差吗？我想请求你们的帮助，帮我解决问题，我愿意将信公开，解决大家有可能都会有的困惑，谢谢！补充，我本人觉得我已经很关心、很爱我寝室的人了，我尽力了！

姗姗

教师点评：在大学里，寝室关系往往是影响大家生活质量最重要的关系。如何与自己的室友和谐相处是很多同学困扰的问题。在上面的来信中，姗姗同学也正苦恼于寝室关系的问题。为此教师给予了回信，内容如下。

姗姗，你好！

很感谢你对我们心理健康教育中心的信任！看过你的来信之后，我眼前仿佛看到一个为了争取友谊而不断付出、不断委曲求全，到最后弄得自己伤痕累累的女孩。你可以为了不破坏气氛陪室友上网；可以为了不使同学尴尬而不敢向她要回原本属于你的钱；可以为了附和大家经常说随便，但是到最后你却发现你的付出完全没有获得相应的回报。所以，你开始感到伤心和难过，开始怀疑自己是否真的很糟糕。

对于你的疑惑，首先我想要告诉你的是，我相信你是一个善良随和的人，也相信你已经尽力去争取友谊。那么问题又是出在哪里呢？通过你的疑问，我似乎读出你有这样一个信念，即"不断地付出、不断地忽略自己内心的需求、不断地委曲求全，就能赢得友谊"。事实上，这是人际交往中的一个误区，也是很多人都具有的一个错误信念。人际交往中有这样一条黄金规则，即"像你希望别人如何对待你那样去对待别人"，也就是说你只能要求你自己做你能够做的事情。但是很多时候，人们往往会错误地理解这一规则，把它演变成"我对别人怎样，别人也应该对我怎样"。试想，我们又怎能要求和控制他人的想法和做法呢？你之所以如此难过和不解，可能正是因为你潜在地也认为"我对别人怎样，别人也应该对我怎样"。当你能够真正理解这条黄金规则之后，我们可以再来讨论怎样与人相处更合理。

良好人际关系必须具备这样几条原则。首先就是相互性原则，即任何个体都不会无缘无故地接纳他人，我们喜欢那些也喜欢我们的人。看得出来，你很迁就你的室友，但是你与她们在兴趣爱好上却有一些差异。在迁就的时候，你的不情愿可能时不时都会流露出来（也许你自己并没有意识到）。人对于对方是否真心喜欢自己是很敏感的，只有当对方感到你是真心喜欢他时，他才可能更愿意接纳你。你可以问问自己"我是真的喜欢她们吗？"

其次就是交换性原则，即个体期待人际交往对自己是有价值的，在交往过程中得大于失或等于失，至少得别太少于失。而你在交往过程中，却很明显地感到失大于得。这样的感觉当然就会导致一种不平衡的心理，那么这种关系也就不可能很好地维持下去。也许你可以迁就一个星期、一个月，甚至一个学期，但是你不可能做到永远迁就。哪怕你因为迁就而暂时获得了友谊，也会因为你的耗竭和过度的不平衡而最终失去友谊。

最后，良好的人际关系很重要的一部分是要学会表达自己的需求和意见。我们很难要求别人不用我们说明就能读懂我们的需求。你这么难过，你的室友也许一点都没有意识到，她们可能还觉得自己对你也挺好的。所以，要勇敢一点，在合适的时候用委婉的方式表达你的想法和你的需求，甚至可以开诚布公地将你最近的烦恼、伤心和疑惑说出来，比如你可以利用寝室卧谈会的时间从问问别人对你的看法开始。

希望这些建议对改善你的现状有所帮助。如果你觉得自己的困难没有被解决，欢迎你到心理健康教育中心预约咨询，我们可以进行更深入的交流。

三、实操训练

 **课前准备**

1. 心理测试

大学生人际交往效能感问卷

说明：请根据你的实际情况在下面的题目中选择一个与你情况相符的数字，并在合适的数字上打"√"。"1"表示完全不符合，"2"表示比较不符合，"3"表示不确定，"4"表示比较符合，"5"表示完全符合。

1. 在聚会中，我觉得自己总是一个人安静地坐在角落	1	2	3	4	5
2. 我能通过沟通达到自己的预期目的	1	2	3	4	5
3. 即使与长辈、老师或上级在一起时，我也能冷静地与他们交流	1	2	3	4	5
4. 有异性在场的时候，我觉得会紧张得说不出话来	1	2	3	4	5
5. 我能注意到对方的情绪状态，从而调整交流方式	1	2	3	4	5
6. 我能使自己的穿着符合交往场合要求	1	2	3	4	5
7. 我很少能主动地与陌生人聊天	1	2	3	4	5
8. 我能使自己的语言表达风趣幽默，让别人觉得有意思	1	2	3	4	5
9. 我能通过别人的表情、手势或眼神，了解他要表达的意思	1	2	3	4	5
10. 我能应付人际交往中的尴尬场面	1	2	3	4	5
11. 我能恰到好处地赞美他人	1	2	3	4	5
12. 我能主动与异性同学交往	1	2	3	4	5
13. 我总能找到共同话题和别人进行交谈	1	2	3	4	5
14. 我能使交往过程愉快、有趣	1	2	3	4	5
15. 听人谈话或发言时，我能表现出专心在听的样子	1	2	3	4	5
16. 即使心情不好，我也能控制自己的脾气，不随便向别人发火	1	2	3	4	5
17. 即使与别人有了矛盾，我也能冷静地寻找办法来解决	1	2	3	4	5
18. 我能够巧妙地转移话题来解决尴尬问题	1	2	3	4	5
19. 我能用幽默的语言使交往气氛变得活跃	1	2	3	4	5
20. 即使别人反对我的意见，我也能想办法说服他	1	2	3	4	5
21. 我能在交谈中感受到对方内心的感觉	1	2	3	4	5
22. 我能够把一件枯燥乏味的事情描述得生动形象	1	2	3	4	5
23. 在表达心情的时候，我能表现出丰富的表情	1	2	3	4	5
24. 我能完全尊重他人的习惯和表达方式	1	2	3	4	5
25. 我能冷静面对交往中的冲突	1	2	3	4	5
26. 凭我的才能，我自信能够有效地应对交往中的突发事件	1	2	3	4	5
27. 在社交场合中，我能够主动地与别人打招呼	1	2	3	4	5
28. 我能根据不同的交往对象，及时调整自己的交往方式	1	2	3	4	5

续表

29. 在交往中，我能同时兼顾不同类型的人，使交谈气氛融洽	1	2	3	4	5
30. 不论是同性朋友还是异性朋友，我都能相处得很愉快	1	2	3	4	5
31. 我能根据交往时的具体情况，了解对方的言外之意	1	2	3	4	5

评分标准

第 1、4、7 题为反向题，计分时它们反向记分。将所有题目得分相加后除以 31（即题目数量）得出总均分，并与下面的大学生常模表进行比较。总均分越高，说明在人际交往中的自信心越高。

我的量表总均分是：＿＿＿＿＿。

大学生常模

大学生人际交往效能感量表常模（M±SD）

指标	常模 $n=709$	男生 $n=200$	女生 $n=509$
总均分	3.5925 ± 0.5111	3.5373 ± 0.5923	3.6142 ± 0.5015

量表介绍

人际交往的自我效能感是指个体在人际交往中对自己能否与他人进行良好沟通，解决交往障碍，达成交往目的的信心、预期和自我评估，对交往行为起着控制和调节的作用。它的高低对人际交往的好坏有着举足轻重的影响。本量表通过人际交往效能感的测评来了解大学生在人际交往中的自信心。总均分越高，说明人际交往中的自信心越高。

2. 通过扫描二维码自学完成微课"人际交往的原则"之后，你的困惑或疑问是什么？

问题 1：

＿＿＿＿＿＿＿＿＿＿＿＿＿＿＿＿＿＿＿＿＿＿＿＿＿＿

问题 2：

＿＿＿＿＿＿＿＿＿＿＿＿＿＿＿＿＿＿＿＿＿＿＿＿＿＿

问题 3：

＿＿＿＿＿＿＿＿＿＿＿＿＿＿＿＿＿＿＿＿＿＿＿＿＿＿

微课：人际交往的原则

课堂互动

自行观看视频《睡在我上铺的姐妹》，并在课堂上讨论以下问题。

（1）视频中两位室友的相处过程，可能违背了哪些人际交往的原则？由此带来的影响有哪些？

（2）结合本节人际交往原则的相关内容，你对视频中的两位室友有什么建议吗？

🖐️ **课后实践** ——————————————————————————

你的优点我来夸

活动目的

学习发现别人的优点并欣赏，促进相互肯定与接纳。

活动要求

必须说优点，态度要真诚，努力去发现他人的长处，不能毫无根据地吹捧，这反而会伤害别人。

操作步骤

（1）大家可以在班里或者寝室里完成这个活动。5～10人一组围圈坐。

（2）请一位同学坐或站在中央，其他人轮流说出他的优点及欣赏之处（如性格、相貌、处事……）。请记住运用"延伸阅读"中提到的赞美法则，尽可能多地真诚地赞美对方。

（3）被称赞的同学反馈自己的感受与体验。

（4）每个同学轮流到中央体验这个活动。

活动的要求

体验并思考，当别人赞美你时，你的感觉如何？

最能打动你的赞美是什么？

你赞美别人时，通常赞美哪些地方？

你在赞美别人时，你的感觉如何？

📝 **我的感悟** ——————————————————————————

四、延伸阅读

📑 **课外链接** ——————————————————————————

1．人际需要的三维理论

人际交往的发展取决于心理需求的满足程度。如果人与人之间的交往满足了各自想要的需求，那么双方的关系是友好而融洽的，反之，则可能形成疏远、退缩甚至排斥的人际关系。心理学家舒茨（W.C.Schutz，1958）根据人们对人际关系的不同需求，提出了人际关系的三维（FIRO）理论。其要点如下。

- 包容的需求：个体表现出想要与别人建立并维持一种满意的相互关系的需要。这种需要得到满足后，个体就会产生沟通、相容、相属等肯定性的行为特征；反之，个体就会产生孤立、退缩、忽视等否定性的行为特征。

- 控制的需求：个体在权力问题上与他人建立并维持满意关系的需要。这种需要得到满足后，个体会形成使用权力、权威、控制、领导等行为特征；反之，就是服从权威、追随模仿、受人支配等行为特征。

- 情感的需求：个体在与他人的关系中建立并维持亲密的情感联系的需要。这种需要得到满足后，个体就会产生喜爱、亲密、友好、热心等行为特征；反之，就会产生憎恨、厌恶、疏远等行为特征。

在三种人际需要的基础上，舒茨又将各种类型分为主动性和被动性两个方面，即积极地表现人际行为和消极被动地等待他人的人际行为，然后做出反应，就此组成 6 种人际关系的行为倾向，如下表所示。

心理需求 ＼ 行为积极性	主动性	被动性
包容的需求	主动与人交往	期待他人接纳自己
控制的需求	支配、影响他人	期待他人引导自己
情感的需求	对他人表示亲密	期待他人对自己表示亲密

人际需要的三维理论告诉我们，如果一个人有较强的包容需求，同时又是一个行为的主动者，情感动机也很强，能够关心他人、同理他人，这样的个体容易受到外界的欢迎。

2. 人际交往中的小技巧——梅拉宾法则

心理学家阿尔伯特·梅拉宾（Albert Mehrabian）认为人际交往最有效的是我们如何表达自己，而非我们说了什么。他曾经提出了一个有趣的公式，告诉我们沟通中三大要素的重要性：7% 的信息取决于言辞内容，38% 的信息依赖于语音语调，而高达 55% 的信息来自肢体语言。这意味着，你说话的时候，眼神飘忽还是坚定，手势飞舞还是静止，那些不被重视的微妙细节，才是人际沟通的真相。

2017 年，来自英国伦敦大学学院（UCL）的团队在《心理学前沿》（*Frontiers in Psychology*）期刊上发表了一项关于肢体语言如何影响人际关系的研究。该研究通过模拟社交互动的实验，观察了不同肢体姿态对人际交往吸引力的影响。研究对象包括 150 对陌生人在不同情境下的交流，结果显示：①当参与者采取开放式肢体语言（如微笑、手臂不交叉、身体向前倾）时，86% 的对方更愿意与之进一步交往；②而当参与者采用封闭式肢体语言（如双臂交叉、身体后倾）时，72% 的人对他们表现出不信任或疏远感。这项研究表明，肢体语言在构建初步信任中起到了关键作用。

既然梅拉宾法则已经告诉我们非语言信号的重要性，下面分享可以提升人际关系的 3

个小技巧。

（1）调整语调——别让话语听起来像"背课文"

沟通时，别让你的语气太过平淡，像是念课文一样。比如，想表达感谢时，不妨加上一些情感的波动，语调柔和而真诚，别人会更容易感受到你的心意。俗话说得好："话到嘴边，情在心间"。

（2）保持开放的肢体语言——别让身体"唱反调"

无论在职场还是生活中，保持开放的肢体语言都能让别人更容易接近你。不要双臂交叉或坐得过于僵硬，这会让对方感到你有防备心或不愿意沟通。身体稍微前倾，手势自然，让别人感受到你的真诚和兴趣。

（3）表情管理——笑容是最好的社交工具

俗话说："伸手不打笑脸人"。一个真诚的微笑能立刻拉近人与人之间的距离。无论是职场会议还是社交聚会，笑容永远是最好的破冰利器。你脸上的笑容会让人觉得你友好、亲切，从而愿意与你建立更深入的关系。

3. 如何赞美别人更有效

美国心理学家詹姆斯曾说："人性中最深切的需要，是被人赏识的渴望。"希望得到别人的赞扬是人的一种心理需要。也就是说在实现自我价值的过程中人们喜欢赞同他的人，不喜欢反对他的人。因而我们需要学会赞美，使别人意识到自身的重要性和价值。

赞美，是人际关系的润滑剂，实事求是地、适当地赞美对方，可以创造一种热情友好、积极热烈的交往气氛。但如何赞美更有效呢？

（1）赞美要恰到好处

交往中不宜讲过多的恭维话。说肉麻的恭维话，会令人心生轻蔑、厌恶，不但降低自己的人格，而且得不到对方认可。当然，这中间还存在文化差异。在中国、日本这样的国家，赞美需要间接收敛一些。如果过分露骨，对方可能会觉得太夸张了，不妥当。但在英国、美国这样的国家，赞美可以更直接一些，可以用一些夸张的词语。

（2）赞美要真诚

发自内心的赞美才能让别人真切地感受到你的善意和欣赏。如何让赞美显得更真诚呢？这里有一个FFC法则可供大家参考。

Feeling：感受。Fact：事实。Compare：对比。

比如我们称赞服务员："你的服务很棒！"这里只有一个感受。但如果你这样说："你的服务很赞啊，每次杯里的水剩得不多时，你就补上了，换一个人，通常是等我要求加水，才过来。"在这里就包含了感受（"你的服务很赞"）、事实（"每次杯里的水剩得不多时，你就补上了"）、对比（"通常是等我要求加水，才过来"）。大家体会一下，是不是后一种说法让人感觉更真实可信呢。

（3）赞美有时候需要独具匠心

同样的一句美言，一个人听第一遍可能很开心，听第二遍就没有那么强烈的感觉了，听十遍可能都腻味了。所以，对同一个人的赞美需要不时换一点新的花样，从不同角度、不同方面赞美他。如果你能猜测或者推断出一个人会时常听到各种各样的赞美，比如那个人有出众的外表，或者成功的事业，或者极高的名望，你就需要注意，不应该只是简单地重复他人的赞美。找出那个人自己都没有发现的闪光点，然后大肆赞美他吧！

（4）有时候间接、含蓄的表达更有效

眼神、动作、态度等非言语信息都能传递你的欣赏。对一名老师来说，在课前认真预习，上课时热烈发言主动参与讨论，那就是赞美；对一位艺术创造者来说，你长时间地站在他的画作前一言不发地凝视他的作品，那就是赞美；对一位下属来说，你采纳他的建议，给他安排更有分量、更有挑战性的工作，那就是赞美。有时候，我们还可以通过转述别人的话（"××觉得你……"）来赞美对方，这样双方都会觉得更自然。

最后，请多赞美自己和他人吧！这会让你自己和他人的世界都变得更美好。尝试一下每天都夸自己的一个优点，或者每天赞美他人三句话，一年之后，看看会给你带来什么样的改变。

📚 **推荐资源**

1. 书籍：朱瑟林·乔塞尔森 《我和你：人际关系的解析》

朱瑟林·乔塞尔森是密歇根大学临床心理学博士。她及她的学生通过与67位经历不同、生活各异的人的深入访谈对人际关系进行了深度的解析。书中，朱瑟林·乔塞尔森博士不仅就如何改善婚姻关系或其他浪漫依恋给出了有益的建议，还提出了一个在情感上与他人建立紧密联系非常重要的八维度关系模型：抱持、依恋、激情体验、坦诚相见的确认、理想化与认同、共同性与共鸣、嵌入、照料，并详细讨论了人际关系这种现象在心理学与社会学中是如何被对待的。

2. 书籍：埃利奥特·阿伦森 《社会性动物》

人作为社会性动物，不可避免会受到群体及他人的影响。本书旨在解决以下三个问题：①你是如何被影响的？②你为何会被影响？③有哪些好处和哪些坏处？这本书或许会让你明白我们社交生活中那些看似不合理的事，例如人为什么总容易对别人有偏见；当人们置身于群体中时，会本能地偏向与自己相似的人，寻求安全感；当看到他人表现出与自己不一样的特性，或者外来者，或者过分张扬的人，人们就很容易一致"排他"并产生偏见。

3. 电影：《怪女孩出列》(美国)

女孩为何搞小团体？又有多少女孩为了怕伤人而不敢说出真心话？忍耐、忍耐、再忍耐的结果成了空气中流动的战争。看来坚固友谊的背后，弥漫着一触即发的紧绷感。有人说女生就是这样，但居然没有人想了解女生为什么会这样。这些情绪并不是天生的，《怪女孩出列》一窥女孩们错综复杂的矛盾情节。

该片描述了母亲和女儿面对青少年同辈相互比较的压力和毫无人情味的社会风俗习惯，讲述了一个正常的女生被同学疏远后的困扰。

第2堂

你好我好：人际冲突的应对

> 豆腐脑的咸甜之争：豆腐脑究竟是咸的还是甜的？这不是个问题，而是场"战争"。前些年，一场关于豆腐脑应该吃甜的还是咸的争论在网络上争论不休，硝烟四起。"什么？！豆腐脑还有甜/咸的？！那还能吃吗？！齁死了！"这是大多数人的第一反应。甜党与咸党形成两大阵营，互不相让，大有顽抗到底的架势。双方的支持和拥护者也与日俱增，丝毫不见消停的势态。有中间人站出来，呼吁"双边会谈"，而"拒绝妥协"的声音此起彼伏。

　　一个豆腐脑的咸甜问题怎么会引起这么大的论战？大学里同学们来自全国各地、五湖四海，口味、审美、爱好等各不相同，人际交往中的冲突是否更频繁？有了冲突之后又该如何应对、协商或解决呢？本堂课，将带领你：

- 掌握理解人际冲突的四种应对方式，并探索自身的主要应对方式；
- 熟悉人际冲突的原因与作用；
- 了解非暴力沟通，练习并使用非暴力沟通的方式处理人际冲突；
- 了解人际交往的沟通分析理论，对自己的沟通行为有一定的反思。

一、理论介绍

基本知识

（一）人际冲突解析

　　人际冲突是指人们之间的一种对立的状态，表现为两个或两个以上的相互关联的主体之间的紧张、不和谐、敌视甚至争斗的状态。导致冲突发生的原因是复杂多样的，可能是因为信息的沟通不畅，造成双方之间的误解，可能是因为需要、利益冲突，相互竞争，又或者是因为对问题的看法认识不同，价值观、宗教信仰上的差异。总之，当双方之间的态度、动机、价值观或实际行动不能兼容时，冲突便发生了。正如豆腐脑的咸甜之争，是不同地域、不同人群之间观念的差异，是对自己从小到大味觉的忠诚。甜也好，咸也罢，豆腐脑是无辜的啊！有谒云："豆腐本无物，卤水混沌开。本来无一味，何处甜咸来。"谈到这里，可能会给大家形成这样的印象：冲突是不好的，我们要尽量避免冲突。因为冲突会使我们的人际关系变得紧张，情感隔阂，相互疏远甚至相互攻击；冲突会造成他人的不满，破坏团体凝聚力，导致关系破裂，工作无法开展。但事实上，冲突既可以带来挑战，也可以带来机遇。如果处理得当（这一点非常重要），人际冲突也能带来积极正面的影响。

俗话说"不打不相识"，冲突也是一种交流。冲突双方能够有机会表达自己的价值观念、个性特征和思维方式，有助于促进问题的公开讨论，促进问题的尽快解决，增进彼此间的沟通了解。通过人际冲突，双方有机会将自己的不满、需求公开表达出来，为澄清和解决隔阂提供了渠道，化解积怨。并且，冲突也可以增进我们对自我以及他人的了解。透过冲突事件，探索自己或他人内在的价值观及信念，明确双方的需求和边界。冲突常常源于观点的不同，这种观点的碰撞也可能会激发新的思考和创意，突破自身原有的思维定势。此外，对于身心健康来说，通过人际冲突，隐藏的情绪得以表达，避免过度积累各种负性情绪，最终导致不可挽回、关系破裂的局面。相互之间关系愈亲密，冲突就愈难以避免，也愈是必要的。总而言之，尽管冲突会带来人际的紧张和压力，但如果解决得当，反而能促进双方的关系进一步深入，促进个人的成长和需求的满足。

大学期间同学关系的发展一般会经历三个时期。第一个时期是蜜月期。初入大学时，大家对周遭的环境都非常陌生。在空间因素的影响下，寝室关系成为最亲密的关系，室友之间亲密融洽，同进同出。第二个时期是磨合期。随着交往的深入，不同地域、家庭背景、生活习惯、个性特征都逐渐表露出来，以及在学习、课余生活等竞争中夹杂着各种利益冲突，一些摩擦和矛盾会逐渐产生。人际冲突在这个阶段往往是最突出的。而大家在产生冲突、应对冲突的过程中，也会逐渐触摸到不同同学的相处规则与底线，学会彼此适应、宽容与退让。第三个时期是稳定期。同学根据自己的性格特点与需求形成了比较稳定的人际交往圈，有外围的普通同学、中间的好朋友以及核心的三五知己。经过这三个时期之后，人际关系就基本处于相对稳定的状态之中了。

如果冲突真的发生了怎么办？该如何应对呢？下面为大家介绍几种常见的人际冲突应对方式。

（二）人际冲突的应对模式

在人际冲突的应对模式中，被提及较多的是人际冲突的应对模型。它根据"关注自己"和"关注他人"两个向度，将人们应对冲突的模式分为对抗型、合作型、回避型与迎合型四种。关注自己是指个人面对冲突时，主要关注的焦点在于自己目标的达成，而不论别人的态度如何。关注他人则是指个人面对冲突时，所考虑的重点在于如何维持良好的人际关系，而非如何满足自身需求或目标。

1. 对抗型

对抗型的人以追求自己的目标为首要考虑因素，而较容易忽视他人的权益或与他人的关系。他们喜欢通过直接的对质或在争论中"获胜"而获得权力，迫使对方接受自己的想法或做法。对抗型的方式常导致关系的破裂，双方敌意升高，而且当人们用此心态报复，会连原来为什么会有冲突的原因都模糊掉了，无法就事论事，而变成"我就是要赢"的输赢之争。

2. 迎合型

相比于对抗型，迎合型的人则倾向于忽视或放弃自己的目标，而满足他人的需求或目标。他们通常不果决，合作性较高，最常使用的策略是顺从，遵从他人的要求，一味屈从对方、满足对方需求，将对方需求看得比自己还重要，以免招致他人的责备或反对。这样的方式虽然在一定程度上能保持关系的和谐，但自己的个人需求长期得不得满足，最终也不利于人际关系的和谐。

3. 回避型

回避型的人在遇到冲突时，往往会顾左右而言他，把问题的焦点给忽略掉，也就是我们俗话所说的"和稀泥"。与迎合型的处理方式相反，回避型的人倾向于被动、不果决，也不主动与他人合作，让冲突自行发展。当冲突发生时，他们最常见的反应方式是冷淡、保持缄默、不发表任何意见，因此，他们不但不能达成自己的目标，也无法与他人维持和谐的人际关系。但需要补充的是，逃避有时候还是很有用的，尤其当双方情绪冲动时，这么做有情绪降温的效果，可以让双方冷静下来，恢复理性思考；或者是当你觉得你们的关系不重要，冲突解决与否不重要时，也可采用此法。

4. 合作型

合作型的人不但关心自己目标的达成，同时也关心与他人维持良好的人际关系。他们能够在关注自身需求的基础上同理他人的需求，彼此都愿意用开放、平等、客观的态度来沟通，澄清彼此差异，共同思考如何来解决问题，这样往往不仅能找到彼此都满意的问题解决方法，还能使双方关系更进一步发展，从长远看它有利于建立合作互助的人际关系。

总的来说，上述四种人际冲突的处理模式中，合作型最具有建设性，回避型和对抗型的人很可能会损害对方利益，导致人际关系紧张，而迎合型的人则会放弃自己的目标以顺应他人的需求，违背人际交往的交换性原则和自我价值保护原则，导致自身内心失衡。

（三）非暴力沟通——应对人际冲突的有效沟通方式

当面对各种人际冲突时，非暴力沟通是实践合作型应对模式的有效途径。非暴力沟通（Nonviolent Communication，NVC）是由美国临床心理学家马歇尔·卢森堡博士于 20 世纪 60 年代提出的一种沟通理论和技巧。它的核心理念在于通过一种非攻击性、非指责性的方式来表达自己，同时倾听和理解他人。它强调人与人之间的共同体验，以及通过尊重和关怀来建立深层次的联系。

微课：
非暴力沟通

马歇尔·卢森堡博士在他的《非暴力沟通》一书中提出，非暴力沟通起作用的关键在于避免"条件反射式的反应"，如直接的指责、批评或评价。非暴力沟通强调的是去明了自己的观察、感受和愿望，有意识地使用语言，让我们既诚实、清晰地表达自己，又尊重且倾听他人。非暴力沟通的过程包含四个关键步骤：

- 观察：客观地说出观察到的事实，避免加入个人评价和主观情绪。这一步有助于消除误解和争端的根源，为双方提供一个共同的理解基础。
- 感受：说出自己内心的感受，使用"我感到……"这样的表达方式，有助于让对方了解我们的感受，而不是产生防御或负面反应。
- 需求：表达感受背后的需求。这一步骤的重点在于直接表达自己的需要，而不要让对方猜测，更不要将其归咎于别人的问题。
- 请求：用肯定、可执行的方式表达对满足需求的请求，并邀请对方给予反馈。这是一个邀请，而非命令，有助于增强双方的合作意愿。

在面对人际冲突时，非暴力沟通提供了一种不同的视角和解决方案。它鼓励我们放下指责和攻击，避免在沟通中陷入情绪化的状态，转而关注彼此的感受和需求，对于表达负面情绪有很好的参考价值。例如，室友再一次地忘记寝室值日，我们可能习惯性地会说"你怎么又忘记搞卫生了？"室友听到这样的反馈后，心里可能会感到内疚和自责，也可能会因被批评而生气，更加不想配合寝室卫生值日。运用非暴力沟通，我们可以这样说："你昨天寝室值日但没有搞卫生（说出观察到的事实），寝室垃圾堆的时间长了有味道（说出内心的感受），寝室是我们共同的家，需要你一起来承担卫生维护，大家轮流也公平些（提出自己的需求），希望下次值日你可以按时完成。如果有事来不及，我也可以与你交换值日时间。你觉得怎么样？（提出请求并邀请对方反馈）"

联系上一节介绍的人际交往的黄金规则，它主张"主动付出，有限期待"。非暴力沟通就是我们主动解决问题，努力改善人际关系的一种方式，但对方是否能够以同样的方式来回应，却是无法控制和强求的。并且，他人行为的改变也不一定能通过几次的沟通来实现，因为行为改变涉及很多复杂的影响因素。但非暴力沟通至少能让自己的需要得到有效表达，让他人看到自己的需求是什么。这比自我压抑或是压抑后的爆发更具有建设性的意义。

因此，非暴力沟通的实践需要耐心和练习。需要我们学会观察自己的内在感受和需求，以及他人的反应和情绪。通过不断地实践，我们可以逐渐掌握这种沟通方式，使它在我们的生活中发挥更大的作用。

二、理论应用

◎«« 案例解析

大二的小潘一直就人际冲突的处理非常苦恼，她在日志上写了这样一件事情。寝室四人，经过一年多的磨合分成了两对，我和A，B和C。和A走到一起不仅是因为她随和善良，更因为她的自理能力较弱，几乎没什么生活经验，总是需要别人的提醒。而我也很乐意力所能及地帮她。另一方面，我觉得自己同样也离不开她，她是我在这里唯一的好朋友，我能够与她分享快乐与烦恼。总以为我们会一直这样相处下去，直到有一天晚上，事情突然发生了转变。那晚我正在洗澡，听到她们三个在外面聊着什么。走出来时正好听到 B，即我们的寝室长，正以一种极其严厉的语气对 A 说："你就是太没主见，别人说什么就是什么，你自己呢？""说你好说话也是因为你没主见，所以别人才会欺负你。""你这样子，以后出去工作也一样会受欺负的！"

A 一声不吭地缩在自己的书桌前，低着头，而 B 的声音震彻整个房间。我忽然明白 B 指责的对象到底是谁了，她在指责我与 A 的朝夕相处是我在欺负 A。我的眼睛模糊了，原来平时对 A 的善意提醒与帮助在别人眼里是控制，是欺负。我有千言万语想质问她：凭什么不弄清楚事实就这样说？凭什么不顾我的感受用这样的态度对待我？A，你为什么不站出来帮我解释？我想象着自己冲出去与寝室长大声理论，指着 A 质问："你为什么沉默，为什么不帮我辩解？"想象着给辅导员打电话要求换宿舍，这里没法待了。

但事实上我什么也没有做，只是机械地爬上了床，蒙头睡觉……

由于不希望因为一点小事就把和谐的气氛破坏了，过了几天，我仍主动找寝室长她们吃饭，给她们占位置。在同学眼中，我们还是一个团结的寝室。只是这件事情在我的心里留下了一个永远的痛点。到底怎样才能与人和谐相处呢？这样的事情如果再次发生，我该怎么办呢？

教师点评：在小潘的描述当中，我们可以清楚地体会到她内心的痛苦与委屈。莫名其妙（至少她觉得自己没有做错任何事）地被人指责，而自己的好友不但不挺身而出，反而沉默不语，像是默认了一般。自己的付出不仅没有得到回报反而遭受了非议。小潘的内心不禁产生这样的疑问：到底怎样才能与人和谐相处呢？

从小潘的描述来看，三位同学分别代表了三种不同的人际冲突类型。寝室长 B 是"对抗型"。她对小潘和 A 的关系似乎有很多不满和看不惯，觉得 A 被欺负了，要打抱不平，在寝室里就直接发作了。或许在她的预设中，小潘听到后会与她直接对吵，然后她就用自己的"大道理"将小潘辩倒，树立自己的权威。可惜的是小潘没有接招。

小潘的同学 A 则是典型的"回避型"。面对寝室长的质问她丝毫没有反抗，也不发表任何自己的观点。面对她与小潘之间可以预见的关系受损，她也没有做任何解释或挽回，只是听任事态发展。也许在内心，A 有一部分是认同寝室长的观点的，觉得自己没主见，好欺负，因而在小潘被指责时她没有帮助辩解，但她也没有将自己的真实需求向小潘表达，对于关系的挽回没有起任何积极建设的作用。

小潘则更多地接近"迎合型"的特点，同时也带有"回避型"的一些特点。她在被寝室长指责之后，内心的情绪翻江倒海，但她却什么都没有说，什么都没有做，似是默认了寝室长的指责一般，并且为了维护一个和谐的寝室，不招致更多的反对或责备，事后她还主动找她们吃饭，主动给她们占位置。寝室关系似乎又和好如初了，至少在外人看来风平浪静，但在小潘的内心却留下了深深的伤痕。

所以，小潘的担心不无道理，如果这样的冲突再一次发生，该怎么办呢？怎样才是"合作型"的冲突应对方式呢？

这真的是一个见仁见智的问题，在真实生活中，是因人而异的，很难提供所谓正确的模板。在这里只能从理论的角度来回答。

当冲突发生时，首先，给情绪降温，做出合理的让步。当双方都处于一种应激状态下，很容易说出一些彼此中伤的话而造成无法挽回的局面。此时，做适度的让步不失为一种明智的选择。正如小潘所做的那样，她并没有直接与寝室长对吵，而是回避了这次冲突，为以后关系的恢复提供了挽回的余地。但如果仅仅停留在这一步则就是回避型的应对方式了。

关系的改善离不开沟通与和解，所以当情绪降温之后，直面问题、主动沟通是必不可少的环节。在这个过程当中要注意对事不对人，将焦点集中于事情本身，客观分析冲突的起因与双方对错，而不将冲突扩大化。校园人际冲突的起因大部分是一些生活琐事，很难分清谁对谁错，所以如果单纯将冲突的起因归于某人，双方只会相互攻击从而激化冲突，在气愤的状态下人的理性大大降低，这时讲出来的话、做出来的事情往往是不理智的。

其次，在沟通的过程中，也需试着换位思考，推己及人，运用非暴力沟通。如果我们不以同理心去理解每个人的做法，那么矛盾便会丛生。在小潘的案例中，或许寝室长觉得小潘对A的做法就是欺负，A什么都要听小潘的，她要站出来主持公道。而小潘觉得自己只是在照顾、帮助A，根本不存在"欺负"一说。小潘可以反思，是否自己的日常行为、说话方式在别人看来，真的有些颐指气使，忽略了A的感受。而寝室长的个性比较强势和直接，有什么就说什么，并非只是针对小潘一个人。只有将自己的感受与宿舍里的其他人进行澄清和沟通，才有寻求相互和解的可能。只有尊重不同同学的个性特点，充分理解别人的需要，求同存异，才能够维护良好的人际关系。联系到非暴力沟通的表达，小潘可以试着和A说："昨天晚上我听到B对你说的话，她指的是不是我们之间的相处方式？平常生活里我对你时常有一些提醒，是想和你时间上尽量保持一致，没有要控制你的想法，B那样说让我感觉有一些被误解了，挺委屈的。我在想是不是我之前对你的方式让你不太舒服但我没有意识到，所以你及时地告诉我你的感受很重要。以后如果再发生类似的情况，让你感觉不舒服，请及时告诉我，可以吗？"

最后，尽量及时地解决冲突。当情绪降温之后，就可以着手冲突的解决，而不是将其无限地拖延，回避冲突。更没有必要掩盖冲突，暗自较劲，导致人际关系表面上风平浪静，私底下却暗流涌动。前面提到，人际冲突的起因多半是小事，如果冲突双方能直面冲突，积极解决冲突，一般都能顺利解决。但如果当时选择逃避，几次逃避之后，小问题积攒成为大问题，下次冲突再发生时，陈年旧事都有可能被翻出来，此时处理就是难上加难。

当然，根据人际交往的黄金原则，像你希望别人如何对待你那样去对待别人，上面提到的这些做法只能由小潘自己来完成，而不能强求A或寝室长也要如此。小潘一开始可能会有些心理不平衡，感觉凭什么要自己主动沟通。只是当小潘一次次面对人际冲突时，能够既不委屈自己，合理表达自己的需求，积极沟通，又充分尊重和理解他人的需求，别人也会慢慢适应这样的处理方式，在潜移默化中接受了合作型的冲突应对。很多时候，人际冲突的应对是我们教会对方的。

三、实操训练

 **课前准备** ————————————————————————————

1．心理测试

P-A-C 性格测试

以下的问题，回答"是"用"2"表示，回答"不是"用"0"表示，回答"均不符合"用"1"表示。边看边答边把分数记下来，最好不要多思考，凭你的直觉回答才好。作答时也请忽略每一部分的字母缩写，这将在评分时予以解释。

第一部分（CP）

1. 孩子或妻子（丈夫）做错了事情的时候，你立刻就责备他 / 她吗？

2. 你是一个严守规则的人吗？

3. 在现今社会中，你认为孩子娇宠得过度吗？

4. 你是在礼仪和做法方面爱挑剔的人吗？

5. 你有过打断别人的话来阐述自己想法的情况吗？

6. 你认为自己是一个责任感很强的人吗？

7. 对于模棱两可的事情，你讨厌吗？

8. 经常用"这哪行啊，必须要做！"这样的话语吗？

9. 你是一位无论好不好，不弄清楚的话就不甘心的人吗？

10. 你认为偶尔有必要对孩子采用斯巴达式（强制粗暴）教育方式吗？

第二部分（NP）

1. 别人向你问路时，你会亲切地告诉他吗？

2. 受到别人的拜托时，大体上你都会接受吗？

3. 你喜欢给朋友或家人买东西吗？

4. 你喜欢经常夸小孩或抚摸他的头吗？

5. 你喜欢照顾别人吗？

6. 在看他人的缺点和长处时，你是一个喜欢看他人长处的人吗？

7. 看到他人变得幸福你会感到高兴吗？

8. 对于孩子或妻子 / 丈夫的失败，你会持宽容的态度吗？

9. 你认为自己是个有同情心的人吗？

10. 如果经济状况充裕的话，你会领回并抚养马路上的弃婴吗？

第三部分（A）

1. 你认为自己是偏理性的吗？

2. 无论什么事情都是在收集好情报后，冷静地进行判断吗？

3. 是不是一直好好利用时间？

4. 你是一个工作效率很高的人吗？

5. 你是一个经常读各种书的人吗？

6. 在斥责别人之前，你有经常调查事情的原委吗？

7. 对于一件事情，你是在预测结果之后付诸行事的吗？

8. 做事的时候经常考虑自己的得与失吗？

9. 当身体状况不好时，你会很好地处理吗？

10. 当你有什么不懂的时候，会和别人商谈之后很好地处理吗？

第四部分（FC）

1. 你高兴或难过时，会在脸上或动作上立刻表现出来吗？

2. 你喜欢在别人面前唱歌吗？

3. 想说的事情，能毫无顾虑地说出来吗？

4. 孩子们在嬉戏打闹时，你会放任他们吗？

5. 你骨子里是很任性的人吗？

6. 你是一个有好奇心的人吗？

7. 你会和小孩子一起放纵疯玩吗？

8. 你会在读漫画书或杂志时觉得快乐吗？

9. 你经常使用"哇""不得了""好帅啊"等感叹词吗？

10. 在玩耍的氛围里你会轻松地融进去吗？

第五部分（AC）

1. 你是一个易顾忌又消极的人吗？

2. 自己想到的没有说，事后后悔的事情经常有吗？

3. 就算是勉强，也为了让别人对自己有一个好印象而努力着吗？

4. 你的自卑感很强吗？

5. 表面做一个绝对乖的孩子，却又有不知自己什么时候会爆炸这样的想法，是吗？

6. 你有看别人的脸色去行动的吗？

7. 你是一位易受父母及他人影响的人吗？

8. 别人对你的评价你会特别在意吗？

9. 你经常不会对讨厌的事说讨厌，总是压抑自己吗？

10. 你的内心虽然不满，但是表面却表现出很满足的表情吗？

评分

以上五个部分的得分代表了 P—A—C 中不同的部分。P 的部分代表的是内在父母特质，是我们幼年内化的父母或主要抚养人的教养规则，或者说是父母对我们的影响或环境濡染因素。A 是内在成人特质，是家庭、学校和社会的要求被内化的结果。C 是内在孩童特质，是孩童时期的特征仍存在于我们身上的部分或我们的天性部分。将这三个部分进一步细分，即以下六个部分。

◆　NP（Nurturing Parent）：保育型父母，包括"照顾，关心，原谅，再确定，允许，温暖，呵护，忠告，温柔"等。

◆ CP（Critical Parent）：批判型父母，包括"批评，批判，固执己见，权力，有原则，秩序，团结，要求，讽刺，设立目标"等。

◆ A（Adult）：内在成人，包括"理性，逻辑，解决问题"等。

◆ FC（Free Child）：自由小孩，包括"爱，恨，喜，乐，天真，有创造力，自由自在，任性"等。

◆ AC（Adapted Child）：适应型小孩，包括"服从，在乎别人，羞愧，害怕，微笑，讨好的，有礼的，规矩的"等。

◆ RC（Resisted Child）：叛逆的小孩，具攻击性、侵略性的部分，包括"敌意，反叛，易怒"等（这一部分在量表中未体现）。

请把每一部分问题的得分相加一下，大致可以了解自己不同方面的性格特点。

结果解释

每一个人的性（人）格中都有 P—A—C 三个部分，且每个人这三个部分的比例都不一样，A 部分小的人，易冲动，易感情用事；A 部分过大的人，会是一个观察者，但不易表达自己的感情。以下这些解释仅供大家参考。

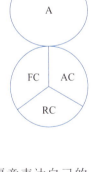

（1）CP 低、A 低、AC 高的人，很难去否决别人，对别人的提议很少说"不"，属于为了他人鞠躬尽瘁的人，让自己感受欢乐喜悦的部分总是难以得到，会有烦恼，说不出来。

（2）CP 高、NP 低、AC 低的人，和前面一种人相反，以自我为中心，性格顽固，对他人指责多，要求高，易与别人争斗冲突，难相处，易将责任推给别人。

（3）CP 高、NP 低、FC 低、AC 高的人，有的时候，基本处在忧郁的状态里，有时为了让自己突破，易做些破坏性行为折磨自己，做事认真，有关爱心，珍重自然快乐的状态。

（4）CP 高、A 低、AC 高的人，批判性强，但又表达不出自己真正的想法，难以管教。

（5）CP 低、A 高、AC 低的人，批判性低，对事情总有自己的看法，愿意表达自己的感想，但话太多，理论太多。

（6）NP 高、FC 高的人，对人友好关爱，性格外向开朗，行动力强。

（7）NP 高、A 低、FC 高的人，易和人沟通，人际关系上易与人打成一片，在陌生环境也容易打开局面，如果逆反过度则难以管教。

（8）CP 最高、AC 最低的人，责任感强，让人放心，嘱托型，支配型，有过度掌控欲，听不进别人意见。

（9）AC 最高、CP 最低的人，是个乖顺听话的人，没有自我主张，一问三不知，希望别人照顾自己，希望自己衣食无忧，极端顺从。

2. 通过扫描二维码自学完成微课"人际冲突的应对"后，你的困惑或疑问是什么？

微课：人际冲突的应对

问题1：

问题2：

问题3：

 课堂互动

1. 单向沟通与双向沟通

目的：通过活动，了解倾听和表达的重要性，体验沟通的重要性。

操作：每位成员都拿一张白纸，闭上眼睛，听领导者的指令。第一遍只听不提问，第二遍可以提问。

指导语：请大家将白纸拿在手里，闭上眼睛，听我的指令，只听不提问。首先将白纸对折，撕掉其中的一个角；再对折，撕掉其中的一个角；再对折，再撕掉其中的一个角；再对折，撕掉其中的一个角。现在请大家睁开眼睛看看自己手中白纸的形状，与其他人一致吗？（留一点时间让大家相互比对）我们再来一次。这一次同样也是闭上眼睛折纸，但大家可以提问。首先将白纸对折，撕掉其中的一个角；再对折，撕掉其中的一个角；再对折，再撕掉其中的一个角；再对折，撕掉其中的一个角。现在请大家睁开眼睛看看自己手中白纸的形状，与其他人一致吗？（中间有同学提问，则回答同学的问题）

活动结束之后请大家回答。

（1）第一遍撕纸活动后，你的白纸形状与周围人的白纸形状一样吗？有多大的差异？

（2）在第一遍撕纸过程中，你有什么感受？与第二遍撕纸过程有什么差异？

（3）人际沟通中，怎么做可以让信息更准确、沟通更顺畅呢？

2. 寝室问题我来说

问题一："猫头鹰"和"百灵鸟"

在你的寝室中有没有"猫头鹰"型（晚睡晚起）和"百灵鸟"型（早睡早起）的同学？比如晚上看视频、打游戏、煲电话到半夜，或者每天早上起得很早，影响到大家早上的睡眠。如何运用非暴力沟通去表达呢？

问题二："邋遢大王"和"洁癖君"

你的寝室里有没有从不叠被，东西乱扔，脏衣服堆着也不洗，不知寝室内务为何物的"邋遢大王"？或是极致地追求干净整洁，每天都要洗衣服，多次洗手，还不许别人碰他的东西的"洁癖君"？遇到这样的室友，你会如何用非暴力沟通的方式去表达呢？

✎ 我的感悟

四、延伸阅读

📖 课外链接

1. 人际交往的沟通分析理论

人际交往的沟通分析理论由艾瑞克·伯恩（Eric Berne）提出。他认为人的自我由三种心理状态构成，即 Parent（父母态）、Adult（成人态）和 Child（儿童态），取这三个单词的第一个英文字母简称人格结构的 P—A—C 分析。这三种状态在每个人身上都交互存在。

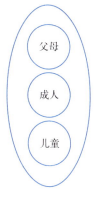

◆ 父母的行为是权威感以及长者自居的心理。父母态的行为通常表现为统治、训斥、责骂等家长式作风。当一个人的人格结构中 P 成分占优势时，这种人的行为表现为凭主观印象办事，独断独行，滥用权威。他们会使用"应该、必须、不能"等命令式的说话方式。

◆ 成人的心理是成熟、理智、实事求是。成人态的行为特征是注重事实根据和善于进行客观理智的分析。这种人能从过去存储的经验中估计各种可能性，然后作出决策。

◆ 儿童态的行为是幼稚、任性或顺从、任人摆布，情绪容易不稳定。

在交互分析理论中存在两种类型的沟通：互补沟通和交错沟通。

（1）互补沟通

互补沟通在P—A—C图中呈平行线状，如"父母—儿童""成人—成人"。沟通中，双方对彼此的期望都给予了很好的回应，理论上对话能够无限制地继续下去。

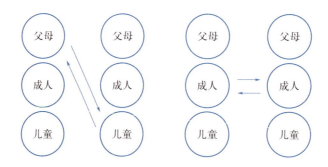

【例1】小张：哎哟，怎么办？明天的考试我都来不及看，这下完蛋了。小李：这是我整理的笔记，拿去看吧，有我在，你怕啥。

【例2】小郑：今天实验课在哪儿上啊？小丁：西四教学楼。

（2）交错沟通

交错沟通在P—A—C图中呈交叉线状，但有时也可呈平行线状。在交错沟通中，对方的反应是非预期的，进而引发刺激者不适当的自我状态，使沟通交错而中断。此时，人们可能退缩、逃避对方或者转变沟通方式。例如，在宿舍洗完澡找不到吹风机了，问室友："你知道我们宿舍的吹风机放哪儿了吗？"这是一个成人态的询问。如果对方也以成人自我状态来回应，会说"在柜子里吧"，或者"我也不清楚"。但如果以父母态的方式来回应，就可能会说"自己整天东西乱放，现在找不到了吧。"这样的回应势必造成对方的不满，导致沟通失败。

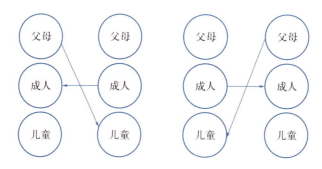

【例3】甲：今天的实验在哪儿做？乙：你不会自己看通知啊。

【例4】甲：终于考完两门了，我们去放松一下吧？乙：后面还有两门要考呢，老想着玩。

类似的例子在日常生活中有很多，虽然有时可能只是暂时地带来一点小小的不愉快，但这就如同鞋子里面的一粒沙子，不倒出来终究会使人更加难受。维护人际沟通的顺畅，需要我们在日常生活中根据自己和他人的沟通模式，作出互补或平行的反应。尽量把自己的思想以及言行保持在成人状态并且引导对方以成人的姿态作出回应，这样才有利于交流的持续有效进行。

2. 你好—我好人际模型

美国著名心理学家爱利克·伯奈依据对自己和对他人所采取的基本生活态度，提出了人际交往的四种模式：①我不好—你好，我不行—你行；②我好—你不好，我行—你不行；③我不好—你也不好，我不行—你也不行；④我好—你也好，我行—你也行。

在交往中持"我不好—你好，我不行—你行"态度的学生常否定自己，肯定别人，总认为自己处处不如别人，妄自菲薄，自卑怯懦，交往中容易放弃自我，顺从他人，或者封闭自我，不敢与人交往，最为极端和典型的就是社交恐惧症。与之相反，有的学生持"我好—你不好，我行—你不行"的态度。他们肯定自己，否定别人，狂妄自大，固执己见，唯我独尊，总认为自己是对的，别人是错的，高高在上，盛气凌人，颐指气使，缺乏平等尊重意识，使别人难以忍受。也有的学生持"我不好—你也不好，我不行—你也不行"的双否定态度。他们在悲观绝望的心态下，人际交往可能呈现"皆输"局面。他们既否定自己也否定别人，交往中常常陷入困境，表现出极端的孤独和退缩。

显然，上述三种交往态度都是有缺陷的。我们适宜建立起最后一种人际交往的模式，即"我好—你也好，我行—你也行"，既悦纳自己，也包容他人。在这种积极乐观的心态下，人际交往才会"双赢"。

📖 推荐资源

1. 书籍：拉斐尔·吉奥尔达诺 《狮子吃素的那一天：如何搞定强势的人》

强势的人有点像狮子，霸道、自我中心、自觉高人一等，有强烈的统治欲、很少宽容、缺乏同理心，不懂尊重别人感受，经常伤害了别人还不自知，甚至知道了也毫无悔意。当"狮子"们的强势伤害了你，如何才能让他们及时懂得尊重你，并改变和你的交流方式？跟随本书主角"驯兽师"罗曼，学习50堂心理成长课，透析强势型人格的心理结构、内在动机，学会让"狮子"吃素，让身边那些强势的人以你喜欢的方式和你相处，停止对你的精神伤害！

法国画家、畅销书作家拉斐尔·吉奥尔达诺这本艺术性叙事治疗心理类书籍，通过一个个的故事，透析了强势型人群的心理结构、内在动机，教读者如何让他们以你喜欢的方式和你相处，文字轻松有趣。在故事中学技巧，事半功倍。

2. 书籍：马歇尔·卢森堡 《非暴力沟通》

非暴力沟通又称爱的语言、长颈鹿语言等。

著名的马歇尔·卢森堡博士发现了神奇而平和的非暴力沟通方式，通过非暴力沟通，世界各地无数的人们获得了爱、和谐和幸福。

非暴力沟通相信，人的天性是友善的，暴力的方式是后天习得的，我们所有人有共同的、基本的需要，人的行为是满足一种或多种需要的策略。非暴力沟通的目的是通过建立联系使我们能够理解并看重彼此的需要，然后一起寻求方法满足双方的需要。换言之，它提供具体的技巧帮助我们建立联系，使友爱互助成为现实。

3. 书籍：亚瑟·乔拉米卡利等 《共情的力量》

在《共情的力量》一书中，作者通过分享自己的亲弟弟大卫、毕业于美国常青藤耶鲁大学的戈登，以及单身母亲卡罗琳等人的故事来探索共情的作用。作者解释了共情与同情的不同，如何利用共情寻找爱情，如何成为一个积极的共情式聆听者，如何运用共情创造持久的亲密关系，以及如何避免缺乏共情对生活的糟糕影响。此外，作者认为共情是生活必不可少的部分，并阐述了如何借助诚实、谦逊、接纳、宽容、感恩、信念、希望和宽恕等 8 种行为来获得共情能力。

第 **3** 单元

让青春之花美丽绽放
——探索恋爱

第1堂

爱情花开：爱情三角形理论

一个男孩和一个女孩吵架了。男孩再也不对女孩说"我爱你"，当然女孩也不再说"我也是"。他们谈到了分手的事，背对背谁也没再说话。突然，打雷了。第一声雷响时，男孩下意识地猛地用双手去捂女孩的耳朵。雷声紧接着炸响，女孩流下了眼泪。过一会儿雷停了，两人假装什么也没发生，可谁都没有说话。她想，也许他还爱我，生怕我受一点点惊吓。他想，也许她还爱我，不然她不会流泪。

爱情是人际吸引的强烈形式和最高形式，是个人生理和心理发展的必然结果。从古至今，多少文人墨客和专家学者"谈情说爱"，通过故事、音乐、绘画、雕塑、戏剧等各种形式，为我们描绘了爱情的千姿百态，呈现了让人眼花缭乱的爱恨情仇。

爱情有广义和狭义之分。广义的爱情是指存在于各种亲近关系中的爱，意味着人际关系中的接近、悦纳、共存的需要及持续和深刻的同情，共鸣的亲密感情。狭义的爱情是指心理成熟到一定程度的异性个体之间的强烈的人际吸引。

恩格斯曾说：人与人之间特别是两性之间的感情关系，是自从有人类以来就一直存在的。本堂课，将带领你：

- 掌握斯腾伯格爱情三角形理论；
- 熟悉爱情的几种类型；
- 了解依恋模式与恋爱关系；
- 了解一些爱情中的心理学效应；
- 探索爱情的真正意义和自我的爱情价值观；
- 体会爱情与激情、爱情与喜欢、爱情与仰慕、爱情与友情的区别。

一、理论介绍

基本知识

（一）爱情三角形理论

心理学对于爱情有很多理论，其中影响较大且令人熟知的是爱情三角形理论。美国心理学家斯腾伯格运用定量分析与定性分析相结合的研究方法，在进行大量文献综述和实证研究的基础上，提出了"爱情三角形理论"。该理论认为爱情由三个基本成分组成：亲密、激情和承诺。

1. 亲密

亲密是两人之间感觉亲近、温馨的一种体验。简单来说，就是能够给人带来一种温暖的感觉体验。

亲密包含以下 10 个基本要素。

① 渴望促进对方的幸福。一方主动照顾另一方，一方能以自己的幸福为代价去促进另一方的幸福，但是也期望对方在必要时同样会这样做。

② 跟对方在一起时感到幸福，喜欢和他 / 她相处。

③ 一起做事情时，双方都感到十分愉快，并留下美好记忆，对这些美好时光的记忆能成为艰难时刻的慰藉和力量。而且，共同分享的美好时光会涌流到互爱关系中并使之更加美好。

④ 尊重对方。相爱的双方非常看重和尊重对方。尽管你可能意识到对方的弱点，却不会因此而减少自己对对方的整体尊重。在艰难时刻能够依靠对方。在患难时刻仍感到对方跟自己站在一起。在危急时刻，能够呼唤对方并能指望对方跟自己同舟共济。

⑤ 跟对方互相理解。相爱的双方应互相理解，知道各自的优缺点并对对方的感情和情绪心领神会，懂得以相应的方式互相做出反应。

⑥ 与对方分享自我和自己的占有物。乐意奉献自己（自己的时间以及自己的东西）给对方。虽然不必所有的东西都成为共有财产，但在需要时，能分享你们的占有物，最重要的是分享你们的自我。

⑦ 能接受对方感情上的支持。你能从对方那里得到鼓舞和支持，感到精神焕发，特别是在身处逆境时尤其如此。当你感到似乎一切都在跟你作对时，你意识到只有一件事不会出问题——你的伴侣始终跟你站在一起。这时你就知道你们的关系具有这一因素。

⑧ 给予对方感情上的支持。在逆境下，你与伴侣在精神上息息相通，并给予感情上的支持。

⑨ 跟对方亲密沟通。你能够跟伴侣进行深层次和坦诚的沟通，分享内心深处的感情。当你为自己所做的某件事感到困窘为难时，你仍能推心置腹地跟对方交谈，这时你所经历的就是这种沟通。

⑩ 珍重对方。感受到对方在共同生活中的重要性。当你认识到伴侣比你所有的物质财富都更为重要时，你正珍重和珍爱对方。

但是，亲密≠无间。在现实生活中，能够拿捏好这一关系的情侣并不多。爱情需要相对自由的空间，你越是拼命地抓紧对方，越会适得其反，这同"冷极了要冻死人，热极了也会闷死人"是一个道理。倘若过分追求亲密，分寸感就会消失，随之失去的还有美感、自由感，彼此之间矛盾会越来越多，纠纷越演越烈，感情自然会出现危机。

所以，不要指望爱情将你们合二为一，要给彼此空间，不要让你们的世界狭窄得只能容下你们两个人。给彼此一点空间，捆得太紧会让他（她）窒息得想要逃。

2. 激情

激情是一种"强烈渴望跟对方结合的状态"。通俗地说，就是见了对方，会有一种怦然心动的感觉，和对方相处，有一种兴奋的体验。性的需要，是引起激情的主导形式，自尊、照顾、归属、支配、服从是唤醒激情体验的源泉。

激情的发展大致经历以下 3 个阶段。

① 由于意识控制减弱，身体的变化和表情动作越来越失去控制，细微的动作由于高度紧张而发生紊乱。人的行为服从于所体验着的情感。

② 人失去意志的监督，发生不可控制的动作和失去理智的行为，这些动作在事后回想起来会感到羞耻和后悔。

③ 激情爆发会出现平静和某种疲劳的现象，严重时会出现精力衰竭，对一切事物都抱着不关心的态度，有时还会精神萎靡，出现所谓的激情休克。

激情既可以是积极的，也可以是消极的。积极的激情能激励人们克服艰险，攻克难关；消极的激情常常对正常活动具有抑制的作用或引起冲动行为。

3. 承诺

承诺由两方面组成：短期的和长期的。短期方面就是要做出爱不爱一个人的决定。长期方面则是作出维护这一爱情关系的承诺，包括对爱情的忠诚，责任心。也就是结婚誓词里说到的"我愿意！"，是一种患难与共、至死不渝的承诺。

两者不一定同时具备。比如，有的人决定爱一个人，但是不一定愿意承担责任，或者给出承诺；还有的人决定一辈子只爱他（她），但不一定会说出口。

激情、亲密和承诺三大要素共同构成了爱情，缺少其中任何一个要素都不能称其为爱情，正如三点确立一个平面，缺少任何一个点，平面就不存在了。斯腾伯格之所以把具备三个基本要素的爱情称为完美式爱情，是因为建立一段稳定、持续的爱情需要恋爱双方耗尽毕生的精力去培育、呵护，那是一项贯穿人生的浩大工程。

然而，具备三个要素并不意味着爱情就能成为现实，爱情需要双方更多的努力来调节这三者的关系。爱情不是一件容易的事情，爱是一种能力，并非天生就有，需要不断地锻炼和实践才能培养出来。被爱也是一种能力，而且还需要成为一种艺术。

（二）基于爱情三角形理论的几种不同类型的爱情

斯腾伯格根据激情、亲密和承诺三大要素组成了七种不同类型的爱情。

1. 喜欢式爱情

喜欢式爱情只有亲密，双方在一起感觉很舒服，但是觉得缺少激情，也不一定愿意为对方厮守终生。没有激情和承诺，如友谊。显然，友谊并不是爱情，喜欢并不等于爱情。不过友谊还是有可能发展成爱情的，尽管有人因为恋爱不成连友谊都丢了。

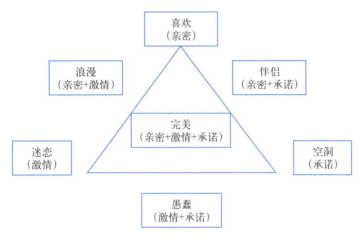

2. 迷恋式爱情

迷恋式爱情只有激情体验。认为对方有强烈吸引力，除此之外，对对方了解不多，也没有想过将来。只有激情，没有亲密和承诺，如初恋。第一次的恋爱总是充满了激情，却少了成熟与稳重，是一种受到本能牵引和导向的青涩爱情。

3. 空洞式爱情

空洞式爱情只有承诺。缺乏亲密和激情，如纯粹为了结婚的爱情。此类"爱情"看上去丰满，却缺少必要的内容，金玉其外，败絮其中。

4. 浪漫式爱情

浪漫式爱情有亲密关系和激情体验，没有承诺。这种"爱情"崇尚过程，不在乎结果。

5. 伴侣式爱情

伴侣式爱情有亲密关系和承诺，缺乏激情。这种四平八稳的爱情，只有权利、义务却没有感觉，跟空洞式爱情差不多。

6. 愚蠢式爱情

愚蠢式爱情只有激情和承诺，没有亲密关系。没有亲密的激情顶多是生理上的冲动，而没有亲密的承诺不过是空头支票。

7. 完美式爱情

完美式爱情同时具备三要素，包含激情、承诺和亲密。只有在这一类型中，我们才能看到爱情的庐山真面目。

微课：依恋模式与恋爱关系

📖 **拓展知识** ————————————————————

依恋模式与恋爱关系

依恋最初是指婴儿与特定个体之间形成的一种积极情感联结，在依恋关系中，婴儿在特定的人（通常是父母）那里获得安慰，体验愉快情绪。越来越多的研究发现，个体成年后的亲密关系很可能会受到婴儿期依恋类型的影响，人们的亲密关系和对爱的信念与他们在婴儿时形成的对父母的依恋风格之间存在一定的相似性。婴儿与特定的人（通常是父母）

的依恋类型可以分为以下三种类型。

首先，是安全型依恋。如果父母在照料婴儿的过程中，能够及时地回应婴儿的需要，对婴儿的反应较为敏感，能够给孩子提供稳定的反应和保护，这时候婴儿跟父母之间是非常舒服和自在的一种状态，往往会形成安全型依恋。安全型依恋的人容易与他人建立亲密关系，认为自己的爱情关系是快乐和相互信任的，很少害怕被离弃或被他人过于接近。他们的恋爱关系持续时间最长，能够体验最高水平的满意度和责任感，而且通常极少以离婚告终，对亲密关系的未来充满信心。

其次，是焦虑型依恋。如果父母的情绪反复无常，婴儿会发展出焦虑的依恋类型。焦虑型依恋的人在恋爱关系中时常表现出情绪不安，既渴望获得伴侣的爱和亲密，又担心所爱之人离开自己，苛刻指责伴侣的不足。这样的人在恋爱关系中经常试探对方、怀疑对方，会反复地和同一个恋人分分合合，容易经历更多的极端情绪和嫉妒。

还有一种是回避型依恋。这一类婴儿往往与周围人很难建立亲密和信任的关系。如果父母在照顾婴儿时表现出敌对、排斥，而不是养育和爱，婴儿就学会了远离他人。回避型依恋的人害怕亲密，难以信任和依靠他人，也更容易产生嫉妒，不容易与他人建立亲密关系。他们在恋爱关系中往往投入较少，对关系的责任感最低，在对方靠近时会感觉不舒服，与恋人分手的概率比较高，经常会觉得孤独和寂寞。

心理学家巴塞洛缪 Bartholomew 和霍洛维茨 Horowitz（1991 年）在前人关于依恋研究的基础上提出了成人依恋类型。他们根据焦虑程度和回避程度两个维度，将成人依恋类型分成四类。

高焦虑

恐惧型依恋
害怕被抛弃、不信任他人；猜忌多疑、害羞

痴迷型依恋
非常渴望与人亲近，但在关系中容易感到不安、很警惕；对关系难以感到满足、容易产生妒忌

高回避 ←———————————————→ 低回避

疏离型依恋
自立，漠视亲密关系；在关系中表现出情感上的冷淡、独立

安全型依恋
对亲密关系和相互依赖的关系感到安全；对于关系保持乐观的态度，善于进行交际

低焦虑

值得关注的是，依恋类型是可以改变的。婴儿时期的依恋类型的确会很大程度地影响我们，但我们并不会被动地受童年经验的束缚，因为依恋类型也不断地受到我们成长过程中各种不同经历的影响。依恋类型既然是习得的，就可能发生变化。例如，一次悲痛欲绝的分手可能会让原本属于安全型依恋的人不再感到安全，一段如胶似漆的恋情也可能慢慢让回避亲密的人不再怀疑和戒备亲密。有研究发现，追踪研究参与者两年，在两年之中，足有三分之一的参与者的依恋类型可以发生实质性变化。

大学生恋爱的过程，也是一个了解自我的过程。如果能够对亲密关系中的自我保持觉察，了解自己的依恋类型，将会帮助我们更好地处理关系中的一些矛盾、困境，也会帮助

我们更好地理解自己与对方。

二、理论应用

◎◀◀ **案例解析** ─────────────────────────────

【案例 1】小 A 和小 B 已经相恋一年多了。可是现在两人的感情似乎不如最开始那么甜蜜了，相处得久了，两人都发现对方身上之前不曾发现的缺点。当初那个完美情人怎么会变成这样呢？小 B 认为小 A 经常玩游戏，耽误学习，遇事急躁，没耐心，常常忽略自己的感受；而小 A 则觉得小 B 越来越挑剔了，每天唠唠叨叨，鸡蛋里拣骨头，专门找自己的茬，不理解自己。两人还曾经大吵过一架，试图让对方按照自己的想法改变，但是结果可想而知。现在双方都很苦恼，以前那个帅气幽默、善解人意的男朋友哪去了？以前那个温柔可爱、知书达理的女朋友哪去了？

教师点评：很多同学觉得谈恋爱就应该是两个人相亲相爱，如漆似胶，不分彼此，能够完完全全理解对方，不应该出现矛盾和冲突。如果有争吵、有分歧，那感情就一定出了问题，爱情就走到尽头了。其实不然，有句话是这么说的："即使最美好的婚姻，一生中也会有 200 次离婚的念头，50 次掐死对方的冲动。"所以，在恋爱中吵吵闹闹是最正常不过的了。恋爱中肯定会有摩擦，有矛盾，有分歧，也总有不可调和的地方。想想看，两人的家庭完全不一样，生活背景完全不一样，成长方式完全不一样，产生的价值观、恋爱观肯定也完全不一样，所以，在恋爱中不要害怕争吵，不要轻易说分手，关键在于积极解决产生的问题。

【案例 2】有个女孩称爱情处于崩溃边缘，她认为自己如何努力都是徒劳。女孩比较内向，在学校里参与的社团和其他活动不多。她的男朋友则比较活跃，加入了好几个科研课题小组，而且，还是某社团的负责人，每天都像上满了的弦，能够陪在女孩身边的时间很少。大概由于担心两个人之间的交流日渐减少，女孩要求男孩每天给自己打 3 个电话，中午一点一个，下午五点一个，晚上八点一个，如果没有按时打过来，她就主动打过去。有时候男孩在社团开会或者正在导师实验室，实在没有办法抽身打电话或者接电话，如果之后没有及时复电，女孩就会生气、伤心。女孩还规定，男孩除了学习和社团工作的时间，必须陪着她，或者安排两个人的共同活动，不许私自参加其他活动。男孩的生活完全被学习、工作和女孩占满了。除了学习、工作就是陪女孩，他丧失了所有单独活动的机会和自由。为此，两个人常常发生争执，感情的温度急剧下降。终于有一天，男孩再也无法忍受了，开始把女孩的种种要求抛诸脑后，甚至刻意逃避女孩。

教师点评：看到这里，相信大家都能够理解男孩最后的崩溃和逃避，也可能会看到女孩各种要求之下的安全感和获得陪伴的需要。恋爱的过程并不总是一拍即合、一帆风顺，良好的亲密关系需要双方投入时间、精力来共同维护和经营。同时，爱情也是需要空间的，爱情中两个人的关系如同其他类型的人际关系一样，需要有适度的距离，并不是越亲密越好。从心理学的角度来看，心理相容是建立良好人际关系的重要条件，而促进心理相容的途径之一就是缩短彼此的心理距离。所以，情侣之间努力靠近，缩小心理距离是一件好事。

但是，任何事都是物极必反的，距离太小了也会让人不舒服。实际上，我们每个人都需要一个独自的空间，叫作人际空间，由于这个空间像个大气泡一样把人包围，又有心理学家将其称为"人际气泡"。距离太近，气泡就会破裂，个人对自我空间的要求无法满足，就会引发一系列的问题。所以，情侣之间关系要亲密，但也要尊重对方的自我空间，给对方一定的自由。

有的人可能会抱怨：我们刚恋爱的时候他（她）挺黏我的呀，怎么那会儿他（她）不要求自由，现在就要求了？说到底，还是因为不爱我了吧？我想告诉大家：热恋中的男女由于相互之间充满了激情，眼里和心里除了爱情是感受不到其他的，因此两个人往往亲密无间。但是激情总会过去，等你们的爱情进入一个稳定阶段，生活中的其他内容又会浮现出来，这时候就要懂得保持距离，给对方适当的自由，这样爱情才能经营下去。

常见问题

Q1：仰慕一个人，是爱情吗？

A：仰慕一个人不是爱情。我们只是崇拜对方所有的优点，很可能是因为我们希望自己也有那些优点，所以这并不是爱情。

Q2：暧昧和爱情的区别是什么？

A：暧昧是完美爱情的良好开端，它是男女之间一种态度含糊、不明朗的关系。彼此可以享受到对方的甜言蜜语、嘘寒问暖、细心呵护，而不用承担责任。所以，很多男女很享受彼此暧昧的这种感觉，但是，长时间的暧昧则是爱情的毒药。爱情需要的是一种明确的、有担待的关系，需要的是一个能够走进自己的生活中、生命中并包容自己、帮助自己的人。暧昧是美轮美奂的海市蜃楼，爱情是实打实的承诺。

Q3：友情和爱情的区别是什么？

A：友谊是开放的，爱情是封闭的。友情的基础是互相理解和体谅，是一种欣赏而不是占有，一个人可以同时拥有很多朋友；爱情是两个人中最亲密的关系，宽容和爱是它存在的保障，爱情是某种程度上的占有和唯一，一个人不能同时拥有很多份爱情。

Q4：不知道应不应该谈恋爱？

A：如果你还不知道该不该谈恋爱，那说明你心里还没有自己喜欢的异性，只是因为看到许多同学都在谈恋爱，才产生了自己是否谈恋爱的想法。所以，当真正的爱情还没有来到的情况下，不要盲目去寻找爱情。

Q5：我爱上了一个人，但不知道他是否也爱我，想表白心迹，又怕遭到拒绝，左右为难，该怎么办呢？

A：面对这样的情况，首先要正确了解对方对自己的情感。如果经过观察甚至巧妙的考验，发现对方根本就对自己没有那个"意思"，就没有必要向对方表白自己的心迹。因为你的表白不但得不到回报，而且会使对方为难；如果两人是同班同学，还会影响两个人之间的关系。如果经过观察，发现对方也对自己有一定的感情，就可以大胆地向对方表白自己的心迹。

Q6：在恋爱的过程中发现他不适合我，而他还依然爱我，不知道如何提出分手才不会

伤害他的自尊心？

A：在这种情况下，要明确爱情是不能强求的，如果一方发现对方不适合自己而准备结束恋爱关系，也无可厚非。当然，最好是让对方有一定的思想准备，比如，用一些暗示性的语言表明两人不合适。在对方有思想准备的情况下，再提出分手，对方可能会好接受一点，感觉到的伤害也会少一些。

Q7："一见钟情"是爱情吗？

A："一见钟情"是指短时间内突然发生的爱情。一见钟情也是大学生恋爱中比较常见的现象。但是，一见钟情的浪漫爱情如果没有信任与承诺，激情很快会死亡。例如，俄国大诗人普希金同其夫人——有莫斯科第一美人之称的娜塔莉亚，两人在舞会上一见钟情而决定迅速结合，可惜闪电般的结合并没有给他们带来幸福，而是无尽的痛苦，普希金最后为妻子决斗而死，令人扼腕叹息。因此，面对"一见钟情"，大学生还是要保持冷静的头脑，用理智去控制激情，去了解对方，在进一步的相互了解中检验"钟情"，使之健康发展。

三、实操训练

 课前准备

1. 心理测量

爱与喜欢量表（罗宾）

"喜欢"与"爱"你分辨得出来吗？在心中默念一个人，然后对应每个项目勾选"是"或"不是"。

1. 他（她）情绪低落的时候，我觉得自己很重要的职责就是使他（她）快乐起来。

2. 在所有的事件上我都可以信赖他（她）。

3. 我觉得要忽略他（她）的过失是一件很容易的事。

4. 我愿意为他（她）做所有的事情。

5. 对他（她）有一点占有欲。

6. 若不能跟他（她）在一起，我觉得非常不幸。

7. 我孤寂时，首先想到的就是要去找他（她）。

8. 他（她）幸福与否是我很关心的事。

9. 我愿意宽恕他（她）所做的任何事。

10. 我觉得让他（她）得到幸福是我的责任。

11. 当和他（她）在一起时，我发现我什么事都不做，只是用眼睛看着他（她）。

12. 若我也能让他（她）百分之百地信赖，我觉得十分快乐。

13. 没有他（她），我觉得难以生活下去。

14. 当和他（她）在一起时，我发觉好像两人都想做相同的事情。

15. 我认为他（她）非常好。

16. 我愿意推荐他（她）去做为人所尊敬的事。

17. 依我看来，他（她）特别成熟。

18. 我对他（她）有高度的信心。

19. 我觉得不管什么人跟他（她）相处，大部分会对他（她）有很好的印象。

20. 我觉得他（她）跟我很相似。

21. 我愿意在班内或团体中，无论什么事都投他（她）一票。

22. 我觉得他（她）是许多人中，容易让别人尊敬的一个。

23. 我认为他（她）是十二万分聪明的。

24. 我觉得他（她）在我所有认识的人中，是非常讨人喜欢的。

25. 他（她）是我很想学的那种人。

26. 我觉得他（她）非常容易赢得别人的好感。

结果解释

1 至 13 项为爱情量表，14 至 26 项为喜欢量表。勾选项目后，计分规则如下：是 =1，不是 =0。哪一份量表得分更高，你对他（她）的感情就更倾向于哪一侧。当然，你也有可能会同时非常喜欢而且非常爱一个人。

这两个量表有许多相通之处。但爱情有依附感、关怀感、亲密感三个要素；而喜欢只是正面的感受和好感、喜欢、崇拜，没有涉及你为他（她）做什么和独占的感觉。

测测你恋爱心理成熟度

恋爱是一种能力，更是一种艺术。但是，恋爱的艺术并非人人得以掌握。你的恋爱心理发展到了什么程度？请据实自测。

（1）你认为恋爱是为了（   ）。

A. 找到一个情投意合的他（她）　　　　B. 成家过日子、抚育儿女

C. 满足性的需要　　　　　　　　　　　D. 刺激、有趣、好玩

（2）你喜欢的异性是（   ）。

（女性选择）

A. 英俊潇洒，有男人魅力　　　　　　　B. 有钱、有势、有能力

C. 人品好　　　　　　　　　　　　　　D. 爱自己的，其余的无所谓

（男性选择）

A. 漂亮性感，有女人魅力　　　　　　　B. 贤惠能干，善于理家

C. 温柔体贴，人品好　　　　　　　　　D. 只要有爱，其余的无所谓

（3）你和恋人确立恋爱关系是因为（   ）。

A. 条件般配　　　　　　　　　　　　　B. 我比对方优越

C. 对方比我优越　　　　　　　　　　　D. 没想过

（4）你希望恋爱这样开始（   ）。

A. 一见钟情　　　　　　　　　　　　　B. 青梅竹马

C. 在工作（学习）中逐渐产生　　　　　D. 经人介绍

（5）让爱情更深一点的良策是（　　　）。

A. 极力讨好取悦对方　　　　　　　　　B. 尽力使自己变得更完美

C. 欲擒故纵　　　　　　　　　　　　　D. 爱情是缘分，无计可施

（6）当恋人暴露出一些缺点和不足时，你会（　　　）。

A. 委婉告知并帮其改进　　　　　　　　B. 震惊意外，对其加以指责

C. 嫌弃动摇，怀疑爱情　　　　　　　　D. 无所谓

（7）当一位比你目前恋人更优秀的异性对你表示爱慕时，你会（　　　）。

A. 离开恋人接受其爱　　　　　　　　　B. 将其恋情淡化为友情

C. 瞒着恋人与其往来　　　　　　　　　D. 为迟到的爱后悔痛苦

（8）当你倾慕的异性另有所爱时，你会（　　　）。

A. 一如既往地待他（她），等其觉悟　　B. 参与竞争，力争夺取

C. 抽身止步，成人之美　　　　　　　　D. 整日后悔痛苦

（9）恋爱中的波折和矛盾是（　　　）。

A. 必然又必需的　　　　　　　　　　　B. 对恋爱的否定

C. 无聊的　　　　　　　　　　　　　　D. 束手无策的痛苦经历

（10）由于种种原因，你的恋爱失败，对方提出分手，你会（　　　）。

A. 千方百计抓住他（她）　　　　　　　B. 到处诋毁对方名誉

C. 说声再见，各奔前程　　　　　　　　D. 矛盾痛苦不知所措

（11）进入大龄的单身贵族队列，你的恋爱态度会（　　　）。

A. 一如从前，宁缺毋滥　　　　　　　　B. 放弃追求，随便凑合一个

C. 重订更现实的择偶标准　　　　　　　D. 不谈爱情

评分和解释

请按以下标准计分，并判断自己的恋爱心理成熟程度。

（1）A.3；B.2；C.1；D.1

（2）（女性选择）A.2；B.1；C.3；D.1。

　　　（男性选择）A.2；B.2；C.3；D.1。

（3）A.3；B.2；C.1；D.0。

（4）A.2；B.1；C.3；D.1。

（5）A.1；B.3；C.2；D.0。

（6）A.3；B.2；C.0；D.1。

（7）A.2；B.3；C.1；D.0。

（8）A.2；B.1；C.3；D.0。

（9）A.3；B.0；C.2；D.1。

（10）A.2；B.0；C.3；D.1。

（11）A.1；B.2；C.3；D.0。

26～33分：圆熟型。恋爱心理非常成熟，懂得爱的真谛，向往爱又能在现实中实现爱。就像一名竞技状态良好的运动选手，你能够在爱情面前轻松舒展，游刃有余；更可贵的是

即使直面失败也有良好的心态。你的恋爱婚姻一定很美满幸福。

18～25分：正熟型。渴望爱的垂青，然而常会屡屡失误，一时难以如愿。校正一下恋爱指针，太过浪漫的则往现实方向调调，太现实的则多一些浪漫温馨情调，幸福快乐已在眼前了。

9～17分：待熟型。恋爱婚姻是人生的一门必修课，要取得好成绩单单凭热情是不够的，还需专心修习，从理论到实践，再从实践到理论，一点一滴，终会水滴石穿。

3～8分：青涩型。爱情对你而言是迷宫，是八卦阵，是氤氲可怖的夜景，或者是平淡苍白的荒漠。让心理轻松开放些，爱的光线会缓缓照射进来，那时你才能体会到柔情温暖。

2.通过扫描二维码自学完成微课"爱情的三角形理论"之后，你的困惑或疑问是什么？

微课：爱情的
三角形理论

问题1：

_____

问题2：

_____

问题3：

_____

 **课堂互动**

我心目中的白马王子（白雪公主）

活动目的

通过自我探索了解爱情的真正意义和自己的爱情价值观；认识自己选择爱人的标准，使爱更理性化。

操作步骤

（1）将全班同学分成若干组，每组8～10人。

（2）你觉得爱情是什么？按照以下的格式造出三个你隐喻爱情的句子（请写在自己的笔记本上）。

爱情是_____，因为_____。

爱情是_____，因为_____。

爱情是_____，因为_____。

（3）爱是我们生命中的重要课题。无论你已经拥有了爱情，或是即将拥抱爱情，都需要对自己选择爱人的条件进行认识。下面，请你用形容词、词组或句子的形式写出自己选择心目中白马王子（白雪公主）的五条标准，使自己的爱更理性化。

第一条：_____。

第二条：_____。

第三条：_____。

第四条：_____。

第五条：_____。

（4）小组讨论与分享。

① 每个同学把自己造的句子和自己选择心目中的白马王子（白雪公主）的五条标准说给小组其他成员听，说说对爱情的理解。

② 每个小组派代表交流。在共同讨论中表现出每个人的爱情价值观，也可以了解他人的 爱情价值观。在共同讨论中进行深入思考，确立正确的爱情价值观。

课后实践

结合现实中（自己、父母、同学等）的爱情，谈谈斯滕伯格的爱情三角形理论对你有哪些启示。

_____

_____

我的感悟

....

....

....

....

....

四、延伸阅读

课外链接

自古至今，无数文人墨客通过多样的方式描绘他们心目中的爱情。白居易在《长恨歌》中如是写道"在天愿作比翼鸟，在地愿为连理枝"，表达了他对爱情的美好愿望。舒婷在《致橡树》中用"我们分担寒潮、风雷、霹雳；我们共享雾霭、流岚、虹霓。仿佛永远分离，却又终身相依"传达她心目中的爱情应当要同甘共苦的理念。元好问创作的《摸鱼儿·雁丘词》开篇的"问世间，情为何物，直教生死相许"让无数人对爱情心生敬意。

那么，爱情究竟是什么呢？爱究竟有什么魔力让人们对其津津乐道、乐此不疲呢？除了广为流传的斯滕伯格的爱情三角形理论，还有很多心理学家也对爱情提出了其他观点。

1. 爱情心理学的其他理论

（1）罗宾的"爱情三体验"

最早试图测试"爱情"的心理学家是齐克·罗宾（Zick Rubin），他把爱情定义为三种基本体：

①依恋，指我们愿意和另外一个人长期在一起，得到关爱、亲近和身体上的接触；

②关心，指我们希望像照顾自己一样地照顾另外一个人，满足对方的需求，唯愿对方幸福；

③亲密，也就是我们愿意和另外一个人共同分享自己的感情、欲望、思想以及各种身心体验和感受。

据此，罗宾研发了一套评估量表（见上文实操训练—心理测量）来评测我们对待特定意中人的态度究竟怎样，以便区分我们到底是喜欢还是爱上了这个人。

（2）约翰·艾伦·李的爱情的三原色理论

约翰·艾伦·李认为，爱情是由红黄蓝三种颜色构成的：红色代表着浪漫之爱，黄色代表着友谊之爱，蓝色代表着游戏之爱。对于追求浪漫之爱的人而言，浪漫的氛围是爱情的必需品。对于追求友谊之爱的人而言，找到一个能够融洽自在地交流的伴侣是一件幸福的事情。对于追求游戏之爱的人而言，谈恋爱就像玩游戏，会因为有丰富的感情经验而感到自豪。

而两种不同颜色的组合，又构成了三种次要的恋爱风格：红＋蓝＝痴迷之爱，蓝＋黄＝现实之爱，红＋黄＝无私之爱。

2. 爱情中的心理学效应

（1）罗密欧与朱丽叶效应：越阻挠，越相爱

所谓"罗密欧与朱丽叶效应"，就是当出现干扰恋爱双方爱情关系的外在力量时，恋爱双方的情感反而会加强，恋爱关系也因此更加牢固。莎士比亚的经典名剧"罗密欧与朱丽叶"中罗密欧与朱丽叶相爱，但由于双方世仇，他们的爱情遭到了极力阻碍。但压迫并没有使他们分手，反而使他们爱得更深，直到殉情。

（2）吊桥效应：越危险，越迷人

当一个人提心吊胆地走过吊桥的一瞬间，抬头发现了一个异性，这是最容易产生感情的情形，因为吊桥上提心吊胆引起的心跳加速，会被人误以为是看见了命中注定的另一半而产生的反应。所以，心动并不一定是真爱。英雄救美后，美女最后会爱上那个救她的英雄，有可能就是受吊桥效应的影响。

（3）契可尼效应：忘不了的未完成的初恋

西方心理学家契可尼做了许多有趣的试验，发现一般人对已完成了的、已有结果的事情极易忘怀，而对中断了的、未完成的、未达目标的事情却总是记忆犹新。这种现象被称为"契可尼效应"。比如，初恋最难忘。初恋是心中最懵懂、最青涩也是最刻骨铭心的，那种小暧昧和情窦初开的懵懵懂懂的爱情让人难以忘怀。

（4）黑暗效应：黑暗中更容易放下戒备

浪漫的西餐厅是很多情侣约会的首选，因为在光线比较暗的场所，约会双方彼此看不清对方表情，就很容易减少戒备感而产生安全感。在这种情况下，彼此产生亲近的可能性

就会远远高于光线比较亮的场所。心理学家将这种现象称为"黑暗效应"。

（5）镜像效应：模仿对方举动能增加好感

单纯增加接触的次数就能增加好感，但如果看到对方的说话方式或手势后，也将自己的行为调整成与对方一致，或许会进一步增加好感。人们更容易对说话方式或手势动作与自己相近的人产生亲近感的现象，叫作"镜像效应"。这个理论认为，行为相近的人，性格应该也相似，因此，亲近感也会提高。

3.找对象选择相似的人还是互补的人

事实上，"相近相吸，相异并不相吸"，先前人际关系章节中提到人际吸引最基本的原则之一就是相像律：同性相吸（相类似的人彼此吸引对方）。

所谓相似，首先就是在年龄、性别、种族、教育程度、宗教信仰和社会地位等人口统计学上的相似；其次是态度和价值观的相似；最后，伴侣们还可能有着相似的性格。特别是长期来看，处事风格和人格特质相像的人往往能和睦相处，性格相像的夫妻比性格不同的夫妻的婚姻更加幸福。《亲密关系》一书中认为，相像起作用的另一微妙之处在于，那些我们渴望成为的人对我们有吸引力。这与事实相符——我们往往喜欢那些与我们的理想自我相像的人，即那些拥有我们期望得到却并不具备的品质的人。

那么为什么又有那么多人相信"相异相吸"呢？因为我们往往注意到很多情侣长相、身高等不太匹配，但其实这样的伴侣实际上在更广泛的意义上进行了匹配。"相异"能吸引的一种方式是"互补性"，即伴侣双方有不同的技能，一方往往乐于让另一方在他的优势项目上发挥特长。它能弥补我们的不足，因此具有吸引力。心理学家指出，我们不应该过分地强调这种互补性。因为任何一段长期关系，都会出现一定程度的互补性。

4.怎样做有助于谈一场不分手的恋爱

恋爱是大学生发展自我人格的一个重要途径。恋爱期的相处模式，以及自我探索深度，都有益于日后进入并正确处理真正的亲密关系。想要恋爱保鲜的一大秘诀就是学会积极归因。心理学家认为，伴侣双方总的归因模式能决定亲密关系的满意程度。生活幸福满意的情侣会放大对方的正面积极的行为，缩小甚至忽视对方的负面行为；而不幸福的情侣正好相反，他们做出了维持苦恼、破坏关系的归因，喜欢夸大对方做得不好的事情，忽视对方做得好的事情。

🔖 **推荐资源**

1.书籍：岳晓东 《爱情中的心理学》

该书对历史和当代名人的爱情轶事进行了深度解析。看似平常的风花雪月、悲欢离合，无不与主人公的人格因素和心理变化有着深刻的联系。结合书中穿插的互动内容，读者可以更加随时直观地体验到心灵的成长。

2.书籍：段鑫星等 《如何拥抱一只刺猬》

通过本书，读者可以学习在亲密关系中各种人格类型者会有什么样的表现和感受；他们的恋人会有什么样的表现和感受；他们为什么会有这些表现；双方应该做些什么让爱情更甜蜜。从书中可以看到自己爱情故事的影子，或者找到实用的建议。此外，针对每种人格类型，作者也精选了一部影视作品或戏剧作品，为读者深入理解该人格类型提供了资源。

本书适合所有对亲密关系感到困惑的人，能够帮助读者理解自己，理解恋人，理解爱情。

3. 书籍：罗兰·米勒 《亲密关系》

恋爱是一种能力吗？为什么我们越来越难以建立一段亲密关系？吸引力的秘密是什么？亲密关系与友谊有什么区别？什么是爱情？爱能长久吗？男人真的来自火星、女人真的来自金星吗？同性恋是由基因决定的吗？女人比男人更容易嫉妒吗？数字化是如何影响亲密关系的？为什么结婚的人越来越少，离婚的人越来越多？婚姻范式正在发生怎样的变化？分手和离婚一定是不好的吗？如何预防"恋爱脑"，科学理性地谈论爱？……诸如此类的问题，都可以从米勒的《亲密关系》一书中找到答案。

第2堂

携手同心：爱的五种语言

> 她说他的怀抱是全世界最有安全感的地方。
>
> 打雷的时候，委屈的时候，她都喜欢窝在他怀里。
>
> 有一天他们吵架了。她含泪摔门而出。
>
> 他追出去紧紧抱着她。
>
> "你放开我。"她哭道。
>
> "我知道你伤心的时候喜欢我抱着。
>
> 只要我的双手还在。就不会放过任何一个抱你的机会。"

　　肢体接触是人类感情沟通的一种微妙方式，也是爱的表达的有力工具。对于有些人来说，身体的接触是他们最主要的爱的语言。缺少了它，他们就感觉不到爱了。

　　研究发现，爱情的平均"保鲜期"是 2 年。一旦"保鲜期"过去，个人真实的愿望、情绪和行为模式，就会现出原形。那么，该如何"经营爱情"让爱持续保鲜呢？关键就是找准自己和他（她）的主要爱语。本堂课，将带领你：

- 掌握爱的五种语言的内涵和表现形式；
- 了解恋爱中的性与自我保护；
- 了解爱的语言对个体生活产生的影响；
- 探索自己和对方的爱的语言；
- 在影视作品与书籍中体会爱的五种语言。

一、理论介绍

 基本知识

（一）什么是爱的五种语言

　　婚姻辅导专家盖瑞·查普曼（Gary Chapman）博士发现，爱的语言可以归为五种：肯定的言辞、精心的时刻、用心的礼物、服务的行动和身体的接触。

1. 肯定的言辞

马克·吐温曾说过:"一句赞美我的话,就可以使我活上两个月。"人类最深处的需要,就是感觉被人欣赏。如果能给你的他(她)一些鼓励、赞美的话语,往往会激发他(她)极大的潜力和热情的回应。

如果你的他(她)的爱语是"肯定的言辞",那么:

◆ 在一张卡片上写上"言语是最重要的!言语是最重要的!言语是最重要的!",贴在你每天都会看到的地方来提醒自己。

◆ 确定一个目标,比如连续一周,每天对他(她)说不同的赞赏的话。寻找他(她)的优点,并告诉他(她),你多么欣赏这些优点。

◆ 当你感到用词贫乏时,留心报刊中那些肯定的言辞。

◆ 写一封情书给他(她)。

◆ 在他(她)的朋友面前赞美他(她)。

◆ 告诉他(她),你是多么欣赏他(她)的某个优点。

2. 精心的时刻

精心的时刻即在这一时刻给予对方全部的注意力。可以是全神贯注的交谈,或是一顿只有你们两人的烛光晚餐,也可以是手拉手的散步,或者是一起参与什么活动。活动过程中,内容其实是次要的,重要的是在这一时刻给予他(她)不分散的注意力。

如果你的他(她)的爱语是"精心的时刻",那么:

◆ 一起散步,问对方一些童年的问题,如"你童年最有趣的事是什么?"

◆ 请对方列一张单子,写上他(她)喜欢跟你一起做的 5 种活动。在接下来的 5 个月,每月做一种。

◆ 问对方,当他(她)跟你谈话的时候,他(她)最喜欢待在哪儿?几点钟合适?

◆ 想一种对方非常喜欢而你却很少过问的活动,比如听演唱会,看羽毛球赛⋯⋯告诉他(她),接下来的这个月里,你希望和他(她)一起参与一次。

3. 用心的礼物

礼物是爱的视觉象征。礼物可以是买来的,可以是自己动手制作的,也可以是自己发现的。礼物不一定昂贵、价值不菲,关键在于其中蕴含的爱意,礼物是一件提醒对方"我还爱着你"的东西,事实上,这也是最容易学习的爱的语言之一。

如果你的他(她)的爱语是"接受礼物",那么:

◆ 自己发现的礼物。也许它只是路上拾到的一块石头,纹理粗糙,其貌不扬,但是可能让你想到你们之间的某个美好回忆,此时把这块石头和美好回忆与爱的人进行分享,也许会让你们重温很多过去的美好时光。

◆ 自己动手制作的礼物。也许是你手工制作的一样小物品,也许是你在旅途中寄回来的一张明信片,也许是蕴含你们之间丰富回忆的照片合集⋯⋯

◆ 选择一个星期,每天都送给对方一件礼物。

◆ 存储"礼物点子",只要他(她)无意中说出"我喜欢⋯⋯",就把它悄悄地记下来。

◆ 记得属于你们俩的重要纪念日。也许，在这一天做一些特别的事是个不错的创意。

◆ 无形的礼物——高质量的陪伴，也许爱人并不需要你送多么昂贵的礼物，你在重要时刻的陪伴和支持也是很动人的礼物。

4. 服务的行动

做对方想要你做的事。你替他（她）服务，表示对他（她）的爱。例如，逛街时替她拿包、为她撑伞，打球时替他拿衣服、送水，等等。

如果你的他（她）的爱语是"服务的行动"，那么：

◆ 你可以把过去几个星期中他（她）对你的需求列一张单子，每星期选做一件，把它当作爱的表示。

◆ 把对方对你的请求做成一张单子，并按重要性排序。接下来的一个月，你按事件重要性先后把单子的前 10 件请求一一做好。

5. 身体的接触

身体的接触是人类感情沟通的一种微妙方式。在儿童发展方面，无数的研究下了这样的结论：有人拥抱、有人亲吻的婴孩，比那些长期没人理会、没人给予身体抚触的婴孩，在情绪发展上会来得健康。

身体的接触也是爱的表达的有力工具。牵手、亲吻、拥抱、拍背、抚摸等都是身体的接触。对有些人来说，身体的接触是他们最主要的爱的语言。缺少了它，他们就感觉不到爱了。

如果你的他（她）的爱语是"身体的接触"，那么：

◆ 散步的时候，拉着他（她）的手。

◆ 参加朋友聚会时，当着他们的面抱一下你的他（她），或将手搭在他（她）肩上。你一定会得到他（她）的双倍情绪高分——因为你在向他（她）表示："尽管有这么多人，我还是会说我爱你。"

很少情侣双方有着完全相同的爱的语言。出于天性，我们有着表达自己主要的爱的语言的倾向。当对方不了解我们所表达的，我们会变得困惑、迷惘。我们在表达爱，但这信息没能传送出去，因为我们所表达的，他们没有接收到。举例来说，如果你的他（她）的爱的语言是"肯定的言辞"，你却给他（她）表达爱的礼物，他（她）或许会想："为什么你一直这样浪费金钱？"而你也会觉得受挫，你会想："为什么他（她）对我所表达的爱意如此冷淡？"相反的，如果你的他（她）的爱的语言是"收到礼物"，而你却只给他（她）肯定的言辞，那他（她）或许会说："请不要再说这些话了！言语是廉价的，礼物在哪里？你从来不给我任何礼物。"

两者虽然都是真心诚意的，但都是以自己单方面的言语形态表达出来，而不是以对方的语言表达，所以，效果并不好。

因此，我们要先辨识和确认自己及对方主要的爱的语言。一旦我们辨识且学会说他（她）主要的爱的语言，就等于发现了长久的、充满爱的秘诀。

（二）如何确认自己及对方爱的语言

1.方式 1

回想一下，他（她）做的哪些事、说的哪些话，或者哪些没有做、没有说的，伤害你最深。比如，如果最让你痛苦的，是他（她）对你的批评和挖苦，那么你的爱语就是"肯定的言辞"；如果使你苦恼的是他（她）忘记你们的纪念日，从不送你礼物，那么你的爱语就是"用心的礼物"。

2.方式 2

回顾你的恋爱经历，然后问自己："我最常请求他（她）的是什么？"你请求的东西，就与你爱的语言有关。也许你的请求常被他（她）当作唠叨，事实上，那是你为了获得情感所做的努力。

3.方式 3

回想一下你用什么方式向他（她）表达爱。你为他（她）所做的，可能也是你希望他（她）能为你做的。

另外，除了主要的爱的语言之外，还有次要的爱的语言，如果能找出来，会让你们的爱情更加甜蜜。

（三）恋爱中的性与自我保护

性是生命的一个重要内容，我们每个人都是性塑造的生命，伴随着性的发育成熟而长大。性与爱情是紧密联系在一起的两个部分，当大学生恋爱走向成熟时，性就成为要面对的话题。

1.性爱是亲密关系的黏合剂

在性关系中，两个人身心交融，合二为一。这不仅是一种接纳和承诺，也是对对方的信任和托付。它融合了两个人的身体、情感和对未来的期许等各种生理、心理和社会因素，是美满爱情的黏合剂，促进两个人亲密关系的进一步发展，甚至走进婚姻、生儿育女、繁衍后代。

当然，爱情和性的关系并不能一概而论，人们对爱情所带来的心理体验中是否包含性的成分尚有不同看法。有的观点认为爱情不包括性的成分，或认为性不是爱情的必要特征，爱情可以独立于性而存在。有的观点则认为，爱情包括性的成分，正是这种成分使得浪漫的爱情（romance）区别于爱（love）的其他形式（比如父母和子女之间的爱）。

2.情感是性爱的基础

随着时代进步，人们对婚前性行为的接受度、容忍度发生了很大变化。未婚的伴侣在彼此忠诚的爱情基础上发生性行为，更容易得到宽容和理解，因此，情感标准常常是人们判断性行为正当性的尺度，发生性行为最恰当的前提仍然是亲密关系中的依恋和情感状况。

在实际的爱情生活中，由于性观念和性行为偏好等方面的差异，人们经常会因为婚前性行为、意外怀孕、出轨、同性恋等性心理困惑和性问题而产生矛盾。如果两个人不能沟通达成一致，正视双方的差异，而是选择对抗、回避或逃离，就有可能给双方的情感造成伤害，进而影响彼此的爱情质量。

因此，性的吸引是爱情的基础之一，但不是全部。我们既要重视爱情中的性问题，也要看到爱情中更丰富的心理和社会成分，通过提升情爱和性爱的质量，培育幸福美满的亲密关系和爱情生活。

3. 性安全意识与恋爱中的自我保护

大学生处在性心理尚未完全成熟的阶段，性安全意识的提高对于大学生来说非常重要。

（1）预防性传播疾病

性传播疾病是指通过性行为传播的疾病，如艾滋病、梅毒、淋病等。大部分性传播疾病之所以能够通过性行为传播，是因为病毒或者微生物存在于患者的体液中，如精液、阴道分泌物、口腔分泌物等。正常人类都有皮肤屏障，如果皮肤是完整的，病毒等微生物很难通过皮肤接触传播。但口腔、直肠、阴道和阴茎等部位有黏膜。黏膜比较脆弱，并且血供非常丰富，激烈的性行为容易形成小的破裂伤口，微生物通过黏膜伤口进入人体内后，很容易通过血流进入全身的各个组织。

如何预防性传播疾病？首先要洁身自好，高危性行为很容易导致疾病传播。其次，如果一方有性疾病，一定要及时积极治疗，另一方也要去检查身体，防患于未然。平时还需要多注意性卫生，不要与他人共用毛巾、内裤、剃须刀等物品。

（2）预防和应对性骚扰

性骚扰指以带性暗示的言语或动作骚扰对方，强迫对方配合，使对方感到不悦的行为。任何性别的人都有可能是性骚扰的受害者。

性骚扰行为存在一些特点，主要包括以下几个方面。第一，性骚扰行为的实施者可能是任何人，实施地点可能是任何地点，实施者和受害人可能是任意性别。第二，性骚扰行为并不以有肢体的接触为必要，有时候言语上的黄色笑话、嘲弄甚至询问隐私，以及其他带有性意味的动作，都可能构成性骚扰。第三，性骚扰行为的实施者可能对自己行为的侵犯性质不以为意，并不认为自己轻浮的行为和言语对对方构成了骚扰，会把它定义为开玩笑或者调侃；被骚扰的受害人可能也没有意识到自己受到了侵犯。

如何积极防范性骚扰呢？预防性骚扰需要结合具体情景，但有一些共同点是值得大学生们学习的。

一是提高警惕防范意识。在不确定的情况下，避免与异性单独相处。例如，在工作上单独出差，交友上单独出游；避免向异性倾诉自己的各种个人情绪；避免在公众场合过度专注于自己之外的东西，如戴着耳机听音乐，或者沉迷手机游戏；避免过晚或单独赴约，尽量在白天或者请人陪同；避免对性骚扰的实施者作任何回应，如答应试探性的邀约，回复不断发送的求爱信息，等等。

二是勇敢面对，坚定态度。在面对性骚扰时，要保持冷静，不要过于慌张而失去处置能力。遇到性骚扰时一定坚决表明自己的立场，不要抱着轻视或置之不理的态度，忍耐和逃避肯定解决不了问题。一直沉默不语，只会让骚扰者更加猖狂，甚至肆无忌惮地对你进行骚扰。因此对待性骚扰，要勇敢面对，不要保持缄默，要态度明确，行动果敢。

三是主动寻求帮助，正确保护自己。面对性骚扰时，自己不知道该如何处理，可以向师长、家人、朋友求助，或者向专业的人士咨询。如果对方已经严重影响了自己的正常生活和工作，你要将时间、地点、场合、对方的行为和谈话的内容作为证据记录下来，向警察或相关执法机关寻求帮助，通过法律手段进行维权。

（3）恋爱中的自我保护

真爱需要等待。对大学生而言，性行为发生在婚前，容易产生内疚、紧张、恐惧等感受。同时避孕知识缺乏容易导致意外怀孕，对自己造成身心的损害。

了解基本的避孕方法。避孕是男女双方共同的责任。避孕套、短效避孕药是目前相对安全的避孕方式。安全期、体外射精和紧急避孕药都是存在较大风险的避孕方法。

◆ 正确使用避孕套，这是目前比较主流、安全且性价比高的一种避孕方式，能够直接阻止精子进入，不仅避孕效果好，更重要的是可以有效防止性传染病传播，干净卫生。

◆ 通过推算自己的安全期，就是计算月经前后的日子来避孕，因为经期前后不产生卵子，但是这个方法并不是万无一失的，不建议采用。

◆ 使用紧急避孕药来应急，主要用于无防护性行为后的 72 小时内紧急避孕，副作用较大，不能作为常规避孕手段。

二、理论应用

◎«« 案例解析

【案例 1】小 A 和小 B 刚恋爱那会儿，天天黏在一起，有说不完的共同话题。然而这样的日子只持续了 2 个多月。现在，他们除了不得不说的话，懒得多说一句话，待在一起的时间也少了。小 A（小 B）很疑惑："是不是我们之间的爱情消逝了？"

教师点评：我相信很多同学都会有小 A（小 B）这样的想法。不过，这样的想法并不一定是现实情况。孔子云：入芝兰之室，久而不闻其香。爱情也是如此，当最初的激情被日复一日的琐碎打磨着，爱就失去了新鲜度，就会变得平淡而乏味。于是，我们开始埋怨、开始怀疑、开始犹豫，要不要将这份爱情进行到底呢？然而，一段成熟称得上真爱的恋情必须经过四个阶段，那就是：共存、反依赖、独立和共生。共存阶段指热恋时期，不论何时何地总希望能腻在一起。反依赖阶段则指当天天粘在一起的激情已经过去，两个人的情感慢慢稳定了，一方想要有多一点自己的时间做自己想做的事时，另一方就会感到被冷落。处于这个阶段的恋人需要冷静处理两个人的关系，千万不可因一时冲动做出一些错误的决定而断送自己的爱情。独立阶段是反依赖阶段的延续，要求更多独立自主的时间，因为每个人除了有亲密陪伴的需要，也会有独立自处的需要。共生阶段则指两个人新的相处之道成形，已经成为最亲密的人。两人在一起相互扶持、一起开创属于两个人的人生。两人在一起不会互相牵绊，而会互相成长。不要认为亲密无间、如胶似漆就是爱情的最佳境界。其实，这样更容易使爱情产生疲倦和反感，因为两个人距离太近，彼此就看得太清，矛盾也就越多，那些曾经让人感动的瞬间也会黯然失色。所谓距离产生美，我们要有意地保持一定的距离，甚至有意地创造短暂的分离，这样可以让彼此意识到对方的重要，增强彼此的依恋感。适当地保持距离，一方面可以给双方自由的空间，做一些自己想做的事，一方面也可以让对方更加重视你，牵挂你，才会相看两不厌。爱情会在恰到好处的距离中得到升华和巩固。

【案例 2】小 A 和小 B 是一对感情处于稳定期的恋人。但是，在稳定期当中，总有那么一些小小的烦恼存在。比如说，小 A 的羽毛球拍的线松了，她想让小 B 帮她把羽毛球拍的线重新拉一下，但是，小 B 总是会忘掉。小 A 很疑惑："是不是小 B 对我的感情淡了，所以对我的要求不予理会？"反观自己，总是会适时地帮小 B 准备好他需要的东西，帮他整理床铺，帮他买饭。但是，小 B 似乎对小 A 也不满意，总认为小 A 不够爱她，总爱指责他、批评他。

教师点评：很多人成长的家庭管教严厉，无论多么努力，父母的夸奖都很吝啬。这样的孩子成年后，会有比较严重的自信危机，这也发展出他（她）的主要爱语——肯定的言辞。对他们而言，被欣赏与赞美胜过其他，比如本案例中的小 B。但对于小 A 来说，她的主要爱语是服务的行动，因此，她很习惯地用她自己的爱语来表达对对方的爱，同时也希望对方能多付出一些行动来爱她。看得出来，小 A 和小 B 之间没有实质性的冲突，他们的困惑主要是由双方互相不了解对方的主要爱的语言造成的。如果小 A 能在日常生活中多肯定对方，适时地赞美对方，而小 B 能在小 A 有需要的时候多为她做一些事情，双方的幸福感就会得到提升。

常见问题

Q1：最近我们的分歧越来越多，火药味也越来越重。为了避免我们之间的冲突加剧，我只好保持沉默。这样一来，我们倒是不吵架了，但是，我感觉我们之间的感情也日渐疏远了。我们应该怎么办呢？

A：沟通是维系感情最重要的纽带。要知道无论我们的爱情有多深，总会有意见分歧的时候。此时，我们如果保持沉默压抑不满，久而久之，就会积压太多的矛盾和隔阂，使彼此感情疏远。必须及时进行沟通，甚至可以吵一架。当然，吵架时要注意"争"而"有限度"，"吵"而"不记仇"，不要恶语中伤、人身攻击，更不要常常把分手挂在嘴边。最重要的是当我们把自己的不满发泄出来以后，要敞开心扉，换位思考，细细品味对方的话，解开心结，才能冰释前嫌。

Q2：他怎么有那么多毛病啊？我怎么早没发现呢？

A：在最初的热恋中，我们往往被爱情蒙蔽了双眼，只能看到对方的优点，而弱化甚至无视其缺点。然而相处久了，对方的缺点和不足就会一一显现出来。其实谁也没有改变，我们曾经爱上的那些优点一直都在，是那颗已经厌倦的心才让原先的优点变得模糊，缺点变得清晰。如果我们不能调整好自己的心态，始终抓住对方的缺点不放，我们就会把自己弄得很累、很烦，久而久之，不成怨妇也会成为逃兵。因此，我们要培养良好的心态，要懂得宽容和接纳，放大优点、宽容缺点，我们就会发现对方并不是想象的那么糟糕，爱情也不是我们想象的那么令人失望。"人无完人，金无足赤。"世间本没有完美的人，我们每个人都是一身的毛病，不完美的两个人走在了一起又怎么可能完美？完美的爱情只存在于不现实的幻想中，如果我们一定要去追求完美，到头来我们什么也得不到，幸福只会离我们越来越远。

三、实操训练

 **课前准备**

1. 心理测试

爱的五种语言测试题（女版）

下面这些题有些陈述可能是你的爱人无法做到的，但假如他能够做得到的话，在每一对陈述句中，你会选择哪一个？（在你心情放松的情况下做这个测试，尽量不要急着把它快快做完，可以用至少 15 ~ 30 分钟时间来完成这个测试）

（1）爱人写的爱的短笺让我感觉很好。

　　我喜欢爱人给我的拥抱。

（2）我喜欢和爱人单独待在一起。

　　当爱人帮我洗车时，我感觉到他的爱。

（3）从爱人那里收到特别的礼物会让我很开心。

　　我喜欢与爱人一道做长途旅行。

（4）当爱人帮我洗衣服时，我感觉他爱我。

　　我喜欢爱人抚摸我。

（5）当爱人搂着我时，我感受到他的爱。

　　我知道爱人爱我，因为他送礼物给我，让我惊喜。

（6）我不管去哪里，都愿意和爱人一起去。

　　我喜欢牵着爱人的手。

（7）我很珍惜爱人送给我的礼物。

　　我喜欢听爱人对我说，他爱我。

（8）我喜欢爱人坐在我旁边。

　　我喜欢听爱人告诉我说，我很漂亮。

（9）能和爱人在一起，会令我很兴奋。

　　爱人送给我的即使是最小的礼物，对我来说都很重要。

（10）当爱人告诉我他以我为骄傲的时候，我感觉到他爱我。

　　　当爱人在饭后帮着收拾餐桌时，我知道他爱我。

（11）不管做什么，我都喜欢和爱人一起做这些事。

　　　爱人给我的支持意见让我感觉很好。

（12）和爱人对我说的话相比，他为我做的那些小事情对我来说更重要。

　　　我喜欢拥抱爱人。

（13）爱人的赞扬对我来说意义重大。

　　爱人送一些我很喜欢的礼物给我，对我来说很重要。

（14）只要在爱人身边，就会让我感觉很好。

　　我喜欢爱人帮我推拿。

（15）爱人对我的成就做出的反应让我很受鼓舞。

　　爱人若能帮助我做一些他很讨厌做的事情，对我来说意义重大。

（16）我从来没有厌倦过爱人的亲吻。

　　我喜欢爱人对我所做的事情表示出真正的爱好。

（17）我可以指着爱人帮助我完成一些任务。

　　当我打开爱人送给我的礼物时，我仍然会感到很兴奋。

（18）我喜欢爱人称赞我的外表。

　　我喜欢爱人倾听并尊重我的想法。

（19）当爱人在我旁边时，我忍不住要触摸他。

　　当爱人有时为我跑腿时，我很感谢他。

（20）爱人应该为他为了帮助我所做的一切得到奖赏。

　　有时我会为爱人送给我的礼物是如此用心而感到惊奇。

（21）我喜欢爱人给我他全部的注意力。

　　我喜欢爱人帮着在家里做清洁。

（22）我期待着看到爱人送给我什么生日礼物。

　　我从来没有厌倦过听爱人告诉我，我对他有多么重要。

（23）爱人通过送礼物给我，让我知道他爱我。

　　爱人不需要我出声就主动帮助我，表达了他对我的爱。

（24）在我说话时，爱人不会打断我，我喜欢这一点。

　　我从来没有厌倦过收到爱人送给我的礼物。

（25）在我累了的时候，爱人善于问我他能帮着做些什么。

　　我们去哪里并不重要，重要的是我只喜欢和爱人一起去这些地方。

（26）我喜欢拥抱爱人。

　　我喜欢从爱人那里收到礼物，得到惊喜。

（27）爱人鼓励的话语给了我信心。

　　我喜欢与爱人一起看电影。

（28）我不敢奢求还有哪些礼物比爱人送给我的礼物更好。

　　我简直无法把自己的手从爱人身上收回来。

（29）对我来说很重要的是，当爱人尽管有其他事情要做，他却来帮助我。

　　当爱人告诉我他很欣赏我的时候，让我感觉非常好。

（30）在我和爱人分开一段时间后，我喜欢拥抱和亲吻他。

　　我喜欢听到爱人告诉我，他想念我。

评分和解释

题号	选项	对应字母	题号	选项	对应字母
（1）	选项1	A	（16）	选项1	E
	选项2	E		选项2	B
（2）	选项1	B	（17）	选项1	D
	选项2	D		选项2	C
（3）	选项1	C	（18）	选项1	A
	选项2	B		选项2	B
（4）	选项1	D	（19）	选项1	E
	选项2	E		选项2	D
（5）	选项1	E	（20）	选项1	D
	选项2	C		选项2	C
（6）	选项1	B	（21）	选项1	B
	选项2	E		选项2	D
（7）	选项1	C	（22）	选项1	C
	选项2	A		选项2	A
（8）	选项1	E	（23）	选项1	C
	选项2	A		选项2	B
（9）	选项1	B	（24）	选项1	B
	选项2	C		选项2	C
（10）	选项1	A	（25）	选项1	D
	选项2	D		选项2	B
（11）	选项1	A	（26）	选项1	E
	选项2	B		选项2	C
（12）	选项1	D	（27）	选项1	A
	选项2	E		选项2	B
（13）	选项1	A	（28）	选项1	C
	选项2	C		选项2	E
（14）	选项1	B	（29）	选项1	D
	选项2	E		选项2	A
（15）	选项1	A	（30）	选项1	E
	选项2	D		选项2	A

统计你的选择数：

A：_____　　　　B：_____　　　　C：_____

D：_____　　　　E：_____

A= 肯定的言辞　　　　B= 精心的时刻　　　　C= 接受礼物

D= 服务的行动　　　　E= 身体的接触

爱的五种语言测试题（男版）

下面这些题有些陈述可能是你的爱人无法做到的，但假如她能够做得到的话，在每一对陈述句中，你会选择哪一个？（在你心情放松的情况下做这个测试，尽量不要急着把它快快做完，可以用至少 15 ～ 30 分钟时间来完成这个测试）

（1）爱人写的爱的短笺让我感觉很好。

　　　　我喜欢爱人给我的拥抱。

（2）我喜欢和爱人单独待在一起。

　　　　当爱人帮助我做我的工作时，我感觉到她的爱。

（3）从爱人那里收到特别的礼物会让我很开心。

　　　　我喜欢与爱人一道做长途旅行。

（4）当爱人帮我洗衣服时，我感觉她爱我。

　　　　我喜欢爱人抚摸我。

（5）当爱人搂着我时，我感受到她的爱。

　　　　我知道爱人爱我，因为她送礼物给我，让我惊喜。

（6）我不管去哪里，都愿意和爱人一起去。

　　　　我喜欢牵着爱人的手。

（7）我很珍惜爱人送给我的礼物。

　　　　我喜欢听爱人对我说，她爱我。

（8）我喜欢爱人坐在我旁边。

　　　　我喜欢听爱人告诉我说，我很帅。

（9）能和爱人待在一起，会令我很兴奋。

　　　　爱人送给我的即使是最小的礼物，对我来说都很重要。

（10）当爱人告诉我她以我为骄傲的时候，我感觉到她爱我。

　　　　当爱人喂我饭吃时，我知道她爱我。

（11）不管做什么，我都喜欢和爱人一起做这些事。

　　　　爱人给我的支持意见让我感觉很好。

（12）和爱人对我说的话相比，她为我做的那些小事情对我来说更重要。

　　　　我喜欢拥抱爱人。

（13）爱人的赞扬对我来说意义重大。

　　　　爱人送一些我很喜欢的礼物给我，对我来说很重要。

（14）只要在爱人身边，就会让我感觉很好。

　　　　我喜欢爱人揉我的背部。

（15）爱人对我的成就做出的反应让我很受鼓舞。

　　　　爱人若能帮助我做一些她很讨厌做的事情，对我来说意义重大。

（16）我从来没有厌倦过爱人的亲吻。

　　　　我喜欢爱人对我所做的事情表示出真正的爱好。

（17）我可以指着爱人帮助我完成一些任务。

　　当我打开爱人送给我的礼物时，我仍然会感到很兴奋。

（18）我喜欢爱人称赞我的外表。

　　我喜欢爱人聆听我的想法，而且不会急着作出判定或批评。

（19）当爱人在我旁边时，我忍不住要触摸他。

　　当爱人有时为我跑腿时，我很感谢他。

（20）爱人应该为她为了帮助我所做的一切得到奖赏。

　　有时我会为爱人送给我的礼物是如此用心而感到惊奇。

（21）我喜欢爱人给我她全部的注意力。

　　保持家里的清洁是一项很重要的服务行动。

（22）我期待着看到爱人送给我什么生日礼物。

　　我从来没有厌倦过听爱人告诉我，我对她有多么重要。

（23）爱人通过送礼物给我，让我知道她爱我。

　　爱人通过在家里帮助我赶工完成任务，表达了她对我的爱。

（24）在我说话时，我的爱人不会打断我，我喜欢这一点。

　　我从来没有厌倦过收到爱人送给我的礼物。

（25）在我累了的时候，爱人能够看得出来，而且她善于问我她能帮着做些什么。

　　我们去哪里并不重要，重要的是我只喜欢和爱人一起去这些地方。

（26）我喜欢和爱人做爱。

　　我喜欢从爱人那里收到礼物，得到惊喜。

（27）爱人鼓励的话语给了我信心。

　　我喜欢与爱人一起看电影。

（28）我不敢奢求还有哪些礼物比爱人送给我的礼物更好。

　　我简直无法把自己的手从爱人身上收回来。

（29）对我来说很重要的是，当爱人尽管有其他事情要做，她却来帮助我。

　　当爱人告诉我她很欣赏我的时候，让我感觉非常好。

（30）在我和爱人分开一段时间后，我喜欢拥抱和亲吻她。

　　我喜欢听到爱人告诉我，她相信我。

评分和解释

题号	选项	对应字母	题号	选项	对应字母
（1）	选项1	A	（4）	选项1	D
	选项2	E		选项2	E
（2）	选项1	B	（5）	选项1	E
	选项2	D		选项2	C
（3）	选项1	C	（6）	选项1	B
	选项2	B		选项2	E

续表

题号	选项	对应字母	题号	选项	对应字母
（7）	选项1	C	（19）	选项1	E
	选项2	A		选项2	D
（8）	选项1	E	（20）	选项1	D
	选项2	A		选项2	C
（9）	选项1	B	（21）	选项1	B
	选项2	C		选项2	D
（10）	选项1	A	（22）	选项1	C
	选项2	D		选项2	A
（11）	选项1	B	（23）	选项1	C
	选项2	A		选项2	D
（12）	选项1	D	（24）	选项1	B
	选项2	E		选项2	C
（13）	选项1	A	（25）	选项1	D
	选项2	C		选项2	B
（14）	选项1	B	（26）	选项1	E
	选项2	E		选项2	C
（15）	选项1	A	（27）	选项1	A
	选项2	D		选项2	B
（16）	选项1	E	（28）	选项1	C
	选项2	B		选项2	E
（17）	选项1	D	（29）	选项1	D
	选项2	C		选项2	A
（18）	选项1	A	（30）	选项1	E
	选项2	B		选项2	A

统计你的选择数：

A：_____　　　　　B：_____　　　　　C：_____

D：_____　　　　　E：_____

A= 肯定的言辞　　　　B= 精心的时刻　　　　C= 接受礼物

D= 服务的行动　　　　E= 身体的接触

　　选择得分最高的那一项，就是你主要的爱的语言。假如你在某两种语言上的得分是相等的，就意味着你是"双语的"，有两种主要的爱的语言。假如你得分第二高的那种语言，在分数上与主要的爱的语言相近，但并不相等，这说明对你来说都很重要。每一种爱的语言最高分是 12 分。

　　可能在这五种爱的语言当中，你在某些语言上的得分比其他语言高，但不要把其他语言当成是无关紧要的。可能你的爱人会以这些方式表达爱，这也可以帮助你了解他（她）的这一点。同样，对你的爱人来说，知道你的爱语是什么，并以你解读为爱的方式表达他（她）对你的爱，是有益处的。每一次你或你的爱人讲对方的语言时，你们可以给对方打感情分。当然，这并不是一个用记分卡玩的游戏！说对方爱语的回报，是那种更强的联结感，也就是更好的沟通、更多的理解，以及更加终极的浪漫。假如你的爱人还没有这样做，鼓励他（她）做一下给爱人用的"爱的五种语言测试题"。讨论你们各自的爱的语言，并使用这些启发，来改善你们的爱情。

2. 通过扫描二维码自学完成微课"爱的五种语言"之后，你的困惑或疑问是什么？

微课：爱的
五种语言

问题 1：
_____

问题 2：
_____

问题 3：
_____

课堂互动

1. 你说·我说

说一说身边亲人的爱的语言，看看其中是否有因为懂得对方的爱的语言而带来的好的相处模式，或因为不懂爱的语言而造成的冲突或摩擦。
_____
_____
_____

2. 案例大讨论

小 A 和小 B 从大一开始就成了恋人，感情非常甜蜜。两人经常一起去食堂吃饭，一起在校园轧马路，一起听课。进入大二后，小 A 成了学生会某部门的主要负责人，学业和学生会工作占据了小 A 大部分的时间。渐渐地，小 B 发现小 A 离自己越来越远了，两人相处时间也越来越少，因此对小 A 多有抱怨。小 A 也觉得很委屈。小 A 觉得自己一直很努力，并取得了一些成绩。小 A 希望能与小 B 分享他的成功，结果，每次却只能听到小 B 的抱怨。

小 A 和小 B 之间的问题在哪里？请你根据所学知识给他们一些建议。
_____
_____
_____
_____

📝 **课后实践**

接下来一周，请同学们根据所学理论，采取一些措施填满自己和朋友、家人或恋人之间的爱箱。

对象	措施

📝 **我的感悟**

四、延伸阅读

📋 **课外链接**

1. 健全关系屋理论（Sound Relationship House Theory，SRH 理论）

约翰·戈特曼（John Gottman）博士是美国著名的心理学家，40 多年来一直致力于研究亲密关系，结合多年的实证研究，他提出了健全关系屋理论来诠释幸福的亲密关系的具体模式。SRH 理论认为幸福的亲密关系具有相似的模式，像房屋一样，是由两面承重墙和七个层次组成的。两面承重墙分别是信任和承诺，七个层次自下而上分别是建立爱情地图（了解彼此的世界）、分享喜爱和赞美、彼此靠近而非疏远、积极的视角、管理冲突、实现人生梦想和创造共同意义。SRH 理论的七个层次，又可以分为一个过渡地带和三个系统，过渡地带是积极的视角，三个系统包括友谊系统、冲突系统和意义系统。

（1）友谊系统：袒露自我，主动靠近，了解并欣赏彼此

亲密关系中的双方重视彼此的情感世界，去了解伴侣的喜恶、志向、憧憬与梦想，能创造双方的联结并带来被理解的感觉，能够发现并表达他们对彼此的欣赏，从而增加双方间的亲昵与尊重。当伴侣能够注意到并表达出对方令人敬佩和珍视的特质时，会营造出被关心和被珍视的感觉。蔑视是尊重的对立面，当伴侣感到受到攻击或批评时，他们很难感到被爱。

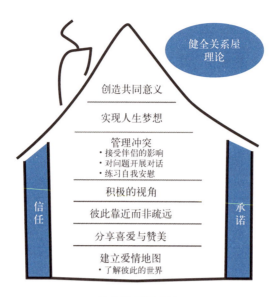

健全关系屋理论

（2）过渡地带：积极的情感回应

戈特曼博士提出了"情感账户"的概念，他认为亲密关系中双方的情感就像一个"情感账户"，积极回应对方就能往这个"情感账户"中存钱，如果消极回应则是从这个账户中取钱，良好的亲密关系的关键是确保情感存款大于取款。当情感账户之中充满爱的时候，伴侣们将处于积极的视角，伴侣能够更从容面对事情，而不是把事情归咎于个人。面对事情的过程中会有更多幽默和爱意，更少激烈的争吵和推卸。

（3）冲突系统：强调管理冲突，而不是解决冲突

冲突的存在并不是完全消极的，如果能建设性地处理，是加深理解和亲密感的潜在来源。研究表明，69% 的情侣问题源于个人性格差异、生活方式偏好不同以及需求差异等长期存在的问题，只有 31% 的情侣问题属于可解决范畴。当情侣们以 5∶1 的正负互动比例来管理冲突时，他们彼此温柔相待，避免指责，乐于接受对方的影响，保持冷静，主动修复并缓和关系，并且能够提出妥协方案。

（4）意义系统：实现双方梦想，创造共同意义

在意义系统中，亲密关系中的双方分享梦想、抱负、人生观、世界观和价值观等，开展更深层次的交流，共同定义具有意义的角色、目标和价值观。双方共同构建生活，创造正式和非正式的仪式，以促进融合与联系。通过这些仪式，他们共同塑造生活的节奏和故事，加深彼此的理解和联结，让两人的生活不仅仅是各自梦想的集合，而且是一个共同的、充满意义的旅程。

2. 爱情，并非源于性冲动

大脑能清楚地区分性与爱的不同。新泽西州立罗格斯大学人类学家海伦·费希尔（Helen Fisher）博士和阿尔伯特·爱因斯坦医学院的露西·布朗（Lucy Brown）博士领导的一个科研小组首次通过对脑部进行核磁共振发现，爱情不像一般人所认为的那样是由性冲动萌发的。实际上，爱情与性由不同的大脑系统控制。爱情往往比性冲动来得更加强烈，为爱痴

狂的行为源于生理刺激，就和吃饭、睡觉一样平常。

在实验中，费希尔博士要求 17 个正处于热恋中的年轻人注视恋人的照片，随后让他们看其他熟人的照片。费希尔记录下了他们每个人脑部的活动情况，并将其逐一进行比较。同时，脑部成像仪器记录下了受测者头部血压的高低变化，这可以反映神经系统的活动情况。结果发现，当这些年轻人看到恋人的照片时，他们的大脑中产生爱情的区域与产生性冲动的区域分布在大脑两侧，只是部分重叠。这说明性与爱是由不同的大脑系统控制的。事实上，不仅爱与性不一样，就算同样是性，为了繁衍的性与为了获得快感的性也不一样。费希尔发现，人类进化出了三个独特但密切相关的大脑操作系统，它们分别控制人类的结婚生子、性冲动的产生和浪漫爱情的产生。她据此认为，"爱"可能由三种不同的欲望组成：性欲、爱情、依恋。实验证明，为了爱的性是最热烈幸福的，为了繁衍的性次之，最差的是为了欲望的性。

📚 推荐资源

1. 书籍：盖瑞·查普曼 《爱的五种语言》

每个人都有爱与被爱的需要，都有一个情绪的爱箱，但不同的人却使用不同的语言来表达和接收爱，以致这个爱箱常常不能被填满。查普曼博士发现人们基本上有五种爱的语言：肯定的言辞、精心的时刻、接受礼物、服务的行动、身体的接触。

两性间许多误解、隔阂和争吵都是由于不了解或忽略对方的主要爱的语言造成的。当双方主动选择使用对方的主要爱的语言时，就能很好地发展彼此的亲密关系，并积极地处理冲突和失败。本书将带领我们跨越两性沟通的迷思与阻隔，填满自己和伴侣的爱箱。如果爱情是一则神话，那么这本书可以使美梦成真；如果爱情是一颗蜜糖，那么这本书将教我们如何防潮防腐，让爱情进入婚姻，永不褪色，永葆如新。

2. 书籍：艾·弗洛姆 《爱的艺术》

这是一本深入探讨爱的意义与爱的理论实践的书。爱不是一种只需投入身心就可获得的感情，如果不努力发展自己的全部人格并以此达到一种创造倾向性，那么每种爱的试图都会失败；如果没有爱他人的能力，如果不能真正勇敢地、真诚地、有纪律地爱他人，那么人们在自己的爱情生活中也永远得不到满足。

爱是一门艺术，要求想要掌握这门艺术的人有这方面的知识并付出努力。在这里，爱不仅仅是狭隘的男女爱情，也并非通过磨炼增进技巧即可获得。爱是人格整体的展现，要发展爱的能力，就需要努力发展自己的人格，并朝着有益的目标迈进。

3. 书籍：王小波《爱你就像爱生命》

"爱你就像爱生命"，不仅仅是对爱情的赞美，更是对生命意义的探索。王小波对爱情有着极致追求，认为爱情是生命中最重要的一部分，是支撑生命的力量。这种对爱情的执着和热爱，让人感受到爱情的伟大和美好。在书中，王小波用文字展现了对生活的独特见解和对人性的深刻洞察，字里行间中充满了对生活的热爱和对人性的关怀，让人在阅读的过程中不仅能够感受到爱情的甜蜜，还能思考生活的意义和人生的价值。

第 **4** 单元

驾驭情绪，笑对人生

——探索情绪

第1堂

走近情绪：情绪的内涵与功能

　　小王最近经常头疼，而且很不快乐，甚至于学习都不能像以前那么专注了，于是到心理健康教育中心求助。原来，小王入大学后交了一个女朋友，两人感情很好，每天几乎形影不离。近来小王时常看到女朋友和自己的好朋友有说有笑，小王心里很不是滋味，有时甚至很生气。但同时，小王又觉得作为男人不应该这么小气，不应该为这么点小事生气，甚至为自己的生气而自责，于是更加努力地克制自己的情绪，本以为慢慢就好了，结果发现自己越来越不快乐，甚至有时会莫名其妙头疼。经过一段时间咨询后，小王理解了正是自己对负面情绪的排斥和压抑，才导致了更大的痛苦，他逐步学会了识别和接纳自己的"生气"，并尝试表达出来。

　　不知道现实生活中，你是否也曾像小王一样被所谓的"坏情绪"困扰，害怕自己产生"坏情绪"，甚至希望自己可以体验不到"坏情绪"，比如生气、焦虑、悲伤、难过，等等。实际上当我们隔离或压抑这些所谓的"坏情绪"时，反而可能产生更大的心理问题。因此，认识情绪是管理情绪的前提和基础，至关重要。这堂课，将带领你：

- 掌握情绪的内涵，理解情绪发生发展的机制；
- 熟悉情绪的功能与意义；
- 了解传统中医学理论中的"情志致病"理念；
- 探讨情绪对大学生身心健康的影响，增强情绪管理意识；
- 体验和分享情绪管理的常用方法。

一、理论介绍

基本知识

（一）情绪的内涵

　　众所周知，婴儿一出生就拥有喜、怒、哀、惧等基本情绪，随着成长逐渐发展出内疚、羞愧、自豪等更为复杂的情绪，那么情绪究竟是怎么发生的？当前心理学界比较常见的一种观点认为，情绪是人对客观事物是否符合自身需要而产生的态度体验。情绪反映的是一种主客体的关系，是作为主体的人的需要和客观事物之间的关系，情绪过程是与认知过程、意志行为过程并列的三大心理过程之一，是心理现象的重要组成部分。

具体来讲，情绪是以人的愿望和需要为中介的一种心理活动，当客观事物或情境符合主体的需要和意愿时，就能引起积极的、肯定的情绪体验，即正性情绪；当客观事物或情境不符合主体的需要和意愿时，就会产生消极、否定的情绪体验，即负性情绪。比如你很希望自己在大一的时候能一次性通过英语四级考试（你的愿望和需要），通过努力你真的在大一就顺利通过了英语四级考试（客观事物符合你的需要），于是你就会产生满意、愉快等正性的内心体验；反之，你差了几分没有通过英语四级考试（客观事物不符合你的需要），你就会产生不满、难过甚至愤怒等负性的内心体验。

在了解情绪产生的内在心理机制基础上，我们再来看看情绪的构成。美国心理学家伊扎德认为，情绪是由生理唤醒、主观体验和外部表现三个要素所构成的。

要素 1：生理唤醒。情绪的生理唤醒是指伴随情绪与情感发生时的生理反应，任何情绪都伴随着一系列独特的生理变化，这种变化与中枢神经系统的脑干、丘脑、杏仁核、下丘脑、前额皮层以及外周神经系统和内外分泌腺等密切相关，不受人意识的控制。相信对自己的身体变化足够敏感的人都会觉察，当紧张焦虑的时候，你会呼吸急促、心跳加快、手心出汗；当生气愤怒的时候，你会血压上升、皮肤温度变高；当恐惧害怕的时候，你可能会浑身发冷、颤抖。日常生活中，我们说的“怒发冲冠”“着急得像热锅上的蚂蚁”等都是对情绪的生理唤醒的形象描述。

要素 2：主观体验。主观体验是指人在主观上感受或意识到的情绪状况，是个人对不同情绪和情感状态的自我感受，每一种情绪都有不同的主观体验，也构成了每个人情绪和情感的心理内容。当一个人处于某种情绪状态时，当事人都能体验到，而且每个人体验到的情绪内容、性质、强度等都是主观的，而非客观的。比如，同样是开心，有欢快、欢喜、喜悦、欣喜、喜极而泣、喜不自胜等极细微的差异，可能即使再丰富的语言，都无法完整准确地形容所有的情绪主观体验。

要素 3：外部表现。情绪经常通过外部表现反映出来，这些外部表现包括面部表情、肢体语言和言语表情。比如伤心时嘴角下撇，欢快时嘴角上扬，惊愕时眼睛会睁大等。演艺精湛的演员，往往能够通过非常细微的表情变化来传达人物内心的主观体验。肢体语言和言语表情则是更容易被识别的情绪的外部表现形式，比如手舞足蹈、捶胸顿足、唉声叹气，等等。很多时候，比起言语内容，我们更愿意采用面部表情、肢体语言和言语表情这些外部表现来推断别人的真实情绪体验。比如你的好朋友面色暗沉、咬牙切齿地说：“我没有生气”，这时我相信你一定不会天真地以为对方真的没有生气。

通常，一个完整的情绪过程包括生理唤醒、主观体验和外部表现三个部分，这三者同时活动、同时存在、一一对应。一个假装愤怒的人，只有愤怒的外在表现，却没有真正的内在主观体验和相应的生理唤醒，就不构成真正的情绪过程。

（二）情绪的功能

情绪作为一个重要的心理现象，不管是对人类还是对个体的发展，都有着非常重要的作用，具体来讲包括以下几大功能。

1. 适应功能

从个体发展角度看，婴儿出生时还不具备独立的生存能力和言语交际能力，这时主要依赖情绪来传递信息，与成人进行交流，得到成人的抚养。而对成人来说，情绪直接反映着人们生存的状况。虽然情绪带给我们的主观体验有正性和负性之分，但情绪本身是没有好坏的，负性情绪从来不是为了伤害我们而出现的，它们在用自己的存在提示、保护和唤醒着我们。比如在原始社会，外出狩猎时突然遇到一只猛兽，若缺乏恐惧感就很难快速识别危险并且迅速做出反应。达尔文在他的著作《人类和动物的表情》一书里认为，情绪是进化的结果，它具有适应性，是人脑对世界的复杂情况做出反应的特定心理状态。可以说，正是有了情绪的存在，人类才得以繁衍至今。对个体而言，如果把你的生活比作一个房间，情绪就相当于房间里的一个"报警器"，提醒你可能会存在的问题或者危险，让你及时地做出反应，问题解决，报警器自然也就不会响了。可以说，人们正是通过各种情绪，了解自身或他人的处境状况，并做出相应反应以适应社会生存的需要，获得发展。

2. 动机功能

除了最为重要的适应功能以外，情绪还具有动机功能。情绪能够激发和维持个体的行为，并影响行为的效率。比如，开心和愉悦会让人更愿意接受挑战，尝试之前没有做过的事情，反之，抑郁和悲伤会让人失去生活的动力，对原来感兴趣的事物都不再感兴趣；愤怒会让原本胆小懦弱的人，产生表达自己，并和比自己更权威、更强大的人对抗的冲动；适度的焦虑也会激发我们学习的动力。这些都是情绪的动机功能在日常生活中的体现。可以说，情绪是动机的源泉之一，是动机系统的一个基本成分。

3. 组织功能

什劳费（Sroufe，1976 年，1979 年）认为情绪作为脑内的一个检测系统，对其他心理活动具有组织的作用。这种作用表现为积极情绪的协调作用和消极情绪的破坏、瓦解作用。比如，当你心情好的时候，你会发现自己的注意力、记忆力和思维能力都会变强，学习效率事半功倍，反之，学习效率则会大大下降。情绪的组织功能还体现在对人的行为的影响上，当人们处在积极、乐观的情绪状态时，其行为比较开放，愿意接纳外界的事物；而当人们处在消极的情绪状态时，容易失望、悲观，放弃自己的愿望，有时甚至产生攻击性行为。

4. 信号功能

情绪在人际间具有传递信息、沟通思想的功能，即信号功能。这种功能是通过情绪的外部表现，即表情来实现的。表情是思想的信号，在许多场合，只能通过表情来传递信息，如用微笑表示赞赏，用点头表示默认等。表情也是言语交流的重要补充，如手势、语调等能使言语信息表达得更加明确或确定。从信息交流的发生上看，表情的交流比言语交流要早得多，如在前言语阶段，婴儿与成人相互交流的唯一手段就是情绪，情绪的适应功能也正是通过信号交流作用来实现的。

值得注意的是，虽然情绪具有适应、动机、组织、信号等多种功能，对于人类的生存和发展有着重要的价值，但人类有时受到后天成长环境的影响，基于自我保护的目的，会否认、忽视甚至压抑某些情绪，使得这些情绪无法得到觉察和调节，从而影响生活。识别情绪，解读情绪传递给我们的关于内心的信号，可以增加我们对自己的了解，也可以帮助我们调节情绪。

📖 **拓展知识**

从中医学角度认识情志致病

生活中，人们对外界环境刺激会出现不同的情绪反应，中医称为"七情"，具体指喜、怒、忧、思、悲、恐、惊这七种不同的情志活动。《素问·阴阳应象大论》中说："人有五脏，化五气，以生喜怒悲忧恐，怒伤肝，喜伤心，思伤脾，忧伤肺，恐伤肾。"正常情况下，七情分属五脏，与人体的脏腑活动有密切关系，以怒、喜、思、悲（忧）、恐（惊）这五种为代表，分别属于肝、心、脾、肺、肾。清代医家黄伯雄在《医醇賸义》中指出，七情作为人的基本情志活动，"当喜而喜，当怒而怒……"，不仅不会损伤身体，而且还可以达到身心和谐的良好状态。由此可知，七情是人体对客观事物的反应，正常情况下，一般不会致病。**只有剧烈、突然或是长期持久的情志刺激，机体自身无法调节正常的生理活动，脏腑气血功能紊乱，才会导致疾病的发生。**

微课：从中医学角度认识情志致病

1. 过喜伤心

俗话说"人逢喜事精神爽"，有高兴的事可使人精神焕发。喜是心情愉快的表现，喜可使气血流通、肌肉放松，益于恢复身体疲劳。适度的喜，能畅通气血营卫，调达精神意志，促进人体的生理功能。但欢喜过度，则损伤心气，久则易形成气虚等体质，出现失眠、心悸、健忘、疲乏、气短、懒言等症状。

《范进中举》是大家都听过的古典故事。范进已50多岁但仅是个童生，家中穷苦，多年考举人总是考不中，屡考屡败。在最后一次他自己都不抱任何希望的时候，却突然接到考中举人的通知，这时候他大喜过望，结果没想到，大喜之后就疯掉了。范进就属于典型的"过喜伤心"，过喜会使心气过度迟缓，神气耗散而不能内藏，从而形成不良体质，导致疾病发生。

2. 过怒伤肝

发怒是一种宣泄，对于缓解心理压力是有益的。特别是，心中有了怒火，如果勉强压抑，不给怒气以抒发的渠道，或者敢怒而不敢言，那对于健康显然是很不利的。同时，长期的过度激怒同样会给健康带来伤害。

生活中，有的女性在生理期的时候比较容易发脾气。因为女性是以血为主，以肝为先天，当女性进入月经前期和月经期间时，"血行于下，气浮于上"，这个时候由于气血不平衡，气有余便是火。对于女性自己而言，在生理期到来的前后，一定注意调养情绪，既不过怒，亦别郁闷。因为愤怒或郁怒都易伤肝，时间长了，容易形成不良体质，导致疾病的产生。

平时就容易急躁易怒、爱发脾气的人，久则易形成血瘀、阴虚、湿热等体质，容易出现皮肤干燥、易生皱纹，女性痛经、经色紫黑有块等症状。爱生闷气、容易抑郁的人，久则易形成气郁体质，容易出现惊悸怔忡、胸胁胀满，或走窜疼痛，或咽间有异物感等症状。

3. 过忧（悲）伤肺

忧是因为某些事件不随人意，所产生的一种担心、忧郁、愁闷等情志反应。而悲则是忧的进一步发展，包含沮丧、气馁、意志消沉等情志反应。过忧（悲）易伤肺，容易出现全身乏力、气短咳嗽、畏寒怕冷、反复感冒等症状。久则容易形成气郁、气虚等体质。

我国古典名著《红楼梦》中的林黛玉，性情孤僻，多愁善感，满腹心事无处排解，整日郁郁寡欢，稍有不适，就暗自哭泣流泪。窃听了雪雁对紫鹃所说的"宝玉定了亲"的话后，心病加重。得知贾宝玉娶了薛宝钗，更是悲痛欲绝，在宝玉娶亲的鼓乐声中，终于满腔怨恨，焚稿断魂。

忧悲的心理感受可以净化人的心灵，并产生某种心理促进作用，可化悲痛为力量。然而，过度的悲伤就会造成健康的损害。所以，一方面不要回避悲伤的感受，要从悲伤中获得力量，另一方面，也应及时地走出悲痛的心境，以乐观、积极的心态去面对生活。

4. 过思伤脾

清代一部笔记体小说《谐铎》中，记载了这样一则故事：一位清新俊逸、品貌非凡的男子名叫潘琬，他有一位芳菲妖媚、月貌花容的妻子，但妒忌心很强。潘琬为人敦厚老实，所以整天守着妻子寸步不离。可惜好景不长，几年后潘琬突然患病身亡，妻子悲痛欲绝，思念丈夫，整日茶饭不思，身体日渐消瘦。

思，即思虑、思念，这是人体正常的情志表现。当思虑、思念太过时，就会影响人体的健康。上则故事则属于典型的思伤脾病。生活中，当出现亲人离开、男女失恋或者学习、工作过度用脑等情况时，长期过度思虑或所思不遂，会损伤脾，易出现不思饮食、脘腹胀满、头晕目眩等症状，久则容易形成气虚等体质。

思是一把双刃的剑，孔子说"学而不思则罔"，经常地自省和思考，及时地梳理问题和心情，可以带来诸多有益的收获，从中体验到快乐。但思虑过度，损伤脾脏，就会形成不良体质，影响健康。

5. 过恐（惊）伤肾

恐是因精神过度紧张而产生的胆怯；惊则是突遇事情变故，导致精神上的紧张，如突临危难、突然打雷等。适当的惊险体验，可以锻炼人的胆量，也有助于舒缓心理压力。但是，当外界的惊吓刺激超出了人的心理承受能力的时候，就会对健康带来伤害。

我国古典名著《三国演义》中，刘备和曹操对战，没有打过曹操，刘备就选择退兵。曹操率军追击，中间虽然出现了千里走单骑、七进七出曹营的赵云，不过曹操还是对刘备穷追不舍。为了拦住曹操的追兵，给刘备的撤退拖延时间，张飞带领数十名轻骑在当阳桥上阻拦，大喊："谁敢过来和我决一死战。"这一怒吼，果真有气势，竟然直接吓死了曹操的一个将领夏侯杰。

生活中，有些人一旦遇上大场面，就会着急往厕所跑，这是由情志所导致的恐（惊）

伤肾，"肾气失固，气泄于下"的缘故。当一个人过度惊恐，其肾气的固摄功能就会降低，就容易出现大小便失禁，所以老年人应当注意避免惊恐。还有一种是特禀体质，易对过敏原（药物、花粉、尘螨、海鲜等）产生惊恐情绪。

总的来说，人体是一个极其复杂的有机体，有着七情六欲，正常的情志活动对身心健康是有益的。但情志失调时，会引起人体内阴阳的失衡，形成不良体质，从而诱发疾病。所以生活中，应对外界刺激，要学会"反应适度"。

二、理论应用

 常见问题 ————————————

Q1：既然情绪是一种正常的心理现象，不管是正性情绪还是负性情绪都有其存在的意义，那我们为什么还要管理情绪呢？

A：你之所以这么问，说明你对于情绪的内涵和功能已经有了较为深刻的理解，认识到了情绪发生的内在心理机制和情绪的社会适应功能，是很棒的。但如果你能进一步了解情绪的另外几个功能及其对身心健康造成的影响，就能知道强烈程度过高的或者过于持久的情绪，会破坏我们身体和心理的机能。正如乔纳森·海特在《象与骑象人》一书中描述的，我们内心的情绪、直觉等感性的部分就好比大象，它有很强大的力量和动力，当我们任由情绪的大象发展，我们不知道它会带我们到何处，又会带来怎么样的影响。而骑象人则是内心象征理性的部分，当骑象人可以理解大象、驯化大象，从而更好地与大象相处，大象才有可能带着骑象人去到更远更美的地方。

Q2：我不开心的时候喜欢睡觉，我室友不开心了就喜欢吃东西，情绪管理方法有好坏之分吗？

A：情绪管理方法的确存在相对好坏之别，一般来讲，不对自身和他人造成伤害的、有效的、性价比高的方法就是相对比较好的方法。以吃东西为例，适度的饮食可以快速调整你的情绪，那就是好方法；反之，过度饮食虽然也能部分调整你的情绪，但会对自身身体甚至心理都产生伤害，那就不是好的方法。当然，情绪管理方法的好坏也不是绝对的，因人而异，所以每个个体都需要在实践中不断摸索并找到适合自己的方法。

Q3：我今天在食堂打饭被插队时感到很生气，我想问明明对方有错在先，为什么还要调整自己的情绪？这样是否反而助长了对方的坏行为呢？

A：我理解这个问题真正想问的应该是"我们什么时候要管理自己的情绪？管理情绪的目标又是什么？"的确，自动思维并不一定都是不合理的，有人插队，你想："这个人真没素质，连排队这种常规的礼仪都不懂。"这时你可能会有一些不满甚至有一点生气，都是正常合理的，这样的话我们就完全不必要去调整自己的想法，因为这个想法是合理的，相应的情绪也是可控的。但是，如果被插队时，你感到非常愤怒甚至想大打出手，这时你就需要去管理你的情绪了，因为过于强烈的愤怒不仅会伤害自身，还会破坏人际关系。因此，是否需要调整情绪取决于你的情绪是否过于强烈、是否不合时宜，而管理情绪的目标则是要让自己的情绪变得适度、适宜、可忍受，并非要把所有的负性情绪都消除掉。此外，该情境中管理愤怒情绪不是让你忍气吞声，是让你在管理好情绪之后更好地去表达，而不是在愤怒情绪支配下冲动地破口大骂或者大打出手。总而言之，管理情绪是为了让自己情绪可控，让自己的行为更适应社会，而不是要去计较到底谁对谁错。

Q4：除了我们日常使用的方法，还有什么科学有效的情绪管理方法？

A：情绪管理方法大致可以分为认知调整和行为调整两大类，认知调整将在下一堂课详细介绍，行为调整方法包含"静下来"和"动起来"两大类，比如深呼吸、数数、冥想、听音乐等都属于"静下来"，是将注意力转移到当下从而缓解情绪的方法。这些方法不仅有利于缓解情绪，更有助于理性地解决引发情绪的问题和矛盾，要知道，在激烈情绪控制下，我们更多表达的是非理性的情绪宣泄和对抗，并不利于问题解决。而"动起来"除了指规律的运动以外，也指行动起来去做一些有意义的或让自己感到愉悦的事情。运动能促使大脑产生更多让人兴奋和快乐的物质——内啡肽，所以运动是对抗焦虑和抑郁的"良药"，同时运动可以将内心积压的负面情绪通过肢体的活动宣泄出来。

三、实操训练

1. 心理测试

焦虑指数测试

每个人都有过着急或者紧张的经历，焦虑是种极普遍的情绪体验，一般而言，大多数的焦虑是正常的，而一旦焦虑超出一定的程度，则需引起重视。但量表测量结果只是专业评估的一个参考指标，不能和疾病诊断直接对应。焦虑指数测试用于衡量最近一周个体焦虑状态的轻重程度，焦虑指数高不能直接等同于焦虑症，若你希望对自己的焦虑情绪有更准确的了解，还需要到精神科进行专业评估和诊断。

下表是人们常有的一些感受，请在最符合你实际情绪的数字上画圈，代表你在最近一周中的相关感受。

焦虑指数测试

项　目	很少	有时	经常	持续
1. 我感到比往常更加神经过敏和焦虑	1	2	3	4
2. 我无缘无故感到害怕	1	2	3	4
3. 我容易心烦意乱或感到恐慌	1	2	3	4
4. 我感到我的身体好像被分成几块，支离破碎	1	2	3	4
5. 我感到事事都很顺利，不会有倒霉的事情发生	4	3	2	1
6. 我的手足发抖	1	2	3	4
7. 我因头痛、颈痛、背痛而烦恼	1	2	3	4
8. 我感到无力且容易疲劳	1	2	3	4

项目	很少	有时	经常	持续
9. 我感到很平静，能安静坐下来	4	3	2	1
10. 我感到我的心跳较快	1	2	3	4
11. 我因阵阵眩晕而不舒服	1	2	3	4
12. 我有要昏倒的感觉	1	2	3	4
13. 我呼吸时进气和出气都不费力	4	3	2	1
14. 我的手脚感到麻木或刺痛	1	2	3	4
15. 我因胃痛和消化不良而苦恼	1	2	3	4
16. 我必须经常排尿	1	2	3	4
17. 我的手总是很温暖而干燥	4	3	2	1
18. 我觉得脸红发热	1	2	3	4
19. 我容易入睡，晚上休息很好	4	3	2	1
20. 我经常做噩梦	1	2	3	4

计分方式

① 评定采用 1 ～ 4 级计分。

② 把 20 道题的得分相加得出总分粗分。

焦虑指数 = 总分粗分 ×1.25。四舍五入取整数，即得标准分。

③ 焦虑指数范围为 25 ～ 100，指数越高，说明焦虑程度越严重。焦虑评定的分界值为 50 分，50 分以上，就可诊断为有焦虑倾向。分值越高，焦虑倾向越明显。

结果解释

① 焦虑指数为 25 ～ 49。

你的得分远低于平均水平，焦虑程度较低，请继续保持这份好心境。

② 焦虑指数为 50 ～ 59。

你的得分略高于平均水平，你有轻度的焦虑倾向，人群中约有 30% 的人与你有类似情况。请你注意调节好情绪状态，心情不好时可以多与朋友倾诉或通过运动、听音乐等方法努力调节。

③ 焦虑指数为 60 ～ 69。

你的得分高于平均水平，你容易为一些不必要的事而焦虑，这必须引起你的注意。也许最近有些事让你感到焦躁不安。是时候关注一下自己的心情了，情绪平衡是一门艺术，你需要寻找一套适合自己的放松方法，比如在家中练练瑜伽，或者晚饭后和家人、朋友到外面散散步、聊聊天，既可放松自我，亦可增进彼此间的交流，宽容看待自己和他人。

④ 焦虑指数在 70 及以上。

你的得分远高于平均水平，你可能有着严重的焦虑问题。在过去的一周里，你可能被各种压力所围绕，甚至让你觉得透不过气，经常感到烦躁不安，容易被一些小事所激惹。最近是否有事情让你觉得压力大？如果没有，并且这种情况已经持续一个月以上，请你及时寻求专业心理帮助。

2. 小组讨论

请以小组为单位，分享最近一周比较强烈的 1 ~ 2 种情绪，描述相应的主观体验、生理唤醒、行为反应，以及自己采取的情绪管理方法。

3. 通过扫描二维码自学完成微课"走近情绪：情绪的内涵与功能"之后，你的困惑或疑问是什么？

微课：走近
情绪

问题 1：

_____

问题 2：

_____

问题 3：

_____

课堂互动

分别选择若干名同学扮演"焦虑""抑郁""愤怒"等负性情绪，再请其余同学觉察自己平时哪类负性情绪出现得比较多，然后分别选择一个该类负性情绪频率出现较高又愿意上台参与情景扮演的同学，与扮演情绪的同学开展情景对话（以"焦虑"情绪为例）。

场景一　"焦虑"的主人：你走开，你不要跟着我，我讨厌你！（此时，"焦虑"紧紧拉着"主人"的衣服不放，"主人"一边说一边试图摆脱"焦虑"，但是"焦虑"却拉得更紧了）

体验结束，教师分别询问双方当事人的想法和感受。

场景二　"焦虑"的主人：我看到你了，你是我的焦虑，谢谢你的提醒，我知道自己应该怎么做了。（此时，"主人"转身面对"焦虑"并看着对方的眼睛真诚地说）

体验结束，教师再次询问双方当事人的想法和感受。

课后实践

当你看到展示灿烂笑脸的照片时，心情是否瞬间变好了呢？事实上，我们的大脑摄取一张图片只需要二十四分之一秒的时间。你知道吗？我们平时看到的电影画面实际上是由许多连续拍摄的相片以每张二十四分之一秒的速度连续播放的。因此，赶快行动起来，给自己拍一张笑得最灿烂的自拍照吧！当你抑郁的时候，当你悲伤的时候，或者当你生气的时候，你都可以把它拿出来，只要二十四分之一秒，你的情绪就会得到改善哦！不信就试试吧！

四、延伸阅读

1. 大学生常见的两种负性情绪：焦虑和愤怒

（1）焦虑

焦虑是个体主观上预料将会有某种不良后果发生而产生的不安的情绪体验，是一种交织着紧张、害怕、担忧、恐惧等情绪的复杂情绪体验。心理学上将焦虑分为两种：状态性焦虑和特质性焦虑。

状态性焦虑是客观环境对个体造成的威胁而引起的焦虑，是人在应激状态下的正常反应。比如在面临升学、考试、择业等状况的时候，人会下意识地处于比较紧张和焦虑的状态。一般来说，时过境迁，焦虑就会下降乃至消失。

特质性焦虑与个体的人格特点有着密切的关系，在相同的情境中，具有特质性焦虑的人，情绪反应的频率和强度会比普通人强烈一些。当这种焦虑的严重程度与客观事件或处境明显不符，且持续时间过长时，就变成了病理性焦虑，会严重影响个体正常的生活和学习。

每一个个体都会经历焦虑，适当的焦虑可以帮助唤醒人的警觉，使人注意力集中，激发斗志，从而取得更好的结果。但过度焦虑往往会影响工作效率，影响人的健康，需要不断地自我觉察和调整，当焦虑无法自我调整且严重影响个体正常的生活和学习时，需要及时寻求专业的帮助。

（2）愤怒

当人的愿望和目标不能达成，尤其是所遇到的挫折是不合理、不公平或是被人的恶意所造成的时候，愤怒这种情绪就产生了。也正是因为如此，愤怒让人学会去捍卫自己的领土，促使人们去改善不公。愤怒可以有不同程度的感受：不满、生气、愠怒、愤、激愤、大怒、暴怒等。

愤怒除了会让人的身体变得紧张、反应速度变快外，还很容易诱发胃溃疡、高血压、冠心病、肝病、脑出血、神经衰弱等症状，盛怒之下人还会出现昏厥，甚至是猝死。

愤怒对人身心健康的影响不容小觑。在日常的学习和生活中，适当地表达自己的不满和气愤，是非常必要的。但在生活中人们往往会忽略一些小的情绪，比如不满。当不满这种本来微弱的情绪积累到一定程度的时候，一个小小的本来只能引起"不满"情绪的事件引发的可能是一场愤怒情绪大爆发。这种爆发常常会让人出现"意识狭隘"状况，把一个理性的人变得不宽容，甚至不可理喻……大家还记得重庆公交坠江事件吗？一名女乘客因为没留意，错过了下车地点，便与司机争执互殴，最终导致车辆失控，与对向正常行驶的轿车撞击后坠江。坐过站，原本是一件多么小的事情，就因为她的不满升级，愤怒之下，15条生命被葬送。多么痛心的悲剧啊！

面对愤怒，不管是压抑还是过度的不恰当地"宣泄"，都会给个体本身或者他人甚至公共安全造成巨大的破坏，所以日常生活中学会恰当地疏导和宣泄诸如"不满"这类的小情绪，对一个人来讲是非常重要的功课。运动、找人倾诉、适当的宣泄和表达等都是很好的排解方式。

2. 交感与副交感神经系统和情绪的关系

基本知识部分，我们已经介绍了情绪的成分包含生理唤醒、主观体验和外部表现，并且了解到任何情绪都伴随着一系列独特的生理变化，且不受人的主观控制。下面，为感兴趣的同学进一步介绍诸如焦虑、恐惧等情绪的生理机制。

人体神经系统由两部分构成——中枢神经系统和外周神经系统，中枢神经系统由脑和脊髓组成，外周神经系统包含连接着感受器的传入神经和连接着效应器的传出神经，其中，传出神经又分为能受人意志支配的运动神经和不受意志支配的自主神经（植物神经）。自主神经控制着人体的内脏活动，例如呼吸、心脏搏动等，它包含功能上互相拮抗的交感神经和副交感神经。

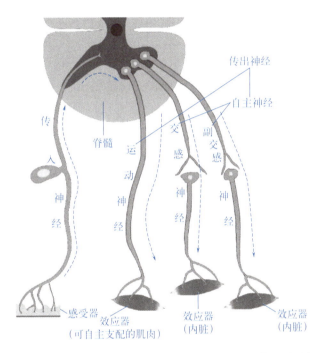

交感神经往往与短时间的情绪状态有关，主要是各种应激反应所对应的情绪状态。当我们面对巨大危险的外界事件时，大脑识别出外部信号，交感神经系统使得血糖含量上升，腺体分泌减少，支气管平滑肌、消化道平滑肌松弛，括约肌收缩，肌肉的血流量、心脏输出量增大，瞳孔扩大，**这些变化有助于个体在面临危险时快速做出反应并提供更多能量。**而在相对安全松弛的情绪状态下，副交感神经对各个组织发送信号，腺体分泌增加，支气管平滑肌、消化道平滑肌收缩，括约肌松弛，血流量减小，瞳孔缩小，**这些变化有助于恢复身体能量。**人体的器官由交感神经和副交感神经交替控制，相互制约，完成正常身体活动，以应对生活中所面对的各种事件。

📚 推荐资源 ─────────────────────────

1. 书籍：亚伯·艾里斯 《别跟情绪过不去》

本书是理情行为疗法创始人——亚伯·艾里斯的第一本心理自助指南。他以坦率、自信、乐意助人的口吻，解析何谓健康的思考、情绪和行为，帮助读者减少焦虑、沮丧、罪恶感、愤怒、落空、失望等情绪困扰。打开本书，你将知道原来"向心理学大师学情绪管理"可以这么容易。书中分四部分，第一部分"做情绪的主人"，作者想澄清一个观念，那就是我们不能强迫自己或说服自己放弃某种情绪；第二部分，作者介绍了一些转变自己情绪的方法；在第三部分与第四部分中，作者以举例的方式介绍如何运用想法来转换心情的方法及技巧。阅读本书，可以拓展你的心灵。

2. 电影：《头脑特工队》系列

《头脑特工队》系列电影讲述了小女孩莱莉的生活被情绪所掌控，尽展脑内情绪的缤纷世界的故事。

每个人的成长都绝非一帆风顺，莱莉也是这样。《头脑特工队》中，父亲因为工作原因举家搬迁到旧金山，莱莉也只得和曾经熟悉的生活说再见。和所有人一样，莱莉也被她大脑里的五种情绪小人共同支配——乐乐、怕怕、怒怒、厌厌和忧忧。这五位情绪居住在莱莉脑海里的控制中心，在那里，他们可以通过适当调配来指导莱莉的日常生活。搬来旧金山后，全新的环境与生活都需要莱莉适应，混乱渐渐在控制中心里滋生。莱莉来到新学校的第一天，五位情绪就因为失控令莱莉在新同学面前出丑，混乱中乐乐和忧忧更被抛出控制中心，流落在莱莉的茫茫脑海。只留下怕怕、怒怒和厌厌的控制中心更加混乱，莱莉甚至无法与人进行正常沟通。乐乐和忧忧则要想尽办法要回到控制中心，力求在莱莉完全崩溃之前挽救她的生活以及家庭。经过一路的坎坷，乐乐和忧忧终于回到了控制中心。在这一路上，莱莉也逐渐认识到各种情绪的作用，也逐渐接纳了控制中心里其他闹腾的情绪小伙伴。

《头脑特工队2》是《头脑特工队》的续集，讲述了莱莉进入青春期后，生活发生了变化，她头脑中的情绪控制中心也迎来了四位新伙伴——焦焦、慕慕、尬尬和丧丧。焦焦把以乐乐为首的情绪五人组关进了大脑记忆区，用焦虑驱使莱莉做出一系列不理智的行为，为了阻止焦焦对莱莉的伤害，五人组决定重新夺回情绪控制中心的故事。该片获得第82届美国电影电视金球奖最佳动画长片奖提名。

第2堂

管理情绪：情绪 ABC 理论

专栏作家哈里斯和朋友在报摊上买报纸，朋友礼貌地对报贩说了声谢谢，但报贩却冷眉冷脸，没发一言。

"这家伙态度很差，是不是？"他们继续前行时，哈里斯问道。"他每天晚上都是这样的。"朋友说。"那你为什么一点也不生气，还是对他那么客气？"哈里斯问。朋友答："为什么我要让他决定我的情绪和行为？"

与哈里斯不同的是，尽管每个人心中都有把"快乐的钥匙"，但我们却常在不知不觉中把它交给别人掌管。下面这些抱怨相信你也经常听到：

"我的室友说话总是很难听，真烦。"

"我们小组同学一点都不给力，郁闷。"

"父母总是让我早点准备考研考公，好焦虑。"

这些抱怨的人都做了相同的决定，就是让别人来控制自己的情绪。当我们容许别人掌控我们的情绪时，我们便觉得自己是受害者，于是抱怨与愤怒成为我们唯一的选择。我们开始怪罪他人，并且传递一个信息："我这样痛苦，都是你造成的，你要为我的痛苦负责！"这样的人把自己的责任推给了他人。一个成熟的人能握住自己快乐的钥匙，他不期待别人使他快乐，反而把自己的快乐和幸福带给周围的人，这是因为生活和阅历教了他们情绪管理技能。这堂课，将带领你：

- 掌握情绪 ABC 理论及其应用步骤；
- 掌握非理性信念的基本特征；
- 熟悉理性情绪疗法的基本原理和常用的辩论方法；
- 了解除情绪 ABC 理论以外的情绪管理策略；
- 探讨常见的非理性信念及其对自身的影响；
- 练习如何将情绪 ABC 理论运用于实践。

一、理论介绍

基本知识

（一）什么是情绪 ABC 理论

情绪 ABC 理论是由美国心理学家阿尔伯特·艾利斯创建的。艾利斯常借用古希腊哲学家埃皮克迪特斯的一句名言来阐述自己的观点："人不是被事情本身所困扰，而是被其对事情的看法所困扰。"ABC 理论中，A（activating events）代表诱发事件；B（belief）代表信念，是指人对诱发事件的看法、评价及解释；C（consequence）代表结果，即人在诱发事件后出现的情绪反应和行为结果。艾利斯认为，A 只是引发情绪和行为后果的间接原因，而引起 C 的直接原因则是个体对诱发事件 A 的解释和评价等信念。因为人是具有主观能动性的，不太可能完全客观地知觉 A，在理解和解释客观事件时往往总是带着自己大量的已有信念、期待、价值观、动机、偏好等，就好像每个人都戴了一副有色眼镜去看这个世界。因此尽管面对相同的事件 A，不同的个体由于戴着不同颜色的眼镜，所产生的 B 是不同的，当然相应的结果 C 也是不同的。

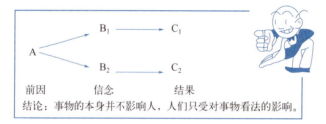

例如，两个同学一起在街上闲逛，迎面碰到他们的班主任，但对方没有与他们打招呼，径直走过去了。这两个人中的一个对此是这样想的："他可能正在想别的事情，没有注意到我们。即使是看到我们而没理睬，也可能有什么特殊的原因。"而另一个人却可能有不同的想法："班主任看到我们都不理我们，是不是我们什么时候得罪他了，或者是他一直不喜欢我们？"很显然，两种不同的想法就会导致两种不同的情绪和行为反应。前者可能觉得无所谓，该干什么仍继续干什么；而后者可能忧心忡忡，以致无法冷静下来干好自己的事情。这个简单的例子正好说明，人的情绪及行为反应与人们对事物的想法、看法有着更直接的关系。

（二）理性情绪疗法简介

20 世纪 50 年代，在情绪 ABC 理论的基础上，艾利斯创建了"理性情绪疗法"（REBT），后来积极心理学之父塞里格曼在此基础上，发展出 ABCDE 治疗模型。正如 ABC 理论所述，个体的不良情绪和行为反应的直接原因是个体对诱发事件的非理性想法，因此要想改善和管理情绪就必须挑战原有的非理性想法，即通过一定的方法去驳斥、对抗非理性想法，从而改变原有想法或降低对原有想法的相信程度，这就是所谓的 D（disputing）。D 代表辩论的过程，一旦辩论成功，便能产生有效的治疗效果 E（effect），使个体在认知、情绪和行动上均有所改善。简言之，理性情绪疗法就是以理性控制非理性，以理性想法来替代非理性想法，帮助来访者改变认知，以减少非理性想法所带来的情绪困扰和随之出现的行为异常。

（三）情绪 ABC 理论运用于实践的步骤

ABC 理论强调 B 的重要作用，不现实不理性的 B 往往会使人陷入情绪困扰甚至情绪障碍之中。认知疗法专家贝克认为，B 通常都是以自动思维的形式表达出来的，自动思维有时是理性的，有时却是不理性的，个体面对事情时大脑中自动冒出的对事件的非理性解释或想法称为"负性自动思维"。一般来讲，每一个负性情绪背后都存在一个甚至多个负性自动思维，只是由于种种原因没有被人们所觉察而已，一旦个体通过训练能够觉察和找到情绪背后的负性自动思维，那么就有望通过改变想法来改变情绪。结合情绪 ABC 理论的内涵和 ABCDE 治疗模型，我们提出了将该理论运用于实践的三个步骤。

1. 识别情绪

管理情绪的前提是识别情绪，即要明确自己现在所体验到的是什么情绪，是悲伤、焦虑、愤怒还是恐惧，要能给予情绪一个明确的命名。这个过程看似简单，实则不然，很多时候面对一个事件，人的情绪是极其复杂的，可能是爱恨交织，亦可能是悲喜交加。这时，我们第一步要做的就是很好地区分它们，命名它们，最后给它们的强烈程度做个评估。

2. 识别想法

根据 ABC 理论所述，个体的情绪并非直接来自事件，而是来自个体对事件的解释，即个体的想法。也就是说，每个情绪的背后一定都隐藏着一个甚至多个想法，正是这些想法才导致我们产生了现有的情绪。因此，要想管理情绪，除了识别情绪，我们还要识别情绪背后的想法。识别想法是相当困难的，因为想法产生的如此之快，以至于我们很难抓住它。这对于我们每个人来说，都是一个全新的技能，需要我们不断地加以练习才能熟练掌握。当你注意到你有悲伤、焦虑或愤怒等情绪时，应自问：我心里刚才在想什么？或刚才我的脑子里浮现出什么？

3. 挑战想法

识别了情绪，并明确了背后的想法，我们最后需要做的就是挑战这些给我们带来强烈负性情绪的想法，因为我们有时候会把头脑中的想法认定为事实，而实际上，想法不一定是事实。事实，是可以用录像机记录的客观现象，而想法是基于个人经验对客观现象产生的念头。只有当我们已有的想法受到挑战时，我们对想法的确信程度才会下降，我们才能更客观地看待事物，我们的负性情绪也才能得到缓解。挑战想法的过程就好比一个"自我辩论"的过程，有一些特定的方法可以帮助我们更好地进行自我辩论，后续的拓展知识部分将会对这些方法进行介绍。

（四）非理性信念的一般特征

如前所述，负性自动思维是导致情绪困扰的直接原因，而负性自动思维往往和非理性信念密切相关，有时，非理性信念甚至会直接以负性自动思维方式呈现，比如一次考试失利，脑子里就直接冒出"我的人生完蛋了"或者"我真没用"这样的想法。一般来讲，经历内在创伤的个体，更容易产生非理性信念，通过非理性信念进行自我保护，但非理性信念通常也会带来许多情绪的困扰。因此了解非理性信念的特征，识别非理性信念，可以帮助个体更好地了解自己、调节情绪。非理性信念往往具有以下三个特征。

1. 绝对化

绝对化是不合理信念最常见的特征，指人们以自己的意愿为出发点，对某一事物怀有其必定会发生或必定不会发生这样的信念，它常与"必须""应该"这样的词连在一起，如"我必须做得最好""朋友之间就应该相互坦诚、毫无保留"等。绝对化的信念容易给自己和身边的人带来巨大压力感。

2. 概括化

它是一种以偏概全、以一概十的思维特征。过分概括化的思维方式在看问题时容易走极端，往往导致对自身或他人的不合理评价。如一遇失败便认为自己"没用""非常笨""不可救药"；或别人稍有过失就认为这个人一无可取，全面否定。持有这种信念的人要么会导致盲目自责自罪、自卑自弃，要么会一味责备他人或外在环境，产生敌意、愤怒等不良情绪。

3. 灾难化

灾难化是指不由自主地预期某一事情发生了，必定会非常可怕、非常糟糕、非常不幸。个体一旦具有这种信念，就会产生焦虑、悲观、抑郁等不良情绪体验。许多同学的考前焦虑多数是因为持有这种信念引起的，如"完蛋了，这次我一定会不及格"等。

为了帮助大家更好地理解理性与非理性的差异，我们罗列了两者在用词上的区别，详见下表。

理性思维方式的表达	非理性思维方式的表达
想要、期望……	一定要、必须……
有困难……	毫无办法或希望……
可能……	一定……
有时……	总是……
有些……	全部……
可惜、遗憾……	完蛋、糟糕……
我在……事情做不好	我整个人很失败，一无是处

 拓展知识

认知疗法中几种常见的辩论方法

包括理性情绪疗法在内的认知治疗过程中，治疗者通常要使用逻辑的、经验证实的方法帮助来访者与非理性想法进行辩论，以下简单介绍几种能够借鉴到日常生活中用于自我辩论的方法。

1. 质疑式

询问当事人他这种想法是否有足够的事实证据，并将支持的证据和反对的证据都列出

来。下面我们一起来看一段治疗师和来访者的对话。

T（治疗师）："还记得上周我们说过的吗？自动思维有时候正确，有时候不正确，现在我们能不能看看关于你朋友的这个自动思维有多少是正确的？"

P（来访者）："好的。"

T："你说她真的不关心你，有什么证据？"

P："当我们在图书馆门口相遇时，她看上去匆匆忙忙的样子，只冲我'嗨'了一下就走了，脚步一刻也不停，她甚至没怎么看我。"

T："还有什么吗？"

P："没有，我想没有了。"

T："很好，现在换个方面来讲，就是有没有证据表明她确实很关心你呢？"

P：（笼统地回答）"噢，她人很好，我们一入学就是好朋友了。"

T："她说过什么或做过什么表明她喜欢你？"（帮助来访者更具体地思考）

P："呃，她经常问我愿不愿意和她一起去吃点什么。有时候我们谈话一直谈到很晚很晚。"

2. 价值式

询问当事人继续持有这种想法的利与弊。自动思维有时候正确有时候不正确，即使是正确的自动思维，当它引发当事人过度的不良情绪和消极的行为反应时，也是需要加以调整的。下面我们再来看一段对话。

T："可能你说得对，你机会太少了，找不到自己喜欢的暑期工作。但不断地跟自己说'我再也找不到工作了，我再也找不到工作了'，这有什么好处？"

P："好处就是找不到工作也不至于如此失望。"

T："那样无休止地说有什么弊端没有？"

P："弊端？"

T："那种思维让你感到满意了吗？帮你获得申请了吗？让你的学校生活更快乐了吗？"

P："没有。"

T："那么可以看到这种思维有弊端。"

P："是的。"

3. 极端式

询问当事人这件事最坏的结果是什么。比如，学生小李马上要期末考了，他变得非常焦虑，这时小李的大脑中通常会有类似于"我肯定考不好的，我要是不及格就完了"这样的想法。这时，小李不妨试一试极端式自我辩论法。他可以问问自己："如果考试真的没考好，最坏的结果是什么，那个结果真的就那么可怕吗？那个结果我能承受吗？"当威胁不明确时，人们是很容易焦虑的，极端式自我辩论法可以帮助人们将威胁具体化，从而缓解焦虑情绪。

4. 换位式

询问当事人"如果这个事情发生在你朋友的身上，你会怎么跟他或她讲？"这个方法能够帮助当事人从自身的问题当中抽离出来，以旁观者的角度来看待自己的情绪及背后的非理性想法,从而完成自我辩论。

　　本堂课,我们从 ABC 理论出发,着重介绍了运用认知调节的方式来管理情绪。但需要强调的是,认知调节也有其局限性,并非唯一有效的情绪调节方式。当有时个体情绪唤醒过于强烈,大脑中负责情绪的杏仁核处于强烈唤醒状态,大脑皮层的理性认知功能是难以发挥作用的。这正是很多同学疑惑的问题:"为什么我努力通过以上的方式进行调节,依旧难以缓解情绪?"这种时候,我们需要寻找其他的情绪调节方式,例如身体放松练习、寻找人际支持,等等。

二、理论应用

案例解析

　　小 A 和小 B 从大一开始就由于性格相近成了好朋友,两人总是形影不离,一起吃饭、一起上课、一起自习。进入大二后,小 B 在社团活动中认识了一位男生。刚开始小 B 还时常和小 A 分享自己的情感秘密,但随着小 B 和男生的恋爱关系逐渐明确后,小 A 发现小 B 离自己越来越远,两人已经难得一起吃饭一起学习了。小 A 本身是一个性格内向的人,除了小 B 几乎没有什么要好的朋友。最近小 A 变得越来越孤独,经常一个人伤心难过,总觉得自己没有人喜欢很可怜,有时还会后悔当初不应该和小 B 这么要好以至于都没有别的朋友,还担心别的室友嘲笑她,于是更加不敢主动靠近别的室友了。难过到极点时小 A 还会很愤怒,觉得小 B 太不近人情,重色轻友,当初就是利用她才和他交朋友的。慢慢地,小 A 越来越疏远小 B,她们之间的关系也越来越冷淡。最近在心理课上,小 A 听了微课"情绪 ABC 理论",决定用 ABC 理论来帮助自己走出困境。

　　小 A 回想起老师说过的"情绪管理三部曲",第一步识别情绪,第二步识别想法,第三步挑战想法。于是小 A 静下心来好好地回味了这几天来自己所体验到的各种情绪,首先最明显的就是伤心难过,然后还有生气甚至是愤怒,有时好像还有点后悔和焦虑。当小 A 把这些情绪一一厘清并记录在本子上时,她轻轻地舒了一口气,胸口原来那种闷闷的感觉好像也松了一些。然后她继续思考自己这些情绪背后的想法,她发现这真是一项不容易的工作,因为她从来没想过自己的不愉快是因为自己的想法而不是因为小 B 的疏远引起的。这时她又回想起老师说的话"不同的人面对同样的事情会有不同的反应,这正是因为他们对于同样事情的想法不同引起的,也正因此我们才有可能去管理我们的情绪"。她不禁问自己:"如果换成别人,也会像我现在这样吗?可能不会,那到底是什么想法让我这么难过的呢?"于是,小 A 开始努力地去识别不同情绪背后相应的想法。她发现伤心难过时自己脑子里冒出来的声音最多的是"她不喜欢我了,她再也不想跟我做朋友了,我好可怜";而当自己生气时则会出现一些非常极端的想法,比如"小 B 实在太重色轻友了,她怎么可以有了男朋友就不理我了呢,她当初是不是从来就没有喜欢过我,只是在利用我而已";此外,自己还会有一些奇怪的、糟糕的念头"我再也不可能有朋友了,其他室友肯定都在嘲笑我当初不和她们好",每当这些念头出现时,脑海里同时还会冒出她们一起嘲笑自己的画面,这时自己就会感到焦虑、后悔、难过。

随着小 A 一点一点找到自己情绪背后的想法和念头，小 A 体会到了这段时间以来久违了的舒畅感，因为很多想法被找到并被呈现在自己眼前时，就显得那么不堪一击，最起码"她当初是利用我"这个想法一下子就被小 A 否定了，难怪老师说"找到负性自动思维你就成功了一半"。接下来，小 A 一鼓作气，比对着老师教的自我挑战方法对自己的这些非理性想法一一进行挑战，比如"有没有什么证据表明她再也不想跟我做朋友了呢？就算她真的不喜欢我了，我就会痛苦地活不下去吗？别的同学为什么要嘲笑我呢，她们真的嘲笑了吗？如果是我身边其他同学发生了这样的情况，我又会怎么安慰她呢？"，随着辩论的深入，小 A 头脑中现实的、理性的想法也渐渐多了起来，像"那么多同学中她选择和我做朋友，说明她是喜欢我的；她现在是因为处在热恋期才会特别想多跟男朋友待在一起；虽然平时和其他室友接触得少，但我也从来没有得罪她们，她们也不至于会嘲笑我；只要我愿意，我还是能够找到朋友的"。至此，小 A 的心情变得越来越平和，尽管还有一些伤心难过，但它们都变得不再那么不受控制，变得可以忍受了！

教师点评：运用 ABC 理论调整负性情绪需要注意几点。①识别情绪越具体越好，比如有些同学喜欢用"郁闷""纠结"这样的词语来描述自己的感受，这样是不利于进一步发现情绪背后的负性自动思维的，案例中的小 A 找到的情绪就很具体；②负性自动思维可以以词语形式、视觉形式或两种形式同时出现，比如案例中小 A 想到同学们会嘲笑自己的同时，出现嘲笑的画面；③运用时最好像小 A 这样，用纸笔记录下所有的情绪及背后的想法，然后一一加以挑战，并将挑战的结果（合理的、现实的想法）列在相应的负性自动思维后面；④理论运用就好比学游泳，大脑知道了游泳的步骤不代表你真的会游了，ABC 理论也是如此，它是一项思维技能，需要不断地练习才会被真正掌握并发挥作用。像小 A 第一次运用 ABC 理论调整自己情绪时，会感觉很难很累，但是只要坚持以后就会熟能生巧。

常见问题

Q1：昨天我和室友小 A 发生了一点争执，今天我回寝室，一推开门，小 A 和其他室友都不讲话了，我觉得她们一定在议论我，小 A 很可能在背后说我坏话，我很生气。老师，难道我这样想是不对的吗？

A：这个问题问得很好，我很能理解你为什么会这么想，我相信这种情况下，很多人都会产生跟你一样的推论。不过，既然是推论，哪怕它再合理也无法代替事实。事实是客观发生的，可以用摄像机拍摄下来的现实存在，而想法则只是人脑主观的想象。"你的室友们看到你不说话了"是事实，"她们在议论你，小 A 在背后说你坏话"则是想法，我们之所以会被情绪困扰，正是因为我们过于坚信自己的想法，混淆了想法和事实，总认为自己的想法就是事实。实际上，想法再合理也只是想法而不是事实，事实是什么很难去考证，但想法尤其是对想法的相信程度则是我们可以尝试去改变的。退一步说，即使你的想法刚好和事实是吻合的，那么持有这种想法对你自身来说又有什么好处呢，你很可能从此失去了一个甚至是一帮朋友。乐观的人之所以乐观，正是因为他们的思维比较具有弹性，能够通过调整自己的想法来改变自己的心态。

Q2：有时候我什么事情都没有发生，却会莫名其妙感到情绪低落，这是为什么呢？

A：确实，很多时候似乎并没有发生什么特别的事情，也就是说现实中似乎并没有诱发事件，但是人却会出现悲伤、抑郁、生气、失望等情绪。这是为什么呢？事实上，诱发事件也可以是我们头脑中冒出来的一个画面、一个场景甚至是一个念头。比如，一个自认为太胖的女孩一个人的时候，脑子里冒出来自己早上照镜子时的身影，随之就产生了很多的负性自动思维，像"我怎么那么胖，好丑，这么丑还会有人喜欢我吗？"等，接着她就体验到了深深的抑郁。很显然，这个案例中当事人脑子里冒出来的自己的影像就成了诱发事件。

Q3：我是学生会干部，前几天学生会例会时，我太累了，作总结的时候讲错了一句话。我觉得他们一定在底下嘲笑我，真是太丢脸了。哎！身为学生会干部竟然犯下这样低级的错误，我真没用。为此，我难过了很久，甚至无法专注于学习和工作，我到底怎么了？

A：从表面上看，你是因为工作总结讲话时说错了一句话而感到痛苦。然而事实上，仔细分析的话，会发现你的痛苦背后存在一些非理性信念。首先，你的头脑里可能有一个绝对化的要求，那就是"学生会干部必须样样出色，不能犯错"。这个信念让你自我要求很高，做事更追求完美，也因此获得了老师和同学的认可，但同时这个信念也给你带来巨大的压力，并且容易放大自己的错误。其次，你在发现自己讲错时，出现了一个类似灾难化的想法，你认为同学们会因此嘲笑你，这个想法让你更加不安和难受。最后，你把一次发言失误过度概括化为我真没用，否定了自己整个人，于是你变得更加郁闷。由此可见，一件事情引发的想法很可能同时包含了非理性信念的不同特征，正是这些非理性信念或者叫非理性思维方式，成倍放大了事情本身对我们的情绪和行为造成的负面影响，只有一一找到这些非理性信念，才有望调整这些负面影响。

三、实操训练

 **课前准备**

1.心理测试

你的情绪智力有多高？

情绪智力又称为情商，是指人在情绪、情感、意志、耐受挫折等方面的品质，包括了解自身情绪、管理情绪、自我激励、识别他人情绪、处理人际关系的能力。从某种意义上讲，情商甚至比智商更重要，随着未来社会的多元化和融合度日益提高，较高的情商将有助于一个人获得成功。但总的来说，人与人之间的情商并无明显的先天差别，更多与后天的培养息息相关。

通过回答下列问题，你可以对自己的情绪智力有一定的了解。为每一题打分，从1分（最不符合我的情况）到5分（最符合我的情况）。

	1	2	3	4	5
情绪的自我认知					
1.我善于识别自己的情绪。	___	___	___	___	___
2.我善于理解自己产生各种感觉的原因。	___	___	___	___	___

3. 我善于将自己的感受从行为中分离出来。　　___　___　___　___　___

管理情绪

4. 我善于承受挫折。　　___　___　___　___　___

5. 我善于控制自己的脾气。　　___　___　___　___　___

6. 我对自己的感觉是积极的。　　___　___　___　___　___

7. 我很善于应对压力。　　___　___　___　___　___

8. 我的情绪不会影响到我集中精力达成目标的能力。　　___　___　___　___　___

9. 我有很好的自控能力且不易冲动。　　___　___　___　___　___

了解他人的情绪

10. 我善于接受他人的观点（比如同学和家长）。　　___　___　___　___　___

11. 我能理解和感觉到他人的感受。　　___　___　___　___　___

12. 我很善于倾听别人讲话。　　___　___　___　___　___

处理人际关系

13. 我很善于分析和理解人际关系。　　___　___　___　___　___

14. 我很善于解决人际关系中的难题。　　___　___　___　___　___

15. 我在人际关系方面是有主见的。　　___　___　___　___　___

16. 我有一个或多个亲密朋友。　　___　___　___　___　___

17. 我很善于分享和合作。　　___　___　___　___　___

评分和解释

将所有题目的得分加起来，就得到了你的情绪智力总分。

总分在 75 ~ 85 分，说明你可能有高的情绪智力，这样的人能准确地把握情绪，能有效地管理情绪，知道如何理解别人的情绪，并能处理好人际关系。

总分在 65 ~ 74 分，说明你可能有比较高的情绪智力，但你还有很多地方需要提高，查看一下你选了"3"或"3"以下的题目，看看还有哪些方面需要去改进。

总分在 45 ~ 64 分，说明你的情绪智力可能只处于中等水平，仔细考虑一下你的感情生活，检查你的情绪弱点并努力改进它们。

总分低于 44 分，说明你的情绪智力可能低于平均水平。如果你的情绪智力总分处于平均水平或低于平均水平，检查一下有助于提高你情绪智力的资源。你也许需要从学校的心理咨询机构获得一些帮助。

2. 微课学习

（1）通过扫描二维码自学完成微课"情绪 ABC 理论"之后，你的困惑或疑问是什么？

微课：情绪
ABC 理论

问题 1：

问题 2：

问题3:

_____

（2）通过扫描二维码自学完成微课"挑战你的非理性信念"之后，你的困惑或疑问是什么？

问题1:

_____

问题2:

_____

问题3:

_____

微课：挑战你的非理性理念

◢ **课堂互动** ─────────────────────────

1.案例大讨论

小刚和小峰是室友，小刚的个性大大咧咧、不拘小节，而小峰则是一个内向敏感的人，平时对于别人的请求也很少拒绝。小刚经常让小峰帮忙打水、收衣服或者带外卖，久而久之，小峰心里越来越不满，觉得小刚总使唤他，一点不尊重他。一天，小峰运动完回到寝室正想倒水喝，却发现小刚把他水壶里的水都喝光了，这时小峰再也按捺不住怒气，把水瓶一把摔在小刚面前，说"以后别乱喝我的水"。

（1）试着用情绪ABC理论来分析小峰，说一说这个案例中A和C是什么，然后猜一猜B可能是什么？

（2）对于这个案例，有些同学觉得小峰就应该这样应对，小刚就是太不尊重他了；也有些同学觉得小刚虽然有不对，但小峰的做法也有待商榷，你觉得呢？为什么？

（3）想象并描述今后这两位同学之间关系可能的发展情况。结合情绪ABC理论，如果你是小峰，你打算怎么应对呢？为什么？

2.实战演练

（1）找到一个最近引发自己情绪的生活事件。

_____

_____

（2）这件事曾经为你带来哪些情绪？

_____

_____

（3）这些情绪中，你的行为反应如何？为自己带来什么样的麻烦？

（4）分析你为什么会产生这样的情绪，情绪背后的想法是什么？

（5）这些想法哪些是合理的？哪些是不合理的？

（6）对于不合理的想法，能够找到新的合理的想法去替代它吗？

3. 寻找你的非理性信念

根据非理性信念"绝对化""概括化""灾难化"三大特征进行自我反思，寻找脑子里关于自己、关于他人或关于这个世界的非理性信念。

（1）绝对化的非理性信念：列出你脑子里自动浮现出来的含有"必须""一定要""应该"等词语的句子。

（2）概括化的非理性信念：列出你脑子里自动浮现出来的含有"都是""总是""全都"等词语的句子。

（3）灾难化的非理性信念：列出你脑子里自动浮现出来的含有"一旦……我就完了"等词语的句子。

四、延伸阅读

课外链接

1. 用行动带动心动

通常我们都认为人是因为害怕所以才会逃跑；是因为开心所以才会笑；是因为自信所以才能侃侃而谈……但美国心理学家威廉·詹姆斯和丹麦生理学家卡尔·兰格却提出了与之完全相反的理论——情绪的外周理论。他们认为，我们感到害怕是因为我们发抖了，我们难过是因为我们哭了，我们感到愤怒是因为我们反击了。现代认知行为疗法也认为，情绪、认知、行为三者之间是高度关联、相互影响的，情绪会影响行为，同样，改变行为也能改变情绪。

（1）微笑（快乐使我们微笑）

非理性思考：因为我不快乐，所以笑不出来。

理性思考：微笑也能引发我的快乐。

对着镜子微笑。开始时，可能不是发自内心的微笑，有点做作。没关系，微笑是可以从外向内感染的。

（2）唱歌（人们因为快乐而唱歌）

非理性思考：我不快乐，所以唱不出歌来。

理性思考：歌唱也能使我快乐。

唱一首充满激情和快乐的歌。开始可能很低沉，但坚持唱，你会发现歌声能够宣泄你内心的积郁，改变你身体的激素，让你充满激情。

（3）好姿态（人们因为自信、快乐而昂首挺胸）

非理性思考：我心里烦恼，全身没劲。

理性思考：昂首挺胸能助我自信、快乐。

昂起你的头，挺起你的胸，伸直你的腰板，你的肺活量会增加 30%。大脑氧气充足，你的洞察力和反应也更加灵敏，让人感觉充满自信、有魅力。当你昂首挺胸时，你的个头看起来比垂头丧气、弯腰驼背高出 5 ～ 10 厘米。

2. 改善环境改善心情

（1）调整所处环境的颜色

大家都知道"blue"除了蓝色，还有"忧郁"的意思。此外，大家可以回忆一下，常见的西式快餐店（肯德基、麦当劳等）的装修主色调大多数是偏红色或黄色的暖色调，一定程度上是为了让食客尽快吃完离开。这在一定程度上说明了颜色与情绪的关系。大家也可能都能感受到不同颜色对情绪的影响：红色、黄色等暖色调可能会让人感受到热烈的情绪，而蓝色、绿色等冷色调可能会让人感受到冷静的情绪。因此，当自己处于悲伤难过的情绪中，可以尝试将自己置于暖色调中；当自己处于焦虑愤怒的情绪中，可以尝试将自己置于冷色调中。

（2）整理环境

干净整洁和凌乱不堪的环境会让人产生不同的情绪感受。自身周围环境的整洁状况是自己心理状况的投射，也会反过来影响自己的思维思绪。当心乱如麻、杂念横生时，不妨尝试整理一下自己周围的环境，把东西归置整洁，相信在整理完成后，你的大脑也会逐渐变得清晰，烦躁情绪也会慢慢减轻。

3. 吃出好心情

食物对情绪的影响力，在于食物中的一些成分可以改变血液中某些神经递质的浓度水平。所谓的神经递质，是一些可以携带一定身体信息的化学"信使"，它们来往于神经细胞之间，传递诸如焦虑、忧郁、警觉、轻松等各种各样的情绪信息。根据美国麻省理工学院科学家的理论，食物中的一些营养素正是这些神经递质的前体，当身体摄入这些营养素之后，通过体内加工，可以形成相应的神经递质，一定量的营养素可以产生一定量的神经递质，从而影响它们在体内的浓度水平，最终影响了我们的情绪，所以，我们可以通过食谱来调节自己的情绪。

（1）蛋白质可以提高警觉能力

蛋白质可以增加人的警觉水平，并增强行事的动机，使人处于比较主动的情绪中。因此，高蛋白的食物常被看成对情绪有积极作用，诸如鱼、禽、肉、蛋是这类的代表，而奶和豆腐也是不错的选择。考试期间可以适当增加蛋白质的摄入。

（2）碳水化合物可以缓解压力

虽然巧克力、糖果可以令人心情愉快，但几乎没有营养学家会建议人们通过吃糖果来获得好的心情，因为糖果容易吸收而使血糖增加得过快，很容易使人的情绪产生波动，并易于上瘾。用碳水化合物食物改善情绪的正确做法是：选择那些需要比较长时间消化吸收的谷物、麦片和水果，它们可以使血糖长时间维持在一定的浓度上，让人们的心情稳定而愉快。

（3）热天吃肉会让人烦躁

闷热的天气很容易让人心烦，感觉躁动不安。最近一项研究表明，在热天里"吃肉多"会让人的情绪更加不好。人吃了大量肉食后，脾气会变得越来越烦躁。几乎所有的肉类都会不同程度地影响人的行为和情绪，鸡肉的作用尤其明显，它是高蛋白、低脂肪食物，蛋白质中赖氨酸的含量比猪肉高 13%，能让人的情绪更为亢奋。从另一方面讲，鸡肉也有治疗抑郁症的作用。

（4）饮食清淡能让性情温和

长期保持清淡饮食的人，性情比较温和。美国麻省理工学院的生物学家证实，这是因为蔬菜、水果中含有大量血清素，具有让人增强睡意的能力，能降低人的攻击性。

📣 推荐资源

1. 书籍：阿尔伯特·埃利斯 《理性生活指南》

阿尔伯特·埃利斯是理性情绪行为疗法之父，认知行为疗法的鼻祖。埃利斯创立了对咨询和治疗领域影响极大的理性情绪行为疗法，为现代认知行为疗法的发展奠定了基础。

本书全面清晰地呈现出理性情绪行为疗法的精髓，详细剖析了十种核心的非理性信念，运用真人案例和对话形式，手把手教你使用这种疗法改变自己的非理性信念，从而极大提高减少情绪困扰的能力，实现深层次的永久性改善。

2. 书籍：戴维·伯恩斯 《焦虑情绪调节手册》

戴维·伯恩斯是发展认知行为疗法的先锋，他创设的抑郁与焦虑免药物疗法应用广泛，并且被心理研究证实为科学有效。《焦虑情绪调节手册》是一本十分有效的心理治疗书。作者循循善诱，平易近人，向人们讲述了希望拥有好心情的读者所需要做的一切。它将告诉你如何处理各种各样的焦虑以及其他的情绪问题。《焦虑情绪调节手册》以极富魅力的文字介绍了当前最流行的焦虑循证疗法，读者将学会以迅速见效的练习来掌握作者在书中呈现的概念和策略。

第3堂

释放压力：压力与压力管理

　　一位老师正在给他的学生们授课，主题是压力管理。他在课堂上拿起一杯水，然后问台下的学生："各位认为这杯水有多重？"有人说半斤，有人说一斤。老师说道："这杯水的重量并不重要，重要的是你能拿多久。拿一分钟，谁都可以；拿一个小时，可能觉得手酸；拿一天，可能就得进医院了。其实这杯水的重量是不变的，但是你拿得越久，就越觉得沉重。这就像我们承担着压力一样，如果我们一直把压力放在身上，不管时间长短，到最后就觉得压力越来越沉重而无法承受。我们必须做的是放下这杯水，休息一下再拿起这杯水，如此才能拿得更久。所以，各位应该将承担的压力在一段时间后适时地放下并好好地休息一下，然后再重新拿起来，如此才可承担得更久。"

　　通过上面的故事，我们可以明白这样一个道理：压力的大小似乎并不仅仅取决于物体的重量，而是与我们的抗压能力、应对方式等息息相关。"一根稻草也可以压垮骆驼"，这正说明了即使压力再小，也能造成毁灭性的伤害。而在现实生活中，我们每天都在与各种压力打交道，想要不被压力压垮，我们就要学会掌握一些压力管理的技巧。本堂课，将带领你：

- 了解压力的定义与大学生的压力源；
- 了解压力过大的生理、心理、行为信号；
- 理解和掌握压力的正面和负面影响；
- 理解和掌握关于压力的错误认知；
- 学习和掌握压力的平衡模型；
- 通过自测了解自己的压力水平和应对方式；
- 掌握适合自己的压力管理小技巧。

一、理论介绍

基本知识

（一）认识压力

压力源于物理学术语，指负荷。20世纪三四十年代，美国生理学家坎农（Cannon）最先将压力这一概念应用于社会领域。

压力一词在英文中是 stress，在心理学专业文献中又常被译为应激，是指由紧张性刺激或事件引起的伴随有心理和生理反应的紧张状态。当刺激事件打破了原有的平衡和负荷能力，或者超过了个体的能力所及，就会体会到压力。通常，引起压力反应的紧张性刺激或事件多种多样，这一过程也会产生紧张、焦虑、烦躁、恐惧、易激怒等强烈的情绪体验。我们可以从如下两个方面去理解压力。①压力是一种主观的感受，是指面对某些事件或环境时在心理上的紧迫感或紧张感。例如，同样是考试，有的人在考前会焦虑万分，甚至彻夜难眠，但有的人却从容不迫，潇洒应对。很显然，他们对考试压力的主观感受是不一样的。②压力的大小既取决于压力源的大小，又取决于个人身心承受压力的强弱程度。用公式表达：压力的大小 = 压力源 / 承受力，同样一个事件，不同的压力源和承受力，个体感受到的压力大小是不一样的。

（二）影响压力强度的因素

（1）认知评估。对事件的看法，越是负向与具有挑战性，则压力越大。

（2）应对能力。应对技巧越佳，压力越小，压力其实就是来源于你没有能力有效应对的问题。

（3）可预测性。压力事件的可预测性越小，压力越大。

（4）可控制性。压力事件的可控制性越小，压力越大。

（5）事件的重要性。不同的事件对于不同的人会造成不同的压力，因为事件对于不同的人有不同的意义。

（三）大学生的主要压力源

1. 适应大学生活

进入大学，同学们可能会经历这些变化：

（1）第一次离开家，第一次离开父母，离开自己原来所熟悉的家庭日常环境。

（2）离开熟悉的朋友和周围的团体。

（3）加入新的寝室，而这里的生活安排同家里有着很大的差异。

（4）结交新朋友，认识新同学。

（5）与高中不同的课堂组织方式和教学风格。

（6）面对比高中阶段更为激烈的学业竞争。

（7）参加新的学校社团组织。

（8）需要管理自由的时间，而以前是有人替你安排好的。

（9）对自己的经济状况承担更多的责任。

（10）建立或打破亲密的人际关系。

大部分的大学生能够顺利完成这些转变，实现从高中生到大学生的华丽转身，也有一部分学生在转变过程中会经历一定程度的焦虑和混乱。而你能否应对这些压力取决于很多因素，如果你将这些压力源视为一种挑战，而不是一种威胁，相信自己能够征服它们，显示出坚韧性；积极与家人和朋友交流，并互相给予支持和关心；主动参加一些健康的文体活动；坚持有规律的锻炼，这样你可以在适应大学生活的同时获得成长的经验。

2. 发展新的关系

在《考试——我们需要知晓这个吗？》一书中，作者对即将融入新的社会支持网络的新生们提出如下建议：强烈的想家感觉终将过去，你会开始结交新朋友，建立互相支持关心的新友谊。一些人似乎需要很多的朋友，而另一些人只需要一两个好朋友来分享他们隐藏在内心深处的情感和想法。无论是何种模式，适合你的就是好的。但是每个人都需要朋友的支持来共同面对生活。否则，大学生活将是非常孤单寂寞的。

发展新的友谊，融入新的社会关系网络，这个过程对所有大学生的发展是十分重要的。有研究指出，友谊是大学生活获得成就感和满意感的主要因素，而同学间的人际冲突则是最主要的不良压力源。对于友谊，大学生需要主动地去追求，因为被动等待，友谊的大门不会为你开启，只有主动出击，使自己易于接近，把握结交朋友的机会，学习人际交往的技巧，适当地自我表露，才能帮助自己在大学中建立新的社会关系。

对于大学生而言，另一项十分重要的任务则是发展亲密关系，也就是学习如何正确面对恋爱和性的问题。此阶段个体正处于"亲密对孤独"的心理社会危机期（埃里克森理论），健康的关系实践能促进人格整合，我们要在心理上有所准备，对建立和结束这种亲密恋爱关系有清晰的认识。

3. 处理日常烦扰

在前面我们提到过生活中的改变也会给人带来压力，例如一个刚离开父母到其他城市上大学的新生，或许要第一次面临洗衣服、买日用品、计划个人开销等个人事务，这些生活中发生的事件也会给我们造成很大的压力。有研究表明，大学生最大的烦心事是浪费时间、生活孤独、担心能否取得好成绩、钱太少、对未来的不确定性和不接纳自己的形象。

处理日常烦扰的关键在于，你是如何评价和解释这些事情的。一个人如果习惯于从消极的角度看待一个中性事件，那么这个中性事件就会转变成困扰，成为不利于个体的威胁或负担。

4. 应对未来选择的挑战

在和大一学生的交流中，"找到一份自己满意的工作"是不少同学对于未来发展的自我期待，而伴随这种自我期待而来的是对未来的不确定性、对未来的不可把握性带来的职业选择压力。大学生在规划未来时，往往发现自己置身于多重压力的交织网中。职业道路的模糊不清、社会期望的重重包围、个人梦想与现实世界的激烈碰撞，使得每一次人生抉择都仿佛置身于错综复杂的十字路口。

这种内心的矛盾冲突，不仅源于外部环境的激烈竞争和外界评判的纷扰，更源自内心价值观的反复摇摆——在多元且复杂的价值观体系中，如何坚定地找到自己的定位，成了他们亟待解答的重要课题。与此同时，信息爆炸的时代更是让选择的复杂性雪上加霜。表面上看似有着无限的可能性，实则却是过度思考与精神内耗的温床。大学生们在反复权衡利弊的过程中，逐渐陷入了决策疲劳的泥潭，甚至开始产生逃避现实的心理。

（四）压力的影响

1.压力的负面影响

压力过大的负面影响主要表现在心理、生理和行为三个方面。

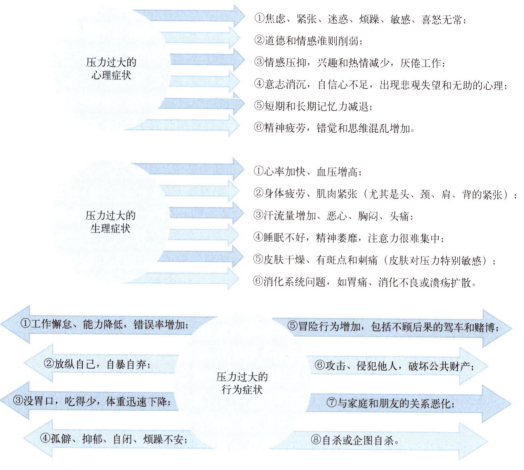

压力过大的
心理症状

①焦虑、紧张、迷惑、烦躁、敏感、喜怒无常；

②道德和情感准则削弱；

③情感压抑，兴趣和热情减少，厌倦工作；

④意志消沉，自信心不足，出现悲观失望和无助的心理；

⑤短期和长期记忆力减退；

⑥精神疲劳，错觉和思维混乱增加。

压力过大的
生理症状

①心率加快、血压增高；

②身体疲劳、肌肉紧张（尤其是头、颈、肩、背的紧张）；

③汗流量增加、恶心、胸闷、头痛；

④睡眠不好，精神萎靡，注意力很难集中；

⑤皮肤干燥、有斑点和刺痛（皮肤对压力特别敏感）；

⑥消化系统问题，如胃痛、消化不良或溃疡扩散。

压力过大的
行为症状

①工作懈怠、能力降低，错误率增加；

②放纵自己，自暴自弃；

③没胃口，吃得少，体重迅速下降；

④孤僻、抑郁、自闭、烦躁不安；

⑤冒险行为增加，包括不顾后果的驾车和赌博；

⑥攻击、侵犯他人，破坏公共财产；

⑦与家庭和朋友的关系恶化；

⑧自杀或企图自杀。

2.压力的正面意义

（1）压力给生活带来乐趣。如果人为减少外界刺激，会产生什么结果呢？为维持正常的状态，人们需要一个最低水平的刺激输入。下面就让我们来看一看著名的感觉剥夺实验。贝克斯顿（Boxton）在加拿大麦克吉尔大学募集了许多大学生志愿者进行感觉剥夺研究。

这些志愿者每天的任务就是躺在床上睡觉，除了提供生存所必需的空气、水和食物以外，其他刺激（如声音、光线、运动等）都被屏蔽或撤销，每天有 20 美元的酬劳。他们可以自己决定何时退出实验。而实际情况怎么样呢？实验结果发现，大多数志愿者在实验开始后 24 ～ 36 小时内要求退出，没有人坚持 72 小时以上。在实验期间，他们由惬意的睡眠渐渐变为厌倦和不安，而后开始唱歌、吹口哨和自言自语，直至有幻觉出现。研究人员认为，维持大脑觉醒状态的中枢结构——网状结构需要得到外界的刺激以维持一个激活的状态。当外界接触被阻止时，大脑就即兴创作，自己产生刺激。所以，生命活动的维持需要一定水平的外界刺激，这些刺激就包括适当的压力刺激。

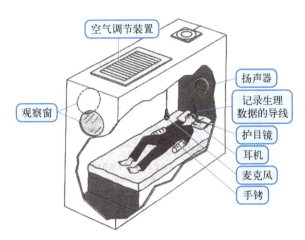

（2）环境压力促进生物进化和人类发展。压力反应，通常表现为战斗、逃跑或僵住（也称为冻结反应），是人类和许多动物在面对潜在威胁或压力情境时的一种本能反应。这些反应对于生存具有至关重要的意义，它们帮助个体在紧急情况下做出快速而有效的应对，从而提高生存机会。人的成长和发展就是不断适应环境压力的过程。进化论的观点认为，有限的资源导致竞争，而竞争就必然有压力，发展最快的地区，压力也最大。个体的一生发展，在每个阶段都需要应对新的要求。没有压力，就没有成长。让我们来看一个例子。日本人很喜欢吃一种鱼，可是这种鱼必须从西伯利亚空运到日本。每次空运过程中，都有高达 40% 的鱼因为飞机摇晃而晕机死亡。为了降低鱼的死亡率，有人提出在水箱中放入鱼类的天敌——螃蟹，这样一来，鱼为了躲避螃蟹的攻击，自然会集中精神、全力戒备以保护自己。结果，真的奏效了，鱼的死亡率从 40% 降到 5%。在这个案例中我们可以看到，水箱中放入螃蟹就等于给鱼创造了一种压力环境，在生存的压力之下，水箱中的鱼会本能地调动体内的潜能，去适应恶劣的外部环境，这就说明了并不是所有的压力都是有害的，有些压力是具有积极作用的。这也是我们经常听到的"鲶鱼效应"。

提醒您：
对于压力，处理得好，它是朋友；处理不好，它将是敌人！

（五）压力的平衡模型

压力的平衡模型是指在心理学中用来解释压力产生和应对的一种理论模型。压力平衡

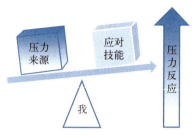

模型认为，当个体的需求和外界环境的要求不一致时，就会产生压力，个体需要采取应对措施来恢复平衡。就像一架天平一样，人们总是尽力在日常生活的各种需要和自身的承受能力之间寻找一个平衡点。如果这种需求超过了你的能力所能承受的范围，天平就发生倾斜，你自身的内部平衡也随之倾斜。这时，压力的各种征兆就会接踵而至。

在生活的所有领域，无论是工作、运动、教育，还是艺术，当我们处于"刀刃"上时，我们自身的表现最为出色。因为此时虽然很紧张，但是在需求与能力之间有一个平衡点。压力平衡模型包括了压力的来源、个体对压力的认知和应对方式以及压力带来的后果等内容。

首先，压力的平衡模型强调压力的来源。压力的来源包括外部环境和个体内部因素。外部环境的压力源包括工作、学习、家庭、社交等方面的压力，而个体内部因素则包括了个体的性格、认知能力、情绪稳定性等，可能导致对压力源的认知出现偏差，增加个体对压力的感受。

其次，压力的平衡模型阐述了个体对压力的认知和应对方式。个体对压力的认知和应对方式会影响其对压力的主观感受和后续的行为。认知方面，个体可能对压力源的认知存在偏差，导致过度担忧和恐惧，加重了压力的感受。而应对方式方面，个体可能采取积极应对方式和消极应对方式来应对压力，积极应对方式可能包括寻求社会支持、调整心态、寻求解决问题的途径等，而消极应对方式可能包括逃避、沉溺于不良习惯等。

最后，压力的平衡模型强调了压力对个体的影响后果。对于不同个体而言，对压力的认知和应对方式可能导致不同的后果。如果个体过度担忧和消极应对，可能产生焦虑、抑郁等心理问题，甚至影响生理健康。而积极应对压力，可能使个体更好地适应压力，增强自我调节能力，提高生活质量。

在压力平衡模型的基础上，心理学家提出了许多个体间的差异性，这些差异包括性别、年龄、性格、社会资源等因素。例如，性别和年龄会影响个体对压力的认知和应对方式，性格和社会资源也会影响个体对压力的应对效果。此外，个体在应对压力的过程中，还可能产生适应性行为，这些行为可能会改变个体对压力的感受和应对方式。

总的来说，压力平衡模型是为了帮助人们更好地理解压力产生的原因和个体对压力的认知和应对方式。同时，压力平衡模型也提供了应对压力的指导原则，帮助个体更好地应对生活中的各种压力，提高生活质量。压力平衡模型具有很强的实践应用价值，可以帮助个体更好地理解和应对生活中的各种压力，提高心理健康水平。

📖 **拓展知识**

（一）压力与效能

心理学家曾形象地说：压力就像一根小提琴弦，没有压力，就不会产生音乐。但是，

如果琴弦绷得太紧，就会断掉。因此，人需要将压力控制在适当的水平——使压力的程度能够与生活协调。如果没有压力，你就达不到完成任务所需的思维、情绪和活动水平；但是如果压力太大，也将干扰任务的顺利完成。这同样可以拿人体的血压来比拟，无论是高血压还是低血压都会对健康产生严重的危害。可见，无论是压力太大，还是压力太小，都不合适，都需要进行压力管理。心理学家耶克斯（R.M.Yerkes）与多德森（J.D.Dodson）通过实验研究发现，压力与学习效率之间并不是线性关系，而是呈倒 U 形的曲线关系。当我们所经历的压力水平与所做的活动相适应时，就能达到最佳表现；当我们承受的压力过大或过小时，表现就会下降。从压力曲线我们可以得出如下启示：不同的人有不同的压力曲线。压力有积极压力和消极压力之分，压力管理的目的是使压力处于曲线的"最佳区域"，也就是平衡点——绩效高峰。

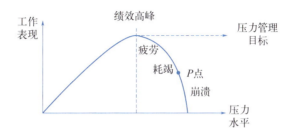

（二）中医"治未病"思想与压力管理

中医"治未病"思想源自《黄帝内经》，强调"未病先防、既病防变、愈后防复"的预防医学理念。这一思想与现代社会压力管理的核心理念高度契合——通过早期干预和整体调节，避免压力积累导致身心失衡。中医"治未病"思想强调预防胜于治疗，但同时也注重在疾病发生后及时采取有效的治疗措施。这种预防与治疗相结合的理念同样适用于压力管理。以下从理论到实践，系统解析两者的结合与应用。

1. 理论基础：中医"治未病"与压力本质的对应

（1）未病先防：压力积累的早期干预

中医视角："上工治未病"主张在疾病未形成时调整阴阳、气血平衡。《素问》云："精神内守，病安从来？"强调情志调和的重要性。

压力管理对应：通过生活节律（如子午觉）、饮食调理（如甘淡养脾）、情志疏导（如"恬淡虚无"）预防压力蓄积，避免"肝气郁结""心火上炎"等病理状态。

（2）既病防变：压力反应的动态调控

中医视角：已出现轻度症状（如失眠、烦躁）时，需阻断"肝郁化火""心肾不交"的传变路径。

压力管理对应：针对压力诱发的焦虑、疲劳，采用疏肝解郁（如柴胡疏肝散）、宁心安神（如酸枣仁汤）等方法，防止发展为抑郁症、高血压等疾病。

（3）愈后防复：压力适应力的长期培养

中医视角："正气存内，邪不可干"，通过固本培元（如八段锦、艾灸关元穴）增强体质，降低复发风险。

压力管理对应：建立抗压"免疫系统"，例如通过太极拳调节自主神经功能，提升心理韧性。

2.实践应用：中医方法在压力管理中的具体策略

（1）情志调摄：五行相胜与情绪平衡

木（肝）克土（脾）：长期压力导致肝郁，引发消化不良（如胃痛、腹胀）。对策：按揉太冲穴（疏肝）＋足三里（健脾）。饮用玫瑰花茶（行气解郁）配合山药粥（健脾养胃）。火（心）亢盛：焦虑、失眠、舌尖红。对策：莲子心 3 克＋竹叶 5 克代茶饮（清心降火）。练习"六字诀"中的"呵（hē）"字诀，疏导心火。

（2）饮食药膳：以食代药，调和气血

慢性压力耗气（神疲乏力）：黄芪 15 克＋枸杞 10 克炖鸡汤（补气益精）。急性应激伤阴（口干、烦躁）：百合 30 克＋银耳 20 克煮羹（滋阴安神）。

（3）导引术与经络调理

八段锦"摇头摆尾去心火"：通过脊柱旋转刺激督脉与膀胱经，调节交感神经兴奋性，缓解紧张性头痛。耳穴压豆：选取"神门""心""皮质下"等穴位，用王不留行籽贴压，调节边缘系统功能，改善焦虑情绪。

（4）时间医学：顺应四时与昼夜节律

子时（23-1 点）胆经当令：熬夜会加剧肝郁，建议 23 点前入睡。申时（15-17 点）膀胱经旺盛：适合进行快步走或拍打膀胱经，促进代谢压力激素（如皮质醇）。

综上所述，中医"治未病"思想与压力管理之间存在紧密的联系。通过调整生活方式、调节情绪、制定个体化的应对策略以及预防与治疗相结合等方式，可以有效地缓解压力带来的负面影响，保护身心健康。

二、理论应用

案例解析

某大学大四学生王某，近期无法安心看书，坐在教室里看书时，总担心会有人坐在身后并干扰自己，有强烈的不安全感；他对同寝室一位同学外放收音机的行为非常反感，有时简直难以忍受，尤其是中午睡午觉时总担心会有收音机的声音干扰自己，从而睡不着觉，经常休息不好。但又不好意思跟其发生当面冲突，因为觉得为这样的小事发脾气，可能是自己的不对。他很长时间不能摆脱这种心理困境，很苦恼，严重影响了自己的日常生活和学习。而且即将面临毕业，心中一片茫然，担心找不到理想的工作，有时候也懒得去想这个问题，怕增添烦恼。学习一般，在班上成绩中游，当看到其他同学都在准备考研究生，自己也想考，但是又不能集中精力学习。性格方面比较自卑，缺乏自信，生活态度比较消极，认为所有的一切都糟透了。王某来自农村，经济状况一般，认为自己有责任挑起家庭的重担，但又觉得力不从心。

分析：根据压力平衡模型中的压力源进行分析，在该案例中，该生的心理困境实际上主要是由各种压力源造成的。

首先，该生即将面临大学毕业，择业困难构成了其压力源的核心。择业压力所导致的心理紧张和心理困境，其实质是由来访者自身能力与理想目标之间的落差造成的，落差越大，心理压力也就越大。该生学习成绩一般，对自己缺乏信心，但家在农村，又觉得自己责任重大，必须找到一份好工作，因此心理压力是相当大的，而且是与日俱增的。

其次，择业压力使来访者在心理上产生不安全感。行为发生学认为，当人受到刺激时就会做出某种特定的反应。来访者面对压力，采取的是消极应对策略——回避。虽然不去想它，但是问题和压力却仍然存在，尽管只是一种茫然状态。

再次，择业压力使来访者的心理变得异常敏感和脆弱，这一点在他的日常学习和生活过程中直接体现出来。哪怕有一点动静，在教室看书或者在宿舍睡午觉都会受到干扰；严重时，即使没有任何干扰，来访者也会怀疑、担心和害怕受到干扰。

最后，择业压力和敏感的心态极易使来访者面临人际性冲突问题，这是王某采取回避和压抑等消极应对策略的必然结果。在与同学相处时，尽管王某自己也意识到只是一些很小的事情，但就是不能控制自己。当某件事情或某个人多次引起自己的反感和不快时，就很自然地把自我消极情绪固着在该事或该人身上，从而影响人际的和谐与沟通。实际上，这是由于王某刻意回避主要现实压力，导致压力感（压力能量）转移的结果。

教师点评：通过以上案例我们可以得知，压力无时无处不在，对我们的生活影响很大。在此，也提醒各位同学：①切不可对号入座。我们在这里所描述的案例不能全面反映个案的真实情况，也许有同学通过对比发现自己也和案例中有很多相似或完全一致的地方，于是就"照葫芦画瓢"，想当然地采取一些方法试图让自己缓解压力，但是，前面提到"压力的大小与压力源和承受压力能力有关"，因此要善于认真剖析自己，学会正确认识到自己的压力来源，做好评估之后再采取相应措施。②理清压力与认知、情绪等之间的内在关系。我们知道，压力会体现在生理、心理和行为等方面，也就是说情绪控制不好可能是压力过大导致的，所以在辨识情绪控制关键因素时要将压力等要素考虑进去，同时，尽量避免因压力过大而导致认知偏差、情绪失控等不良后果，以免给自己带来多重困扰。③压力事虽小，要量力而行。压力是"主观的"，因此只有自己最能感受当前的压力事件的程度，当不能一个人独立承担和面对的时候，要善于向身边的朋友、家人和心理咨询老师求助，获取社会支持，化压力为不断前进的动力。

🏃 **常见问题** ━━━━━━━━━━━━━━━━━━━━━━━━━━━━━━━━━

Q1：每个人的自我觉知水平存在差异，有时候自己对压力的评估不是很准确，那么如何确定自己的压力是适中还是过大呢？

A：当自我感觉不到压力的程度时，可以借助外在观察来发现，根据本单元前面所述，有效识别压力的信号至关重要。当然这些信号并不一定是有害的或者危险的。你可以把它们看成一种征兆，它表明你没有发挥或者已经超越了自己能力的极限。但是，如果这些信号不断地或者经常地出现，那就不是什么好兆头了，这时就需要认真地对待这些信号。

	预警信号
心理方面	持续焦虑或抑郁：如果经常感到持续的焦虑、不安或抑郁，情绪波动明显，难以放松，这可能表明压力水平偏高 对生活缺乏兴趣：长期感到疲惫、烦躁，或对生活提不起兴趣，也是压力过大的表现 对小事异常敏感：对生活中的小事异常敏感，容易发脾气或感到烦躁不安，同样可能说明压力较大
生理方面	头痛、胸闷：压力通常伴随着头痛、胸闷等身体症状，如果这些症状持续较长时间，可能表明压力已超出正常范围 肌肉紧绷：感到肌肉紧绷、僵硬，特别是颈部、肩部和背部的肌肉，这是身体对压力的一种自然反应 睡眠障碍：入睡困难、多梦、易醒等睡眠障碍也是压力过大的表现。长期睡眠不足会导致身体和心理的疲劳，进一步加剧压力感 食欲变化：压力可能会影响食欲，导致暴饮暴食或食欲不振。这种食欲的变化不仅会影响身体健康，还会加重心理负担
行为方面	拖延症加重：在压力下，人们可能会变得拖延，难以集中精力完成任务。如果发现自己的拖延行为越来越严重，可能说明压力已经影响到了工作效率和生活质量 注意力难以集中：无法集中精力完成工作或学习，经常分心或走神，也是压力过大的表现 社交减少：高压力可能会导致人们变得更加内向和孤僻，减少与家人、朋友或同事的交往。这种社交的减少会进一步加剧孤独感和压力感

如果以上方法无法准确判断自己的压力水平，或者情绪和身体表现已严重影响日常生活，建议及时找专业心理医生或相关机构进行专业评估。心理医生可以通过心理测试和咨询等方式，更准确地了解个体的压力水平和心理状态，并提供有效的应对策略和建议。

综上所述，确定自己的压力水平需要综合考虑情绪、身体和行为等多个方面的表现。通过自我观察和评估，以及寻求专业帮助，可以更好地了解自己的压力状态，并采取相应的措施进行压力管理。

Q2：从小到大我遇到压力时都是自己面对的，也觉得没有什么问题，那为什么还要向他人倾诉呢？

A：向他人倾诉作为一种减压方式，其积极意义不容忽视，尽管你过去可能习惯于独自面对压力，但尝试倾诉可能会为你带来新的体验和收获。以下是从倾诉对减压的积极意义展开，同时探讨了其他减压方式。

① 倾诉的积极意义

情感释放：倾诉可以帮助你将内心的情感释放出来，避免情感压抑导致的心理问题。当你与他人分享自己的压力和困扰时，内心的负担会减轻，心情也会变得更加轻松。

获得支持：倾诉的过程中，你可能会得到他人的理解、同情和支持。这些正面的反馈能够增强你的心理韧性，让你在面对压力时更有信心。

拓宽视角：与他人交流时，你可能会听到不同的观点和建议，这有助于你拓宽视角，从不同的角度看待问题。这种思维的转变可能会让你找到解决问题的新方法，从而减轻压力。

增强社交联系：倾诉也是加强社交联系的一种方式。通过与他人分享自己的经历和感受，你可以与他人建立更紧密的联系，感受到更多的归属感和安全感。

② 其他有效的减压方式

运动：运动是释放压力的有效途径之一。通过跑步、游泳、瑜伽等运动方式，你可以释放身体的紧张感，同时促进内啡肽等愉悦物质的分泌，改善心情。

冥想：冥想是一种放松身心的练习。通过专注于呼吸或特定的冥想对象，你可以减少杂念，提高专注力，从而减轻压力和焦虑。

艺术创作：绘画、音乐、写作等艺术创作活动也是很好的减压方式。通过创作表达自己的情感和想法，你可以释放内心的压力，同时获得成就感和满足感。

时间管理：合理的时间管理有助于减少压力。制定清晰的计划和目标，合理安排时间，避免拖延和过度工作，可以让你更加从容地应对生活中的挑战。

寻求专业帮助：如果压力已经严重影响到你的生活和健康，寻求专业心理咨询或治疗是一个明智的选择。专业人士可以为你提供专业的建议和支持，帮助你更好地应对压力。

你也可以根据自己的喜好和需求选择其他适合自己的减压方式。记住，减压是一个持续的过程，找到适合自己的方法并坚持下去是关键。

Q3：经常听人说，深呼吸可以达到放松、舒缓压力的效果，为什么？

A：深呼吸确实可以达到放松和舒缓压力的效果，我们可以从以下几个方面来分析。

（1）生理学角度

增加氧气供应：深呼吸时，肺部能够更充分地吸入氧气，增加身体的氧气供应量。这有助于身体各器官得到充足的养分，从而更好地运转。同时，深呼吸还能促进二氧化碳的排出，维持体内气体平衡。

锻炼呼吸肌：深呼吸过程中，呼吸道肌肉的活动得到锻炼，促进了呼吸系统的正常运转。这有助于降低肌肉紧张和疼痛的程度，进一步放松身心。

刺激副交感神经系统：深呼吸可以刺激身体的副交感神经系统，这是自主神经系统的一部分。当副交感神经系统被激活时，它会引导身体进入更加平静和放松的状态，从而减慢心跳、降低血压。

减少应激激素水平：深呼吸还能够减少体内的应激激素水平，如肾上腺素和皮质醇等。这些激素通常与压力和焦虑相关，因此减少它们的水平有助于减轻压力和焦虑的感觉。

（2）心理学角度

分散注意力：进行深呼吸时，人们需要专注于呼吸过程。这种专注力有助于从外界的压力和干扰中分散注意力，进而让内心的焦虑和紧张得到缓解。

提升情绪稳定性：深呼吸可以帮助人们从激动或负面的情绪中解脱出来，并重新树立稳定情绪。通过深呼吸，人们可以更容易地进入当下的状态，享受当下的平静和放松。

在日常生活中，当人们感到紧张或焦虑时，尝试进行几次深呼吸通常可以迅速缓解这些负面情绪。深呼吸不仅可以在短时间内提供放松和舒缓的效果，而且长期坚持还可以增强肺部的弹性和活力，提高肺部对各种病菌的抵抗力，降低呼吸道疾病发生的概率。同时，深呼吸还有助于改善心血管功能、提高注意力和专注力等。

三、实操训练

 **课前准备** ──────────────

1. 心理测试

压力的自我评估

完成下列关于你当前不良压力信号的量表。尽管其中一些项目反映了积极的压力（如说话语速比平时快或难以入睡），但整张量表的目的还是为了测出不良压力。这个量表与其他压力相关的量表高度相关，这表明它是对于不良压力症状进行有效测试的工具，尤其重要的是它将给你提供一幅关于你自己心理、生理和行为经验的非常生动的画面。当你完成时，用量表上方的分数把你的总分加起来。

指出在过去两周中以下哪些症状发生过，打分方式如下。

0分	没有发生	5分	发生过几次
1分	发生过一两次	10分	几乎一直发生
	易怒		坐立不安
	压抑的感觉		噩梦
	由于紧张引起嘴巴和喉咙发干		腹泻
	一时兴起的冲动行为		对他人进行言语攻击
	情绪上下起伏		思维受阻
	强烈的想哭的冲动		尿频
	强烈的逃避现实的欲望		恶心
	强烈的伤害他人的欲望		头痛
	思维模糊不清		颈痛
	说话语速比平时快		背痛
	普通的疲倦或沉重感		没胃口
	完全被压倒的感觉		性欲下降
	情绪不稳定的感觉		食欲增加
	感到毫无乐趣		健忘
	感到焦虑		胸痛
	情绪紧张		明显的人际冲突
	易受惊吓		挣扎着起床面对新的一天
	敌意		感到事情失控
	颤抖或神经抽搐		没有希望的感觉
	演讲中吞吞吐吐或结巴		难以长期持续从事某一活动
	注意力不能集中		易发脾气
	思维组织困难		退缩不前

0 分	没有发生	5 分	发生过几次
1 分	发生过一两次	10 分	几乎一直发生
	整夜睡眠困难		难以入眠
	比平时更加不耐烦		从压力事件中恢复很慢
	磨牙难以平静		紧张引起的剧烈心跳

评分和解释

把你的不良压力症状量表中的得分加起来，你的分数是___。你的分数处于以下三个区间中的哪一个？

严重不良压力症状：50 分或更高

中度不良压力症状：20 ～ 49 分

轻度不良压力症状：0 ～ 9 分

分享讨论

——你的分数是否比预计的高？请你解释。

——你有什么新的或令人吃惊的发现？

——标出 2 ～ 3 个在你感到压力过重或者压力不足的时候最让你烦恼的项目。

——从你所画的项目中，你能学到哪些关于你的积极压力地带的知识？

——你认为你的伴侣、亲密的朋友、工作伙伴用这一量表会如何评价你？并问问他们。

注意：心理压力是一种内部状态，如果你善于处理，即使目前总分较高，也不必过于担心，运用课程里学到的知识可以帮助你更好地应对压力。

2. 通过扫描二维码自学完成微课"压力与压力管理"之后，你的困惑或疑问是什么？

微课：压力与
压力管理

问题 1：

_____

问题 2：

_____

问题 3：

_____

> **课堂互动**

1. 案例大讨论

新生小李对自己的专业不太满意，希望转专业，家里人也非常希望他可以转专业成功。为此，小李十分努力，争取得到高绩点。但小李发现，除了自己，不少同学也有类似的想法，他们也都非常努力。这让小李感觉很紧张，觉得自己必须更加努力才好。为此，他把课余时间基本安排在图书馆学习，周末甚至一整天都在学习。班级活动或同学聚会能推则推，与同学交往很少。几个月下来，小李感觉自己有些学不动了。上课或自习的时候常常注意力涣散，忍不住想刷手机，一刷就停不下来。看着没有完成的任务单，小李内心懊悔不已，只能通过加倍延长学习时间来完成任务，常常熬夜到凌晨。随着期末考试的临近，小李觉得自己的状态越来越不好。晚上睡不着，白天没精神，胃口也变差了，忍不住地想发脾气，总担心自己已经这么努力了，如果转专业不成功该怎么办。

（1）小李当前的压力源有哪些？

_____

_____

（2）他的压力反应是什么？从生理、心理、行为这些层面尝试分析。

_____

_____

（3）他目前使用的压力应对方式有哪些？

_____

_____

（4）从压力平衡模型的角度，小李可以如何改善他的压力状况？

_____

_____

2. 学习和掌握压力管理的"4D"模式

（1）发现（Detect）。首先要找出到底是什么原因让人感到压力，即找出压力源。

（2）区分（Divide）。

	可改变因素	不能改变因素
高优先级	1	3
低优先级	2	4

要对压力源进行区分，上图是一个矩阵图，在这个矩阵图中，我们可以看到两个关键因素，一个是优先级的区分，另一个是可控性或可改变性的区分。

找出压力源后，要分析这个压力源是需要优先解决的压力源，还是非优先解决的压力源。所谓需优先解决的压力源是指，该压力源已经严重影响健康，或者已经严重影响到职业发展，或者对生活、工作产生了极大的干扰等。高优先级的压力源需要首先处理，低优先级的压力源可以随后处理。

然后需要区分压力源的可控性，即是否有可改变的因素。根据上图可以看出，高优先级、有可改变因素的压力源应最先处理，接下来依次是低优先级、有可改变因素的压力源，高优先级、不能改变因素的压力源和低优先级、不能改变因素的压力源。

（3）决定（Decide）。接下来就是决定应对的策略，即用什么样的方式来处理不同区间的压力源问题。

（4）行动（Do）。最后一步就是采取行动。通过采取行动可以改变承受压力的现状。

现在就来列举生活中你遇到过的一次压力事件，试着用"4D"法来完成以下横线上的内容吧！

你的发现

_____

你的区分

① _____

_____

② _____

_____

③ _____

_____

④ _____

你的决定

_____

你的行动

_____

3. 腹式呼吸法

虽然我们每天都在呼吸，可是大部分的呼吸都属于胸式呼吸，尤其当一个人处于紧张焦虑状态时，更是经常采用胸式呼吸。胸式呼吸是一种短促而且快速的呼吸，容易产生窒息、换气过度等情形。腹式呼吸是一种能吸入最多氧气的呼吸方式，当我们很生气的时候，能刺激副交感神经系统，有助于放松、安定神经、改善专注力及排泄身体废弃物，所以腹式呼吸是学习放松的第一个步骤，也是最重要的一个窍门。

做法

（1）先找一个舒适的位置，减轻束缚，坐或者躺都可以，将双手置于肚脐前，中指轻轻接触。

（2）由鼻子吸气，再由嘴巴吐气。

（3）当吸气时，肚脐尽量往上顶，直到中指尽量分开，想象胸部与腹部之间有层横膈膜，想办法把横膈膜向下拉，横膈膜下降，胸部便会自然扩张，气体便会流至胸腔内。

（4）吸气时默念"一分钟、两分钟、三分钟、四分钟"并且停一秒，仔细感觉放在腹部的手会跟着上升约一寸（切记，不要牵动你的肩膀）并想象温暖且放松的气体流进你的体内。

（5）慢慢吐气，将嘴噘成小圆状，吐气速度越慢越好，越慢越能产生安全、平静且放松的感觉，仔细感觉放在腹部的手会跟着下降，并想象所有的紧张也跟着释出。

（6）若你感觉轻微头晕，则改变你的呼吸长度及深度。

（7）重复以上动作 5 ～ 10 次。

注意事项

一开始练习不能很快地让空气进到肺部深处，必须一再地练习，才能使自己更专心。若难以维持规律的呼吸，则轻轻地深呼吸，维持 1 ～ 2 秒，在噘嘴缓慢吐气约 10 秒之后，再开始先前的腹式呼吸步骤。

我的感悟

四、延伸阅读

课外链接

1. 压力管理小技巧

（1）提前规划，早做准备。许多引起压力的事件是难以预料的，但对那些你能事先估计到的情况可以提早采取缓解措施。"一切尽在掌握中"这种感觉本身就能很好地缓解压力。

（2）制定合理目标，降低期望。水平过高的期望是造成压力的一个重要原因，因此，不要订立难以实现的目标，要从实际出发，尽量做自己力所能及的事，不要对自己抱太高的期望，以免带来更大的挫败感。每个人的抗压能力都是不同的。对于企业来讲，更欢迎那种抗压能力强的员工（许多招聘启事中都有这样的要求）。因此，做好压力管理，除了减压之外，我们还要增强自己的抗压能力。

（3）做好情绪管理，提升情商。压力缓解的方法中，很重要的一点就是转化对压力问题的情绪应对。因此，拥有良好的情绪管理能力并逐渐提升自己的情商，抗压能力自然会得到提升。比如，当我们遇到批评时，脸皮厚一点（这是情商高的表现），诚恳地接受建设性的意见，不要太有挫折感，那么，压力感就不会很强了，抗压能力也就提升了。

（4）做好时间管理，让生活井井有条。焦头烂额的生活会带来很大的压力，而有条不紊、井然有序的日程安排可以消除紧张情绪。如果我们无法同时面对千头万绪的事情，可以在一段时间内只做一件事。今日事今日毕——很多事情搁着未做，本身就能造成巨大的心理压力。不可无休止地执着于某一个任务，快速结案，甩掉包袱。

（5）理性思考，着眼于当下。尽量客观理性地看待身边发生的事情，避免看问题"一边倒"和"一刀切"，更不能因为自身的不合理偏见而影响了对外在世界的客观判断。同时，要提升处理现实问题的能力，有序处理当下最重要和最紧急的事情，而不是一味抱怨或诉诸他人，要有敢于行动的执行力和气魄。

（6）养成好习惯，发挥减压阀的作用。每个人都可以设置自己的减压阀，但很多人往往沉浸在压力中不能自拔。如果能够平衡学习和休息的时间安排，经常锻炼身体，避免精神和体力上的过度疲劳，自然能够提高自己的抗压能力。比如，据研究表明，10 分钟的散步能带来随后 2 小时的充沛精力，并使紧张感和疲劳感减轻。

（7）培养意志力，不断发掘自身潜能。人的抗压能力不是天生的，加强意志品质的培养，磨炼人的意志力是增强抗压性的有效方法，也是减轻心理压力的重要心理基础。不屈不挠为实现目标而奋斗，在困难面前不退缩，在压力面前不屈服，在引诱面前不动摇。"古之立大事者，不惟有超世之才，亦必有坚韧不拔之志。"——苏轼

（8）构建你的社会支持系统。这里所说的社会支持系统可以包括家人、朋友和某一社会组织等，是指在你遇到问题的时候可以提供物质或精神支持的个人或群体。学习或工作之余，不妨多花一些时间去发展这些支持的关系，通过与他人谈论和分享感受，不仅可以让我们更好地缓解压力，而且还可以巩固你的社会支持系统。

2. 张桂梅：用生命托起大山的希望

"自然击你以风雪，你报之以歌唱。命运置你于危崖，你馈人间以芬芳。她的故事，值得你讲给孩子听。"这是 2021 年 2 月 17 日，"感动中国 2020 年度人物"颁奖晚会上，感动中国组委会对张桂梅的颁奖词。

在云南省华坪县，张桂梅的故事已经家喻户晓。全国脱贫攻坚楷模、感动中国 2020 年度人物、全国优秀共产党员、"时代楷模"张桂梅，是全国第一所全免费女子高中——华坪女子高中的校长。她常说："女孩子受教育，可以改变三代人。"她教会了大山里的女孩用知识改变命运，她将压力转化为教育扶贫的巨大动力，成为时代的"燃灯者"。

"用知识改变贫困山区女孩的命运"

张桂梅年轻时也是个爱美的姑娘，她与丈夫在大理的一所中学幸福地工作、生活。还未等到张桂梅怀孕生子，她的丈夫便因癌症去世。为逃离伤心地，她申请调到了边远的丽江市华坪县民族中学。然而就在第二年，张桂梅被查出患有子宫肌瘤，需要立即住院治疗。为了给丈夫治病，张桂梅的全部积蓄已经花完，根本没有钱为自己治病。当时的她想要放弃治疗，听天由命。但是学校的教职工和华坪的乡亲们不同意，他们得知消息后纷纷给张桂梅捐款。看着大家 5 块、10 块地给自己凑钱，张桂梅眼泪抑制不住地往下流，因为她知道很多家长给孩子交学费的钱都是钢镚和角票。无数人的关心和温暖点燃了张桂梅的斗志和热情："这片土地上的父老乡亲救了我，给了我第二次生命，我要用自己的生命来报答这片热土，报答父老乡亲们！"

病好后，张桂梅把全部精力都放在教学工作上，对每一个学生都十分关心。渐渐地，她发现学校里几乎每个班都是男生多女生少，"一些女生读着读着就不见了"。很多贫困家

庭的女孩早早辍学，或帮父母种地，或外出打工，甚至早早嫁人换取彩礼。"家访中我了解到，这些女孩子其实是非常想读书的，但是她们贫困的家庭和父母落后的思想却不给她们读书的机会。"张桂梅说："如果她们有一个有文化、有责任感的母亲，她们就不会辍学，如果这些女孩子辍学了，很可能将来她们的孩子还会重复她们的命运。当时我就想办一所免费的女子高中，我想让这些贫困家庭的女孩子通过知识改变命运，彻底阻断贫困在低素质母亲与低素质孩子间的恶性循环。"

从此，张桂梅开始为这所理想中的学校奔走呼吁。凭她一己之力创办一所女子高中，而且还是全免费，责任之大，困难之多，让人难以想象。身边的人都婉言劝她放弃，可她却信心满满地说："我知道困难肯定很多，贫困女孩的教育问题不解决，全面小康就没指望。这件事就算再苦再难，我也要做！"

2008 年 9 月，在各级党委、政府和各界爱心人士的鼎力支持下，华坪女子高级中学终于建成，张桂梅被任命为该校党支部书记、校长。

"为多救助一个不幸的孩子，我怎么做都值"

从 2001 年 3 月起，张桂梅一边当教师，一边义务当上了华坪县儿童之家的院长，成了众多孤儿的"妈妈"。这些孤儿年龄从 2 岁到 12 岁不等，院子里经常哭声一片，搅得左邻右舍都睡不着觉。张桂梅只能抱着孩子满院子走。一些孩子不会上卫生间，经常弄得床上、裤子里都是大小便，她和工作人员就不停地擦洗。一些孩子体质弱常生病，她就常在医院和学校之间来回奔波。"想想那个时候，都不知道怎么过来的！"回忆往事，张桂梅很是感叹。

后来，儿童之家的经费越来越短缺。"孩子们的吃喝拉撒开支越来越大，我这个义务院长应该怎么办呢？"为了贴补经费，张桂梅带着孩子帮附近的店铺卖过鞋，也卖过花，还把慈善机构捐给孩子们的玩具变卖成了钱用来交学费。2003—2007 年的寒暑假，张桂梅到昆明走街串巷地搞募捐，见人就发资料，她被人吐过口水，被人辱骂过，募捐到的钱却屈指可数。对此，她毫不在意，"能多救助一个就多救助一个，为了能多救助一个不幸的孩子，我怎么做都值！"

张桂梅吃穿用都很简朴，多年以来，她把节省下来的工资、奖金共计 100 多万元，都用来捐助教育和儿童福利事业。为了给寒冬腊月里发高烧的男生保暖，她把丈夫留下来的珍贵的毛背心送给了他；为了省下钱来资助学生，她戒掉了肉食，常年吃素；为了回报和她并肩作战的女高教师们，她把数年来领取的劳模慰问金全部用作教师们的教学奖励金，可她自己却连一袋牛奶都舍不得喝。

2007 年，张桂梅要到北京参加党的十七大，华坪县委、县政府的领导看到张桂梅衣着朴素，特意拨了几千块钱给张桂梅，让她去购置一套正装用于参会，并叮嘱她把剩下的钱带在身上，路上也方便些。看着儿童之家简陋的办公环境，她想都没想，就把这笔钱"挪用"给儿童之家买了一台电脑。

钱花完了，参会的正装却没了着落。其实张桂梅也觉得穿着自己那些旧衣服参会不妥，便花了 200 元钱买了一件西装上衣，搭着一条平时常穿的牛仔裤便进京了。会议期间的一天早晨，张桂梅匆匆赶往会场，同行的一个人压低声音对她说："你摸摸你的裤子。"张桂梅觉得很奇怪，伸手往后一摸，顿时羞得满脸通红。牛仔裤不知什么时候破了两个洞，而她那件西装上衣太短，没遮住。她感到很害羞，自己平时穿的裤子，不知啥时已经破了，而且早不破晚不破，偏偏在这么重要的场合让自己出糗。

细心的人会注意到，在全国脱贫攻坚总结表彰大会上，张桂梅坐着轮椅接受表彰时所穿的外套和几天前在感动中国 2020 年度人物颁奖盛典上穿的是同一件。一件外套参加几场盛典，没有人觉得她很穷，反而觉得她是那么富有。

在张桂梅身上，我们看到了生命所具有的巨大弹性。我们也看到，所谓心理健康或者平衡，并不是一辈子待在温室里，做一朵备受呵护、照料的小花，诚然，这样可以令我们少受一些生活的摧残，但同时也失去了感受生活的丰富、磨炼自己意志的机会。真正懂得心理健康和平衡的人不会拒绝生命中的这种另类"精彩"，会调整自己，恢复自身生命的弹性。

📖 推荐资源

1. 书籍：史铁生 《我与地坛》

《我与地坛》由我国当代著名作家史铁生著，是史铁生文学作品中，充满哲思又极为人性化的代表作之一。史铁生是当代中国最令人敬佩的作家之一。他的写作与他的生命完全同构在了一起，在自己的"写作之夜"，史铁生用残缺的身体说出了最为健全而丰满的思想。他体验到的是生命的苦难，表达出的却是明朗和欢乐，他睿智的言辞照亮了我们的内心。

地坛只是一个载体，而文章的本质却是一个绝望的人寻求希望的过程，以及对母亲的思念。

2. 电影：《肖申克的救赎》

一场谋杀案使银行家安迪蒙冤入狱，谋杀妻子及其情人的指控将囚禁他终生。安迪在肖申克监狱的首次现身就让监狱"大哥"瑞德对他另眼相看。瑞德帮助他搞到一把石锤和一幅女明星海报，两人渐成患难之交。很快，安迪在监狱里大显其才，担当监狱图书管理员，并利用自己的金融知识帮助监狱官避税，后引起了典狱长的注意，被其招致麾下。偶然一次，他得知一名新入狱的小偷能够作证帮他洗脱谋杀罪。燃起一丝希望的安迪找到了典狱长，希望他能帮自己翻案。阴险伪善的狱长假装答应安迪，背后却派人杀死小偷，让他唯一能合法出狱的希望泯灭。沮丧的安迪并没有绝望，在一个电闪雷鸣的风雨夜，一场暗藏几十年的越狱计划让他自我救赎，重获自由！老朋友瑞德在他的鼓舞和帮助下，也勇敢地奔向自由。

3. 电影：《当幸福来敲门》

影片取材于真实故事。故事的主角就是当今美国黑人投资专家 Chris Gardner。这部电影成功诠释出一位濒临破产、老婆离家的落魄业务员，如何刻苦耐劳地善尽单亲责任，奋发向上成为股市交易员，最后成为知名的金融投资家的励志故事。该片获得 2006 年奥斯卡最佳男主角提名。

第 **5** 单元

与自己相处的艺术

——探索自我

第1堂

多维透视：人格与自我完善

　　一根小小的柱子，一截细细的链子，拴得住一头千斤重的大象，这不荒谬吗？可这荒谬的场景在印度和泰国随处可见。那些驯象人，在大象还是小象的时候，就用一条铁链将它绑在水泥柱或钢柱上，无论小象怎么挣扎都无法挣脱。小象渐渐地习惯了不挣扎，直到长成了大象，可以轻而易举地挣脱链子时，也不挣扎。驯虎人本来也像驯象人一样成功，他让小虎从小吃素，直到小虎长大。老虎不知肉味，自然不会伤人。驯虎人的致命错误在于他摔跤之后让老虎舔净他流在地上的血，老虎舔血后一发不可收，最后将驯虎人吃了。小象是被链子绑住，而大象则是被习惯绑住。老虎曾经被习惯绑住，而驯虎人则死于习惯，因为他已经习惯于他的老虎不吃人。习惯几乎可以绑住一切，只是不能绑住偶然，比如那只偶然尝了鲜血的老虎。

　　大象温和、老虎凶猛，在我们的常识中，这似乎就是动物的天性。的确，想象一下，如果是大象偶然中舔了主人的鲜血，相信它也不可能变成吃人的猛象。然而，这么一个庞然大物最终却沦为人类的工具，不得不说习惯在塑造大象的过程中所发挥的巨大力量。这就好比我们人类，有人温和、有人暴躁，有人聪明、有人迟钝，有人懒惰、有人勤奋，这些特质我们统称其为人格。一个人的人格特征既受先天遗传因素的影响，也受后天环境和行为习惯的影响，那么人格究竟是什么？我们要怎样完善自己的人格？本堂课，将带领你：

- 掌握"人格"的定义和内涵，掌握四种气质类型的特征，以及你自己的气质类型；
- 熟悉内向者和外向者的各自优势，并接纳自己的性格倾向；
- 了解大五人格模型的理论内涵；
- 了解身边同学、朋友、亲人的人格特征，并学会相互尊重；
- 体验通过具体的行动完善自己的人格。

一、理论介绍

 **基本知识**

（一）什么是人格

人格又称个性，《心理学大辞典》认为，人格是指一个人独特的、稳定的、本质的心理倾向和心理特征的总和。

日常生活中我们经常使用"人格"这个词语，如"他的人格很高尚""他出卖了自己的人格""她具有独特的人格魅力"等。然而，我们这里介绍的人格，却与平时使用的"人格"有着不同的含义。心理学家认为，人格是一个人稳定而独特的思维、情感和行为模式。这里有两层含义，一是指个人品性的稳定性，一个人过去是什么样的，现在和将来还是什么样的；二是指个人品性的独特性，我们每一个人都是与众不同的，正如世界上没有两片相同的树叶一样，世界上也找不到人格完全一致的两个人。同样都是大学生，有的人热情奔放，有的人冷淡孤僻；有的人眼明手快，有的人反应迟缓；有的人自信果敢，有的人自卑怯懦。这些不同的特征，表现的就是不同个体之间人格的差异。

当然，这里强调人格的独特性并非排斥人格的共同性。在某一文化、民族、阶层和群体中的人们往往具有相似的人格特征。如亚洲人情感更内敛，西方人情感表达更直接、更强烈。同样，人格的稳定性也不代表人格不存在可变性。个体在某种特定环境教育下或遭遇某一突发事件后，人格也可能会发生改变。假如你寒假回家参加小学同学会，很可能发现原本胆小懦弱的同学竟然变得自信大方，像换了一个人一样。一般来说，人格是具有可塑性的，尤其是在我们成年之前。

人格是遗传与环境交互作用的结果，遗传决定了人格发展的可能性，而环境决定了人格发展的现实性。人格当中的某些特质受遗传影响更深，可能会伴随我们一生，而人格中的另一些特质却与环境的关系更为密切，是可以通过努力加以改变的。

（二）人格的结构

人格是一个复杂的结构系统，它包括许多成分，其中主要包括气质、性格、能力等个性心理特征，还包括动机、兴趣、理想、信念、价值观等个性倾向性。个性心理特征是人格结构中比较稳定的心理成分，个性倾向性是人进行活动的基本动力，是人格结构中最活跃的因素。人格的这些不同成分从不同侧面反映人格的差异，相对来说，人格与气质和性格关系最为密切。

1.气质

人格中的气质（temperament）是个人与生俱来在生活早期就表现出的稳定的个性差异，即那些由遗传和生理决定的心理与行为特征，基本上一生都不会改变。它与我们平常说的"禀性""脾气"近似，是形成个性或人格的"原料"之一。生活中，我们稍加留意就可以发现，新生儿中，有的温顺，有的不安分，有的爱哭闹……这就是气质的表现。

古希腊医生希波克拉底提出，人体内有四种体液，即血液、黏液、黄胆汁和黑胆汁。每一种液体和一种气质类型相对应。黄胆汁——胆汁质，血液——多血质，黏液——黏液质，黑胆汁——抑郁质。从现代的观点来看，用四种体液来解释气质类型是没有科学依据的，但四种气质类型的用语一直沿用至今。1935 年，巴甫洛夫根据神经过程的强度、均衡性和灵活性，把动物和人类的高级神经活动类型分为四种：兴奋型、活泼型、安静型和抑制型，与之相对应的是胆汁质、多血质、黏液质和抑郁质。不同气质的人的心理和行为各有特色。

多血质——多血质的人活泼、好动、语言行动敏捷、反应迅速，注意易转移；适应变化，善交际，不怯生，易接受新事物；兴趣多变，情绪不稳定。

胆汁质——胆汁质的人能坚持长时间工作而不知疲劳，精力旺盛；直爽热情，情绪兴奋性高，但心境变换剧烈，脾气暴躁，难以自我克制。

黏液质——黏液质的人反应速度慢，情绪兴奋性低而平稳；举止平和，做事有条不紊，踏实，容易循规蹈矩；注意力容易集中，稳定性强；但不善言谈，交际适度。

抑郁质——抑郁质的人多疑多虑，内心体验深刻；敏感机智，注意细节，做事认真仔细，动作迟缓；胆小孤僻，寡欢，爱独处，不爱交际。

在现实生活中，纯粹属于某一种气质类型的人为数极少，更多的人往往是以一种为主，兼有其他一种或两种的混合型。气质本身没有优劣之分，心理学家认为，不同气质类型各有所短、各有所长，气质也不能决定一个人活动的社会价值和成就的高低。因此，我们要正确对待自己的气质类型，接纳和控制自己气质的消极品质，发扬积极品质，以有利于形成良好的个性。

2. 性格

当说起某一个人时，我们喜欢用"他是什么样的性格"来描述。性格是个性的重要组成部分，是个体对人、对己、对事的较稳定的态度和习惯化了的行为方式中表现出来的人格特质。例如，一个人在各种场合总是表现出对他人热情诚实、与人为善，对自己虚心谦逊、严于律己，遇事坚毅果断、深谋远虑。事实上，性格带有一定的评价色彩，而不是客观的描述。性格不同于气质，它受社会历史文化的影响，有明显的社会道德评价的意义。一个人的性格是在实践中逐渐养成的，性格作为个人社会行为的特征，会以各种方式表现出来。

（1）态度方面

如对待他人、集体、社会的态度，包括是否热衷人际交往，人际关系的亲疏、忠诚或虚伪、同情或冷酷、正义或狡猾等；对待学习、工作、劳动的态度，包括勤奋或懒惰、认真或马虎、细致或粗心、富有创造精神或墨守成规、节约或挥霍浪费等；对待自己的态度，包括自信、自强、自尊、自负、自卑等。

（2）意志方面

如是否具有独立性、目的性、组织纪律性、冲动性、盲目性、散漫性等。又如是否具有主动性、坚持性、自制力等。在遇到困难的时候是否冷静、勇敢、顽强、持之以恒等。

（3）认知方面

如认识事物是否易受环境干扰；认知是否注意细节，是否善于概括，能否进行持久性认知判断，是否敏锐而精细，是否善于想象、善于提出问题或喜欢借用现成答案，是否爱好分析或综合等。

由此可见，人格中气质是先天的，是体质和遗传的自然表现，很难改变，无好坏之分；人格中的性格是后天的，是社会文化模式的刻印，有可能改变，有好坏之分。对人格的塑造和完善，在很大程度上就是对良好性格的培养。

 **拓展知识**

内向者的优势

内向者通常被认为在社交场合中较为安静、保守，但这并不意味着他们在生活和工作中处于劣势。实际上，内向者拥有许多独特的优势，这些优势在特定情境下能够发挥重要作用。

一、深度思考与创造力

内向者的大脑倾向于通过独处进行"后台运行"，对信息进行深度加工，从而形成更系统的见解，往往决策质量更高。例如，爱因斯坦通过独处激发创造力，他曾表示："安静生活的单调和孤独激发了我的创造力。"这种特质使他能在物理学领域突破常规思维。比尔·盖茨以沉浸式思考解决复杂问题，他提到内向者能"花好几天时间探索问题的边缘"，这种专注力推动了微软早期的技术突破。德州扑克职业选手安妮·杜克通过理性分析"偏好、报酬、可能性"三个维度制定策略，而非依赖直觉，体现了内向者权衡利弊的优势。

二、专注力与抗干扰能力

内向者的能量源于内在，因此更擅长在单一目标上持续投入。

运动员案例：许多顶尖运动员（如网球选手费德勒）通过长期孤独训练精进技术，内向者的耐受力使其能承受重复性挑战。

远程工作适应性：新冠疫情期间，内向者因不易受外界干扰，在居家办公中表现出更高效率，而外向者可能因社交缺失而影响状态。

"静默领导力"：研究显示，内向领导带领积极主动型团队时，因耐心倾听员工建议并理性整合，团队业绩显著高于外向领导的同类组合。

三、谨慎与高质量社交

内向者倾向于三思后行，在社交中建立更深层的关系。

避免冲突：内向者习惯在表达前过滤语言，减少因"脱口而出"引发的矛盾。例如，职场中他们较少卷入办公室八卦，降低人际风险。

深度友谊：内向者朋友数量较少，但关系更牢固。如梵高与弟弟提奥的通信揭示，内向者通过精神共鸣维系情感，而非表面互动。

倾听优势：心理咨询师发现，内向者因专注倾听，常成为他人倾诉对象，从而掌握更全面的信息，在解决问题时更具洞察力。

四、冷静应对与情绪稳定性

内向者的情绪内敛特质在高压场景下转化为优势。

危机处理：内向者在突发事件中更少表现出慌乱。例如，内向的甘地通过非暴力抵抗运动展现持久稳定的领导力，而外向者可能因情绪波动影响策略。

理性沟通：内向者倾向于用文字表达，减少口语中的冲动性错误。职场中，他们通过邮件或报告传递经过深思熟虑的观点，提升沟通质量。

五、内在驱动与长期主义

内向者的成就感源于内在目标而非外部认可。

延迟满足能力：研究表明，内向儿童在"棉花糖实验"中更愿意等待奖励，这种特质延伸到成年后表现为对长期目标的坚持，如作家 J.K. 罗琳在咖啡馆独处多年完成《哈利·波特》创作。

"禁欲式努力"：日本动漫大师宫崎骏通过数十年孤独创作，将细节打磨到极致，体现了内向者对技艺的执着追求。

内向者的优势并非"弥补外向的不足"，而是另一种高效的问题解决模式。从爱因斯坦的孤独思考到甘地的静默抗争，历史证明内向者能通过深度、专注和理性改变世界。正如心理学家亚当·格兰特的研究结论："性格无优劣，关键在于与环境的匹配。"对于内向者而言，接纳特质并选择适合的领域（如科研、写作、技术开发），比强行改变性格更能释放潜力。

二、理论应用

◎《 案例解析

寝室中，小丝是最活泼开朗的人，她常常会以夸张的表演为大家带来欢乐；小米细心仔细，总能把寝室整理得井井有条；小竞让大家觉得充满活力，常常带给大家新奇的点子；小平则温和得像个大姐姐。全寝室其乐融融，让人觉得集体生活真是幸福。一个周末，四个好姐妹准备去唱歌放松一下。

小丝说："我们去 A 店吧，那里今晚还有抽奖活动呢！"小米说："可是那里的音响效果不好。"并转过头问小平："你觉得呢？"小平回答说："我听你们的。"于是小丝又说："那我们去 B 店吧，那里音响是全市最好的！"小平说："我无所谓，都可以。""嗯，那个地方比较贵，而且人多。"小米继续提出自己的质疑。小丝毫不气馁地继续提意见："那就去 C 店吧，听说那里的自助餐最好，并且价格也不贵。""可是，那里离学校也太远了吧！"小米永不满足地说。而小平总是那句话："我觉得都可以，你们拿主意就好了。"最后还是小竞给大家做了决定，大手一挥，说："好啦，大家不要讨论了，一点效率也没有！我看就去 B 店好啦，费用 AA 后也不会太高。好了，我们继续讨论一下应该怎么过去吧！"

类似的情景在日常生活中经常上演，一开始大家都还能相互迁就容忍，愉快相处。但是，随着交往的深入，同学们之间大大小小的矛盾也渐渐冒出头来。先是小竞嫌弃小平做事拖沓没效率，后是小米觉得小丝话多得让人心烦，有时还会被小丝的话伤到。总之，每个人都希望按照自己喜欢和习惯的方式生活，最后却使本来和睦融洽的寝室关系变得紧张，集体生活的幸福也随之受到了挑战。

教师点评：大学集体中，小到寝室，人到班级或社团，每个人都有自己独特而稳定的人格特质，有的敏感、有的迟钝、有的开朗、有的内向、有的率真……这些不同特质让同学们的集体生活变得丰富多彩。从案例里面，我们可以明显看到四个有着完全不同个性特征的人：小丝开朗，点子最多；小米则事事追求完美；小平属于不太有异议的人；小竞则常常是最后拍板做决定的人。从气质类型来说，小丝偏向多血质、小米偏向抑郁质、小平偏向黏液质、小竞偏向胆汁质。从性格特点来说，小丝和小竞均属于外向型，喜欢与人交往；小平和小米则属于内向型，更喜欢安静地思考。小丝乐观但缺乏恒心，小竞果断但容易冲动，小平温和但缺乏主见，小米细心但过于挑剔。这样的寝室组合，如果能相互了解对方的人格特质，发挥各自的优势相处会很有趣，既有新鲜的点子，又有应对意外的措施，最后也不会一直拖延着做不出决定。但相反，每个人若都希望别人迁就自己，变得跟自己一样，那么最终疑惑、抱怨就产生了。为什么小丝不能像小米这样少说话？为什么小米不能像小丝那样大大咧咧一些？为什么小平不能像小竞一样办事利索一些？等等。对于处于集体中的每一个个体来说，我们在了解、接纳和完善自己人格特质的同时，也要学会了解和接纳别人与我们的不同。当然，现实中我们每个人不一定都有案例中那么典型的人格特质，所以我们更需要借助一些专业测量，并在实践中不断反思，从而更好地了解自己和他人的人格特征。

🐒 常见问题

Q1：我很羡慕寝室的一个同学，她好像总能跟人打成一片，跟谁都能搭上腔，朋友特别多。而我一遇到陌生人就会紧张，不知道怎么跟人打破僵局，总是担心人家会不会不喜欢我，觉得我很闷。所以我常常宁可待在寝室，看看书，听听音乐，或者一个人去图书馆。可是，这样一来我又觉得很孤单，有时候还会担心被室友孤立，其实我也很渴望有朋友啊，我好讨厌自己的内向，我也好想变得外向些，我该怎么办？

A：相信很多内向的同学都会有与你相似的苦恼，毕竟我们的主流文化比较推崇那些性格开朗、能说会道、善于交际的人，相对来说，他们更容易获得老师和同学的好感，得到更多的机会。正因此，许多内向的同学都会像你一样不喜欢甚至讨厌自己的内向。但其实内向本身并没有错，就好比有些人爱吃荤有些人爱吃素，内向者只是更关注自身而已，内向者甚至拥有许多外向者所不具备的优势。内向作为一种个性特征，受先天的气质类型影响较大，改变起来确实很困难。不过现实证明，内向的人同样可以具备良好的沟通能力和人际交往能力。你说自己不会讲话、不知道如何与人相处，这些都是可以通过训练得以改善的技能。当然，内向者因为更关注自身，与人交往的经验自然会减少，故此给人产生内向者都不善言辞的错觉。外向者天生对人和外界感兴趣，他们有更多的机会练习如何与人交往，自然显得驾轻就熟。因此，在接纳自己天生对自身更感兴趣的同时，给自己创造足够的与人交往的经验，是自我完善的第一步，只要坚持一定会有成效，祝成功！

Q2：上了心理健康课，我发现人的很多东西其实都是受人格影响的，比如思考问题的方式、情绪管理、人际交往等都是和人格直接相关的，人格又具有相对稳定性，改变起来很困难，那我们又怎样提高自己的心理健康水平呢？

A：我们认同你关于人格重要性的说法，确实人格一旦形成之后，会对人的方方面面产生直接的影响，从某种意义来说，提升心理健康水平的过程即是人格完善的过程。也正因此，我们才有必要通过努力不断完善自己的人格。心理健康课告诉大家要从哪些方面入手改变自己以及如何改变自己，帮助大家在自我完善的道路上开启了一道门，但"师傅领进门，修行靠个人"。因此，课堂外的实践和努力才是人格完善的主要途径，"播种一个行为，收获一种习惯；播种一种习惯，收获一种性格；播种一种性格，收获一种命运"，人格完善要从行动开始。

三、实操训练

 **课前准备**

1. 心理测试

了解自己的气质类型

人们了解自己的气质，对选择专业、培养良好的性格、提高学习和工作效率、处理好人际关系等都有重要的意义。下面的 60 道题可以帮助你大致确定自己的气质类型。在回答这些问题时，认为很符合自己情况的，记 2 分；比较符合的，记 1 分；介于符合与不符合之间的，记 0 分；比较不符合的，记 –1 分；完全不符合的，记 –2 分。

1. 做事力求稳妥，不做无把握的事。
2. 遇到可气的事就怒不可遏，想把心里话全说出来才痛快。
3. 宁肯一个人干事，不愿很多人在一起。
4. 到一个新环境很快就能适应。
5. 厌恶那些强烈的刺激，如尖叫、噪声、危险的情境等。
6. 和人争吵时，总是先发制人，喜欢挑衅。
7. 喜欢安静的环境。
8. 善于和人交往。
9. 羡慕那种善于克制自己感情的人。
10. 生活有规律，很少违反作息制度。
11. 在多数情况下情绪是乐观的。
12. 碰到陌生人觉得很拘束。
13. 遇到令人气愤的事，能很好地自我克制。
14. 做事总是有旺盛的精力。
15. 遇到问题常常举棋不定，优柔寡断。
16. 在人群中从不觉得过分拘束。
17. 情绪高昂时，觉得干什么都有趣；情绪低落时，又觉得什么都没意思。
18. 当注意力集中于一事物时，别的事很难使我分心。

19. 理解问题总比别人快。

20. 碰到危险情景，常有一种极度恐怖感。

21. 对学习、工作、事业怀有很高的热情。

22. 能够长时间做枯燥、单调的工作。

23. 符合兴趣的事情，干起来劲头十足，否则就不想干。

24. 一点小事就能引起情绪波动。

25. 讨厌做那种需要耐心、细致的工作。

26. 与人交往不卑不亢。

27. 喜欢参加热烈的活动。

28. 爱看感情细腻、描写人物内心活动的文学作品。

29. 工作学习时间长了，常感到厌倦。

30. 不喜欢长时间谈论一个问题，愿意实际动手干。

31. 宁愿侃侃而谈，不愿窃窃私语。

32. 别人说我总是闷闷不乐。

33. 理解问题常比别人慢些。

34. 疲倦时只要短暂的休息就能精神抖擞，重新投入工作。

35. 心里有话宁愿自己想，不愿说出来。

36. 认准一个目标就希望尽快实现，不达目的，誓不罢休。

37. 学习、工作同样长的时间后，常比别人更疲倦。

38. 做事有些莽撞，常常不考虑后果。

39. 老师讲授新知识时，总希望他讲慢些，多重复几遍。

40. 能够很快地忘记那些不愉快的事情。

41. 做作业或做一件事情，总比别人花的时间多。

42. 喜欢运动量大的剧烈体育活动，或参加各种文艺活动。

43. 不能很快地把注意力从一件事情转移到另一件事情上去。

44. 接受一个任务后，就希望把它迅速解决。

45. 认为墨守成规比冒风险要强一些。

46. 能够同时注意几件事物。

47. 当我烦闷的时候，别人很难使我高兴。

48. 爱看情节起伏跌宕、激动人心的小说。

49. 对工作抱着认真严谨、始终一贯的态度。

50. 和周围人们的关系总是相处不好。

51. 喜欢复习学过的知识，重复做已经掌握的工作。

52. 希望做变化大、花样多的工作。

53. 小时候会背的诗歌，我似乎比别人记得清楚。

54. 别人说我"出语伤人"，可我并不这样认为。

55. 在体育活动中，常因反应慢而落后。

56. 反应敏捷，头脑机智。

57. 喜欢有条理而不甚麻烦的工作。

58. 兴奋的事常使我失眠。

59. 老师讲新概念，常常听不懂，但是弄懂以后就很难忘记。

60. 假如工作枯燥无味，马上就会情绪低落。

计分方法

胆汁质	题号	2	6	9	14	17	21	27	31	36	38	42	48	50	54	58	总分
	得分																
多血质	题号	4	8	11	16	19	23	25	29	34	40	44	46	52	56	60	总分
	得分																
黏液质	题号	1	7	10	13	18	22	26	30	33	39	43	45	49	55	57	总分
	得分																
抑郁质	题号	3	5	12	15	20	24	28	32	35	37	41	47	51	53	59	总分
	得分																

结果解释

（1）如果某一种气质类型的得分明显地高出其他三种（均高了 4 分以上），则可定为该类气质。此外，如果该类气质得分超过 20 分，则为典型类型，如果得分为 10～20 分，则为一般类型。

（2）如果两种气质的得分接近（差异低于 3 分），而又明显地高于其他两种（高出 4 分以上），则可定为两种气质的混合型。

（3）如果三种气质的得分接近，但均高于第四种，则为三种气质的混合型。

2. 通过扫描二维码自学完成微课"人格与自我完善"之后，你的困惑或疑问是什么？

微课：人格与自我完善

问题 1.

_____

问题 2.

_____

问题 3.

_____

课堂互动

1. 人格大解剖

结合课前自测以及同学们的评价，请你从气质类型、性格特征、能力三个方面剖析自己人格特质中的优缺点，找到哪些是你需要接纳的，哪些是你可以尝试改变的。

结构	具体特质（优缺点）	需要接纳的	可以改变的
气质类型			
性格特征			
能力			

2."我说，你听"

根据气质类型测量进行分组，同一个气质类型的同学归为一组，一共分为四组，混合型同学可以自主选择一组加入。分组后，先在组内讨论本组同学拥有哪些共同点，然后四组同学依次轮流发言（每次发言派一位代表），发言句型为"我们……"（比如：我们喜欢安静），目的是告诉其他同学你们组同学拥有的共同特质，直至四个小组都将自己组的共同特质说完为止。接着，重新开始一轮，表述句型为"请你们……"（比如：请你们给我们多一点安静的空间），目的是表达你们对别人的要求或希望，也可以是请求别人的帮助。

要求：说的同学描述特质时要尽量清晰、简短，表达请求时要尽量诚恳，不带有攻击性；听的同学在别人发言时要仔细倾听，不要窃窃私语。

课后实践

"播种一个行为，收获一种习惯；播种一种习惯，收获一种性格；播种一种性格，收获一种命运"。接下来一周里，请同学们为自己找到一个希望自己形成的好习惯，坚持去完成，并做好记录（要求：具体化、难度适中，只要坚持做就能完成的）。

想要形成的好习惯			
	是否完成	心情	原因分析（成功或失败）
第一天			
第二天			
第三天			
……			

我的感悟

四、延伸阅读

课外链接

1.大五人格模型

大五人格模型，也被称为五因素模型（FFM）或人格的海洋（OCEAN），由美国心理学家保罗·考斯塔和罗伯特·马克雷提出，认为人类的性格可以通过五个核心维度来描述。这些维度相互独立且相对稳定，可以在不同的情境和时间中预测和解释个体的行为和情感反应。该理论的发展历程可以追溯到 20 世纪 50 年代，经过多年的研究和验证，大五人格理论逐渐成为当今心理学中最具影响力的人格理论之一。

（1）五个核心维度

神经质（Neuroticism）：涉及个体情绪稳定性和情绪反应的程度。

高神经质的人更容易感受到焦虑、紧张、沮丧和易怒，而低神经质的人则更为冷静、放松和稳定。

高神经质的人可能更容易受到压力和负面情绪的影响，而低神经质的人则更能保持情绪稳定和应对挑战。

外倾性（Extraversion）：指个体对外部世界的关注、社交能力和情绪表达的程度。

高外倾性的人通常喜欢社交活动，性格开朗、乐观，善于交际，而低外倾性的人则更为内向、安静和独立。

外倾性与积极情绪、社交关系、冒险倾向等特质相关，高外倾性的人可能更愿意尝试新事物、寻求刺激和冒险。

开放性（Openness to Experience）：涉及个体对新思想、新经验和文化多样性的接受程度。

高开放性的人更具有想象力、创造力、好奇心和探索精神，而低开放性的人则更为传统、保守和习惯性。

开放性与艺术、文化、科学等领域的兴趣和能力相关，高开放性的人可能更愿意接受新观点、尝试新体验、探索未知领域。

宜人性（Agreeableness）：指个体与他人相处的方式、亲社会性和合作性的程度。

高宜人性的人通常友善、乐于助人、宽容和合作，而低宜人性的人可能更为独立、自我中心、不合群。

宜人性与人际关系、团队合作、亲社会行为等相关，高宜人性的人可能更擅长处理人际关系、解决冲突、帮助他人。

尽责性（Conscientiousness）：涉及个体对目标的设定、计划制订、自我约束和执行能力的程度。

高尽责性的人通常有条理、可靠、自律、有责任感，而低尽责性的人可能更为随性、冲动、不守承诺。

尽责性与目标实现、时间管理、工作表现等相关，高尽责性的人通常更愿意付出努力、追求成功、保持自律。

（2）应用与实践

大五人格模型在多个领域都有广泛的应用，包括：

心理学：用于评估个体的心理健康状况，指导心理干预和治疗。

人力资源管理：用于选拔人才、评估员工适配度、领导风格预测等方面。

个人发展：帮助个体了解自己的性格特点，指导个人成长和职业发展规划。

社会学与教育学：了解学生的学习风格和适应性，以及优化社会互动和群体动力学。

（3）影响因素

影响人格类型的因素是多方面的，涉及遗传、生物学、环境和个体经历等各个层面。人格被认为是由基因决定的基本倾向，但环境和个体经历也会对人格特质产生影响。

总之，大五人格模型为理解和描述个体性格特质提供了有力的框架，为各个领域的应用提供了重要的理论基础。通过了解和应用这一模型，我们可以更好地认识自己和他人，优化人际关系，提升个人和职业发展的效能。

2. 如何发挥你的性格优势

第1单元第2堂课中的积极心理学提到了性格优势 VIA，这些性格优势可以通过反复练习而不断提升，并且有助于提高个体的生活幸福感，重点在于用新的方式去使用这种力量。你可以自己尝试各种新的途径，以下是心理学家们提出的一些建议。

对美的追求	去参观一间你并不熟悉的艺术馆或者博物馆 开始记录美丽日记，每天写下你所能看到的最美丽的事情 至少每天一次，停下来发现自然的美丽瞬间，比如落日、一束花、小鸟的歌唱等
真实性	避免跟朋友撒谎，包括过度虚假的赞扬 考虑一下什么是你最重要的价值所在，每天根据这些价值做些事情 试着使用真诚的方式，向别人解释你的某种动机
勇敢	在团队里大胆地说出不那么受欢迎的想法 保护适当的权威，防止被不公正对待 做一些你平常不去做的事情，而不是出于害怕才不去做
创造性	报名参加一个陶器制作、摄影、雕塑、绘画或喷绘学习班 选择家里的某件物品，在它的典型用途之外寻找它可能存在的其他用途——最好不是把自行车当作你的晾衣架那么简单 给你的朋友寄一张贺卡，上面写着你自己创作的诗句
好奇心	参加某个主题讲座，这个主题讲座你以前从来没有听说过 去一家餐厅吃饭，它的特色菜是你从来都不熟悉的口味 去探索发现你所在城镇的一个对你来说全新的地方，试着学习有关它的历史
公正	至少每天一次，承认所犯下的错误并承担相应的责任 至少每天一次，给予某个你不太喜欢的人信任 听完人们所说的话，不要打岔
宽容	每天祛除对一些人或事的怨恨 当你感觉要发火时，可以试着转移注意力 写一封关于宽容理解的信，不要寄出去，但这一周的每一天都要读一遍

续表

感激	每天记录说"谢谢"的次数，并试着在这一周内每天增加说"谢谢"的次数 每天即将结束时，写下三件进行顺利的事情 写一封感恩信并把它寄出去
希望	想一下过去失落的地方，以及它可能带来的机遇 写下你下周、下个月以及下一年的目标，然后制定详细的计划去实现它们 讨论你的消极想法
幽默	每天至少让一人微笑或大笑 学习一种小魔术，表演给你的朋友看 自娱自乐
善良	拜访某位正在住院或住疗养院的人 当驾驶时，主动避让行人；当步行时，主动避让车辆 匿名帮助你的一位朋友或家人
领导力	为你的朋友组织一次社会聚会 勇于承担工作中的一些可以承担的责任 用自己的方式让新来的人感觉舒服和亲切
爱	接受别人对你的称赞，不要推诿，并简单地说声"谢谢" 给你所爱的人写一张便条，把它放在每天都能看到的位置 跟你最好的朋友一起做他／她最喜欢的事情
热爱学习	如果你是一名学生，阅读那些"推荐"的书目而不是那些"必须"的书目 每天学习并使用一个新词语 阅读一本非小说类的文学作品
谦虚	一整天，都不要谈论起你自己 穿着打扮不要吸引人的注意力 想一件你的朋友做得比你好的事情，并就此向他／她表示称赞
开放的思想	在谈话中，扮演唱反调的角色，质疑你自己的个人观点 每天，想一些脑子中根深蒂固的观念，并试着想象一下你这种观点或许是错误的 了解各种不同的观点
坚持	每天列出一张目录，写着你所要做的事情，并按照这张目录去做 在安排的时间之前，提前完成一项重要任务 连续不断地工作几个小时而不被打断，比如不去看电视、不接听电话、不收发电子邮件
洞察力	想一个你认为最富有智慧的人，把自己想象成这个人去生活一天 只在被询问时提供观点，尽量考虑周全 解决两个朋友、家庭成员或工作同事之间的争端
审慎	除了说"请"或"谢谢"之外，说任何一句话之前先思考两遍 吃甜点之前，问一下自己"为这个东西而发胖，值得吗？"
自我调整	开始一项训练计划，并且这一周的每一天都坚持进行 避免背后议论或说别人的坏话 当感觉即将失去耐性而发火时，请从 0 数到 10，必要的时候重复多次
社会智力	让别人感到舒服 当朋友或家庭成员做事情出现麻烦时，及时发现并帮助他们完成所做的事 当有人惹恼你的时候，去理解他／她这样做的动机，而不是伺机报复

续表

团队合作	尽力成为最好的组员 每天花五分钟的时间拾起走廊里的纸屑，将它们放入垃圾桶 花时间去参加慈善组织的活动
热情	至少这周的每一天，尽量早睡而不用闹钟催你起床，早上醒来后吃一顿有营养的早餐 问"为什么"的时候，至少要多问三遍"为什么不" 每天做点事情，因为你想做而不是你必须去做

小结：以上是发挥性格优势的建议之一，也许并不适合每一个个体，还是需要根据个人情况酌情选择并合理运用于生活实践中。

3. 故事欣赏

"清澈的爱，只为中国。"这是18岁的陈祥榕生前写下的战斗口号。喀喇昆仑高原横亘西部边境，这名00后新兵，为了心中重过千钧的国家领土主权和边境地区安宁，宁将鲜血流尽，不失国土一寸，把生命和青春永远地留在了雪域高原。

"我本是高山，而非溪流。我欲于群峰之巅，俯视平庸的沟壑。我生来就是人杰而非草芥，我站在伟人之肩蔑视卑微的懦夫。"这是云南省丽江市华坪女子高中誓词。张桂梅坚守滇西深度贫困山区，创办全国唯一一所全免费女子高中华坪女子高中，让两千多名女孩圆了大学梦，创造了大山里的"教育奇迹"，点亮乡村女孩的人生梦想。

"舍小家为大家"，这是徐兴彬教授最大的幸福感。徐教授博学多才，具有丰富的理论知识和临床经验。他幼年8岁就随祖父、父亲上山采药，学习中草医药，救死扶伤，治病救人，聪明好学，过目不忘，深得祖辈嫡传医术之精髓。他艰苦朴素，省吃俭用，穷得叮当响的老百姓看不起病，实在拿不出钱的病人，他分文不收。买不上的药，他亲自上山去采，曾多次摔下山崖。他脚踏实地，用精湛的医术和高尚的医德回报社会，创新传承，开辟了一条中医大道，跳出了传统解剖思维，以中医基本点的治疗思路，展现出新时代中医人"广慈风范·济世救人"的靓丽风采，诠释了一条令人折服的真理"疗效才是硬道理"，向世界再次证明了中华民族中医文化的神奇和魅力。

正如习近平总书记所言："青年在成长和奋斗中，会收获成功和喜悦，也会面临困难和压力。要正确对待一时的成败得失，处优而不养尊，受挫而不短志，使顺境逆境都成为人生的财富而不是人生的包袱。广大青年人人都是一块玉，要时常用真善美来雕琢自己，不断培养高洁的操行和纯朴的情感，努力使自己成为高尚的人。"而我们作为当代青年，应当不畏挑战，在磨砺中努力发展自己的人格，成长为更好的自己。

推荐资源

1. 书籍：王芳 《我们何以不同：人格心理学40讲》

我是一个怎样的人？我和别人有何不同？这些不同从何而来，对我又意味着什么？现在的我可能发生改变吗？这些无处不在的个体差异及其由来，正是人格心理学探索的主题。本书是北京师范大学心理学部王芳教授撰写的一本关于人格心理学的书籍。该书通过人格心理学的经典理论与现代研究，探讨了人格特质、人格成因和人格动力，揭示了个体差异的来源及其对人生的意义。

2. 书籍：岸见一朗、古贺史健 《被讨厌的勇气》

如果你能够拥有甘于平凡的勇气，那么对世界的看法也会截然不同。本书用"青年与哲人的对话"这一故事形式，围绕"人如何能够获得幸福"这一问题展开了简单却深刻的讨论，总结了与弗洛伊德、荣格并称为"心理学三大巨头"的阿尔弗雷德·阿德勒的思想（阿德勒心理学）。"哲人"用简单易懂的方式向"青年"解释如何改善人际关系，如何获得幸福，又如何鼓起被讨厌的勇气去面对他人。

3. 书籍：彭凯平 《活出心花怒放的人生》

生活在这个时代的大多数人时常感到焦虑、烦躁、沮丧、难以专注，同时丧失了对幸福的感知。清华大学心理学系主任彭凯平教授结合 20 余年的心理学研究实践，对比了中西方文化看待幸福的差异性，为当下的中国人重新解读幸福。幸福不是简单的生理满足，也不依附于攀比和财富。幸福是一种有意义的快乐，而这种意义来自我们在工作、爱情、婚姻、人际交往、亲子等人生课题中的创造与收获。因为生命有限，充分享受每一个瞬间，把每一分钟活得幸福愉悦，我们的生命就会在无形中得到延展。

第2堂

认识自我：自我概念

有一个女孩，总觉得自己相貌平平、身材普通，不讨男孩喜欢，因此有一点自卑。有一天，她偶尔在商店里看到一支漂亮的发卡。当她戴起来的时候，店里的顾客都说她漂亮。于是她非常高兴地买下这个发卡，并戴着它去学校。接着奇妙的事发生了，许多平日不太跟她打招呼的同学，纷纷来跟她接近，男孩们也约她出去玩，更有不少人向她表达好感，原本死板的她，似乎一下子变得开朗活泼多了。这个少女心想："这都是因为我戴了奇妙的发卡"。随即她想起店里还有很多其他样式的发卡，应当也都买来试试。于是放学后，她立刻跑回那个商店。

她刚进店门，老板就笑嘻嘻地对她说："我就知道你会回来拿你的发卡。早上我发现它躺在地上时，你已经一溜小跑地上学去了，所以我就暂且替你保管了。"这时她发现自己的头上其实根本就没有戴什么神奇的发卡。

相信同学们看完这个故事后都能发现，比起真实的自己，我们头脑中认为的自己对我们情绪和行为的影响更直接、更明显。而我们头脑中关于自己的想法则来自我们不断自我认识的结果。在古希腊德尔菲神庙的阿波罗神殿中，镌刻着一句被人们视为神谕的人生箴言："认识你自己"，它的精神存在于世界各地，存在于每一个渴望获得成长的人心里。本堂课，将带领你：

- 掌握什么是"自我概念"；
- 掌握自我概念形成的途径；
- 熟悉自我概念怎样影响我们的日常生活；
- 熟悉"周哈里窗"理论；
- 了解自我概念与心理健康的关系；
- 探索你自己的自我概念。

一、理论介绍

 基本知识

（一）什么是自我概念

自我概念指的是人们思考他们自己的特定方式，是人们对于他们自己的能力、性格以及其他品质的理解，包括对自身特点的各种各样的看法。比较以下两个例子：一个男大学生把自己描述成一名开朗的人、青年志愿者协会会员、篮球爱好者；另一位男大学生则将自己描述成医学生、儿子、不善交际的人、中国传统文化的爱好者。这就是两个人关于自己的完全不同的自我概念。

科学自我研究之父威廉·詹姆斯将自我概念的不同组成部分分成三类：物质自我、社会自我和心理自我（精神自我）。

1. 物质自我

物质自我的核心部分是躯体自我（或称生理自我），指个体对自身身体特征和生理状态的认知，包括对自己的年龄、身高、体重、容貌、身材等的认识。此外，物质自我还应包括躯体外自我，包括与自我有关的人、物体和地点等。很多时候，我们很难区分"我"和"我的"之间的界限。当要求人们描述自己时，他们往往自然而然地提及他们的所有物。

2. 心理自我

心理自我是指个体对自己的心理活动、个性特点及心理品质的认识和评价，包括对自己的感知、记忆、思维、智力、能力、性格、气质、爱好、兴趣等。心理自我是自我意识的核心内容，是对自己心理活动等方面的认识能力，会随着个体的不断发展而提高。

3. 社会自我

社会自我指的是个体对自己被他人如何看待和承认的认知，包括对我们所拥有的各种社会地位和所扮演的各种社会角色的认知。詹姆斯认为，我们与他人有联系并不仅仅是因为我们喜欢有同伴，而是因为我们渴望被认可和拥有地位，我们生来就有一种要被别人注意、被别人喜欢的倾向。

（二）自我概念的功能

自我概念是 20 世纪 60 年代以来有关自我问题研究的核心课题。正如导入故事中所呈现的那样，当女孩戴上发卡后，她的自我概念发生了变化，于是她看待和对待外界的方式改变了，从而使得外界对她的回应也不同了，这就是自我概念神奇的功能所在。伯恩斯在其《自我概念发展与教育》一书中，系统论述了自我概念的心理作用，提出自我概念具有三种功能。

1. 保持内在一致性

个人怎样理解自己，是其内在一致性的关键部分。因此，个人需要按照保持自我看法一致性的方式行动。简而言之，我认为我是什么样的人，我就会做出与我自认为的样子一致的行动。比如一个人认为自己是好学生，那么他就会在学习上投入更多的精力，反之亦是如此。

2. 决定个人对经验怎样解释

一定的经验对于个人具有怎样的意义，是由个人的自我概念决定的。不同的人可能会获得完全相同的经验，但他们对于这种经验的解释却可能是高度不同的，这取决于个人的自我概念。想象一下买发卡的女孩，她为什么会发现别人对她的态度不同了呢？最大的可能来自她对经验的解释不同了。同样是被别人看了几眼，以前的她会认为那是嘲笑和鄙视，尽快躲开；此刻的她却觉得那是欣赏和赞美，于是对别人表现出友好和交往的意愿。

3. 决定人们的期望

在各种不同的情境中，人们对于事情发生的期待，以及自己在情境中将会如何行为，都高度决定于自己的自我概念。以差生为例，他们认为自己是差生，因此落后的成绩正是他们自己期待得到的结果，老师、家长和同学也认为那是他们应该得到的成绩。他们对消极的行为后果有着接受的准备，这也决定了他们不再愿意更努力地学习，对学习兴趣低下。

（三）自我概念形成的途径和方法

明确了什么是自我概念，并清楚了自我概念会对自我产生怎样的影响之后，相信你一定很好奇"我的自我概念又是怎样的呢？我要怎么进一步认识自己，形成更为完整的自我概念呢？"为了正确认识自己，你可以尝试以下几种方法。

1. 用"比较法"认识自己

通过与同年龄的伙伴在处事方法、对人对事的态度、情感表达方式等方面进行比较，"以人为镜"找出自己的特点，来认识自己。比较时，对象的选择至关重要。我们不能一味地找 不如自己的人作比较，也不能总拿自己的缺陷与别人的优点比，这样都会失之偏颇。

2. 用"自省法"认识自己

自省是人的一种自我体验。人们在实际生活中，往往通过自我反思、自我检查来认识自己。特别是在重大事件中所获得的经验和教训，可以为人们提供了解自己的个性、能力的信息，从中发现自己的长处和不足。

3. 用"评价法"认识自己

在认识自己的时候，应该重视同伴对自己的评价。他人的评价比主观自省更客观。如果自我评价与他人评价相近似，则可以说明自我认识较好；如果两者相差过大，则说明自我认识上可能有偏差，需要调整。当然，对待他人的评价，也要有认知上的完整性，不可偏听偏信，要恰如其分地认识自己。

4. 用"实践法"认识自己

在生活中，人们可以通过不断的实践来发现自己的特点。因为实践最能反映一个人的性格、能力上的优点和劣势。我们很难想象，一个人光靠坐在那里思考反省，就能认识自己是 一个怎样的人。不可否认，实践法与反省法相结合，是我们认识自己的主要途径。

5. 用"测量法"认识自己

心理测验是一种标准化、力求客观的测量手段，心理学上已经有大量的测量人的各种心理品质的心理测验，科学性比较好，虽然测验的结果不是绝对正确的，但是可以用它来辅助了解自己。

📖 **拓展知识**

透视"周哈里窗"

人们常说："知己知彼，百战不殆。""知彼"暂不说，我们真的能够做到"知己"吗？其实，对于自己，我们并不能做到了如指掌。有些事情是我们自己不知道，而我们的朋友却清楚了解的。"周哈里窗"（Johari window）就介绍了自我袒露和反馈经验之间的关系，它可以帮助我们认识自己，也可以让别人了解我们。在和朋友互相给予反馈的过程中，我们可以更好地认识自己，同时也可以使朋友之间更加深入地了解彼此。Johari 这个词是从该理论的创始人 Joe Luft 和 Harry Ingham 两人的名字中截取的；"窗"是指一个人的心就像一扇窗（如下表），普通的窗户分成四部分，人的心理也是如此。

	自己知道	自己不知道
别人知道	自由活动领域（公众自我）	盲目领域（背脊我）
别人不知道	逃避或隐藏领域（隐私我）	处女领域（潜在我）

他们认为，人对自己的认识是一个不断探索的过程。每个人的自我都可以分成四个部分：

（1）"公众我"，也就是自己和别人都知道的公开部分，这部分自己很了解，别人也很了解，比如身高、肤色、年龄、婚姻状况、饮食偏好等。

（2）"背脊我"，是自己不知道而别人却知道的部分，是旁观者清当局者迷的部分。口臭便是最好的例子，在国外有人称这个部分为口臭区。其实一个人的优点，尤其是缺乏自信者的优点，是自己不知道而别人已发觉的部分。同样，自恋者对自己的缺点也是缺乏了解的。

（3）"隐私我"，是自己清楚知道而别人却不知道的秘密，大多数人或多或少都有一些不想让别人知道的关于自我的部分，比如自私、嫉妒或者雄心、愿望等。

（4）"潜在我"，是别人和自己都不了解的潜在部分，人的潜能常是自己和别人不易发觉的。这一部分通过一些契机可以激发出来，也可以通过与朋友的长期相处互相开拓。心理学家认为，"公众我"的成分越大，心理越健康（如下图所示），因此我们应该采取某些措施，使"公众我"越来越大，而其他三个部分则越来越小。例如，人们通过自我坦承可以使"隐私我"减少。有关学者认为，自我坦承即向别人开放自我，它可以帮助一个人形成更理想、更统一完整的人格。自我坦承，常能引发别人的反馈，进而更有助于盲目自我的减少。

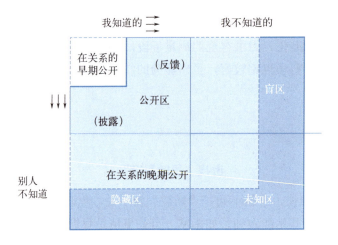

二、理论应用

案例解析

【案例1】我是一名女生,今年18岁,来自边远山区,家境贫寒。来到这里上大学,我感觉自己样样不如别人,没见过世面,知识面很窄,跟同学们比起来什么都不懂,个头矮小,长得又不好看,家里不如别人有钱,甚至连我以前引以为豪的学习成绩在大学里也没有了任何优势。我总觉得自己比别人低一等,担心身边的同学瞧不起自己,内心特别痛苦和无奈。

教师点评:毫无疑问,"比较法"是认识自我的一条重要途径,但我们的文化环境过多地推崇"比较法"(尤其是片面的比较),则往往会给认识自我带来阻碍。从小到大在父母和老师的耳提面命中,我们学会了与人比较,并且以此来定义自我。当我们的学习成绩超过别人时,我们觉得自己是聪明的、优秀的;当我们的学习成绩不如别人时,则觉得自己是愚蠢的、糟糕的。进入大学后,我们不仅要比成绩,还要比外表、比家庭、比见识等,当你发现这些相对看得见的东西样样不如别人时,你原先建立的自我概念就会受到冲击,案例中的主人公正是这样的一个典型现象。这个时候,建议反思自我,并问自己这样几个问题:

① 真的只有超过别人时我才是好的吗?

② 我真的样样都不如别人吗?是否我的比较领域过于狭隘了?

③ 如果我真的这么糟糕,那我又怎么会走到今天?在反思自我的同时,试着向朋友、同学、亲人寻求评价反馈,因为在认识自我时,他人评价同样重要,有时甚至更为客观和全面。

【案例2】小时候的我其实蛮外向、蛮开朗的,但到了五六年级时,有一天,我突然意识到自己长得好丑,从此变得很自卑。尽管我成绩很不错,但却觉得自己没有资格被别人喜欢。初中时,我曾暗恋过一个男孩,但我从不曾表露出来,因为我觉得自己这么丑,根本配不上他。进入大学后,有个男生似乎对我有好感,经常约我一起出去玩,或者一起自习,出于一贯的自卑,我常常拒绝他的邀请,即使在一起也不敢和对方交流,更不敢抬头面对他。

　　教师点评：完整全面的自我概念，包括物质自我、社会自我和心理自我三个部分。一般来说，在个人成长过程中，物质自我是最早出现的，其次是社会自我，最后才是心理自我。青春期阶段是自我意识发展的第二个关键期，而且由于青春期生理的变化，女孩子往往开始特别关注自己的外表形象，这都是比较正常的现象。但一般的个体，随着年龄的增加，心理自我的成分会日渐增多，自我概念也日趋完整。本案例中的女生，由于长期过度关注自我概念中的物质自我这个部分，因而无法全面客观地看待自己。身为一个女孩子，若能拥有美丽的外表，自然值得庆幸，但外表仅仅是自我的一部分，它无法支撑起一个人的全部。为何娱乐圈有那么多的"偶像派明星"想要成为"实力派明星"？这就足见心理自我相比于物质自我，是构成自我概念的更为稳固和可靠的来源。那些能够经久不衰的明星，往往并不是最美的。日常生活中也是如此，那些能够被称为"岁月美人"的姑娘，她们大都懂得用读书去丰盈内心、智慧、自信，在工作中努力上进，对朋友乐善好施。如果你还在为自己的外貌纠结，因自己不漂亮而自卑，那么，你可能永远无法发现自己的"闪光点"，彻底成为一个只配生活在灰暗中的"灰姑娘"。

🐾 常见问题

　　Q：当我的自我概念和别人对我的评价不一样时，我该怎么对待？

　　A：美国心理学家库利认为，周围人们的评价就像一面镜子，我们从这面镜子里能看到自己是什么样。我们总是将别人对自己的评价进行整合，从而形成自我评价。然而，绝对平面的"镜面"是不存在的，任何人对我们的评价都难免受到他们自己的个性、生活阅历、认识水平，以及与我们关系亲疏等因素的影响。因此，别人对我们的评价犹如"哈哈镜"，有的正确，有的歪曲，有的歪曲得多，有的歪曲得少。哪些客观，哪些失真，关键还得靠我们自己去辨别。具体来说，建议多询问几个朋友，看他们在这方面对你的评价是否一致，如果大部分人都对你有这样的印象，唯独你自己不这么觉得，那么也许真的是"旁观者清，当局者迷"；如果确实只是个别人对你存在这样的评价，而这个人又是你比较看重的，你也可以尝试进一步表露真实的你，让对方更好地了解你。

三、实操训练

🎓 课前准备

　　1.心理测试

我是谁？

　　如果请你用20个句子（以"我是"开头的句型）向一个陌生人介绍自己，想象一下你会怎么描述自己呢？描述时尽量避免表述过于泛泛，要让看过的人能对你形成一个初步的印象。

　　　①我是 _____

② 我是 _____

③ 我是 _____

④ 我是 _____

⑤ 我是 _____

⑥ 我是 _____

⑦ 我是 _____

⑧ 我是 _____

⑨ 我是 _____

⑩ 我是 _____

⑪ 我是 _____

⑫ 我是 _____

⑬ 我是 _____

⑭ 我是 _____

⑮ 我是 _____

⑯ 我是 _____

⑰ 我是 _____

⑱ 我是 _____

⑲ 我是 _____

⑳ 我是 _____

结果分析

请将上述陈述的 20 项内容作如下归类，并在横线上写出序号。

（1）物质自我（你的体貌特征，如年龄、身高、体形，以及与你相关的人、事、物等）。

_____

_____

（2）心理自我（你的个性特征，包括情绪、性格、能力、认知、爱好、兴趣等）。

_____

_____

（3）社会自我（你的社会角色、身份、地位等）。

_____

_____

你知道自己的心理年龄吗？

本测试共 20 题。下列题目中，每题都有 3 个备选答案。根据你的实际情况，选择一个最适合你的答案。

1. 你喜欢什么类型的人？（　　　）

A. 我常被那些比自己更强的人吸引

B. 我较喜欢接近那些看上去喜欢和尊敬我的人

C. 我喜欢那些看来需要我的人

2. 你正试图向一个朋友解释一个重要问题，他不赞成也不理解，你会（　　）。

A. 继续解释　　　　　　　　　　　　　　B. 觉得受伤或生气，不再说话

C. 回避这个问题

3. 假如你和朋友聚会，你开始觉得情绪低落了，你会（　　）。

A. 请求原谅并尽快离开　　　　　　　　　B. 宁可痛苦也要作陪，直到最后

C. 强作欢笑，不让人注意到你的情绪

4. 当你病倒在床时，你最喜欢下列哪种生活方式？（　　）

A. 喜欢被人们忙着伺候

B. 喜欢自己一个人静静待着

C. 喜欢被人注意、照顾，但宁愿看看书和搞点别的消遣

5. 每个人对吃饭都有比较固定的习惯，下列哪种情况与你最相符？（　　）

A. 我喜欢妈妈一直为我做某种食物　　　　B. 只要是好吃的，我全都爱吃

C. 我最喜欢自己做的饭菜

6. 在学校里遇到了烦恼，结束后你会（　　）。

A. 出去散心，忘掉烦恼　　　　　　　　　B. 希望回家得到安慰

C. 去找个朋友倾吐一下心中的不快

7. 你一直在取笑一个好脾气的朋友，而他或她突然与你吵起来，你会（　　）。

A. 觉得难堪　　　　　　　　　　　　　　B. 和他（她）吵

C. 把这归咎于自己，并力图弥补过失

8. 某个你刚认识的人，吃力地想教导你某件你很清楚的事，你会（　　）。

A. 告诉他你早知道　　　　　　　　　　　B. 不说什么，但也不听

C. 等他讲完，再显示你对此道非常精通

9. 如果你得了一笔奖学金，你会（　　）。

A. 存起来　　　　　　　　　　　　　　　B. 用来买你一直想要但并非必需的东西

C. 用来买生活必需用品

10. 下列哪种活动最使你感兴趣？（　　）

A. 能使你跟别人接触的任何活动　　　　　B. 摆脱学习压力，进入纯粹愉快的活动

C. 组织运动或其他有益的活动，像种花、做木工活等

11. 如果一个朋友说了有辱你的话，你会怎样？（　　）

A. 愤恨地与他绝交　　　　　　　　　　　B. 不管这话多么可笑，都在心里很难过

C. 不知道该怎么说

12. 你最关心的那个人是不是（　　）。

A. 与你相比，他（她）更需要你　　　　　B. 与你相比，他（她）同等需要你

C. 与你相比，你更需要他（她）

13. 你与某个人近来关系非常密切，你的一位老朋友对此人早有了解，他关心你并对你

提出警告。你会怎样？（　　　）

A. 反感地听他讲　　　　　　　　　　B. 听从他说的任何事

C. 反对他说的任何事

14. 收到了意外的礼物，你会怎样？（　　　）

A. 想一想该回敬些什么　　　　　　　B. 感到高兴

C. 想想送礼者要些什么

15. 你已经安排好了假日的日程，但离假日还有一个月，你会不会（　　　）。

A. 感到如此激动，以至于这期间的日子看起来那么烦人和漫长

B. 花很多时间去想象你将要做的事　　C. 在此期间仍然像往常那样过日子

16. 一个朋友在最后一分钟取消了跟你的约会，而且毫无正当的理由，你会怎样想？
（　　　）

A. 他（她）找到了更好的事情　　　　B. 他（她）遇到了什么麻烦

C. 他（她）有点没头脑，但你并不会为此很烦恼

17. 当你对某事发生兴趣时，你会怎样？（　　　）

A. 努力做这件事，长时间紧追不舍　　B. 投入进去，但很快失去了热情

C. 有时 A，有时 B，还要看是什么兴趣

18. 你怎样看待自己，下列哪种情况与你最相符？（　　　）

A. 可惜没有遇到机会，不然我会做出更大的成绩来，而不是像现在这样

B. 我取得的一切成绩都跟我长期的努力相符

C. 我花费着大量的时间做着我不想做的事

19. 一位朋友指出了你某种令人讨厌的缺点，你会怎样？（　　　）

A. 感到愤恨　　　　　　　　　　　　B. 烦恼并一度感到羞惭

C. 去问问另一个朋友这是否真实

20. 你很想跟某人成为好朋友，后来邀请他（她）去参加聚会，可被拒绝了，你会怎样？（　　　）

A. 觉得自己真傻

B. 不知道自己做了什么事使他（她）反感，但对此并不十分难过

C. 耸耸肩膀对自己说，世界上又不是只有他（她）一个

计分方法

1. A.1	B.3	C.5
2. A.5	B.1	C.3
3. A.3	B.1	C.5
4. A.1	B.5	C.3
5. A.1	B.3	C.5
6. A.5	B.1	C.3
7. A.1	B.3	C.5
8. A.3	B.1	C.5

9. A.3	B.1	C.5
10. A.3	B.1	C.5
11. A.5	B.1	C.3
12. A.5	B.3	C.1
13. A.5	B.3	C.1
14. A.5	B.1	C.3
15. A.1	B.3	C.5
16. A.1	B.5	C.3
17. A.5	B.1	C.3
18. A.1	B.5	C.3
19. A.5	B.1	C.3
20. A.1	B.3	C.5

结果解释

20～45 分：你的实际心理年龄仍然稳定在儿童状态。你爱听赞扬的，总想取悦别人，有许多不切实际的想法，特别渴望在感情上得到安慰。

46～75 分：你的内心世界是青少年状态，既需要独立自主，又需要关心、爱护，存在矛盾的性格倾向，情绪变化大，不稳定。

76～100 分：你很成熟，处理日常问题时相当老练。理性占优势，有很强的责任心。

2. 通过扫描二维码自学完成微课"自我概念"之后，你的困惑或疑问是什么？

微课：自我概念

问题 1：

_____

问题 2：

_____

问题 3：

_____

课堂互动

1. "三我"齐观

请根据要求完成"三我"齐观表格：①"现实自我"可以直接参考课前练习"我是谁"的内容；②"周哈里窗"理论告诉我们，"公众我"的部分越大，心理越健康，而扩大"公众我"的途径主要是自我坦承和经验反馈，为此请同学们至少采访 3 位同学来获得"他人眼中的我"的相关信息；③通过反思，探索自己的"理想自我"。

	现实自我（自我概念）	他人眼中的我（采访获得）	理想自我
物质自我			
心理自我			
社会自我			

完成表格后，进一步开展分享讨论，讨论的话题包括以下几个方面。

话题一：他人眼中的我与现实自我一致吗？如果不一致，你觉得他们的评价准确吗？你能接纳吗？

教师点评：通过刚才的"采访活动"，同学们可以从好朋友的评价中对自己有更全面的了解。如果好朋友对自己的评价存在一定的偏差，你可在课后再另外找一些同学对自己进行评价，这样会更客观一些。如果你的"现实自我"和"他人眼中的我"差距过大，可能表示你对自我的认识存在偏差，夸大了自己的优点和缺点，盲目自负或自卑，也可能表示你"隐私我"的部分比较大，你有许多不想让别人知道的特质（这也许正是你没有自我接纳的部分），你会过得比较累。今后，你需要进一步思考如何缩短两者之间的距离，扩大"公众我"的部分。

话题二："你的现实自我与理想自我一致吗？这种不一致是由于你过于消极的自我概念导致的，还是由于你过高的理想自我导致的？"在思考的基础上，请进一步确定你最不能接纳的差距是哪一点，并列出你今后将要采取什么样的具体行动步骤来缩小这个差距（具体行动要求是可以直接操作的，而不是"我要更努力"等宽泛的表述）。

具体行动步骤 1：_____

_____

具体行动步骤 2：_____

_____

具体行动步骤 3：_____

_____

教师点评：现实自我与理想自我过大的差异会带来非常负面的影响，会让一个人经常地感到沮丧和抑郁，如果你存在这样的情况，请一定引起重视并反思这个差异的来源是什么，以及你需要做些什么来缩短这个差异。当差异被转化成行动之后，你就会出现可控感，并能更客观地衡量自己的变化。

2. 自我探索练习"你最像谁，你想成为谁？"

请仔细观察下面的小孩爬树图，并完成下面的问题。

（1）你觉得自己目前的状况，最像图中哪个孩子，为什么？

_____

_____

（2）你最欣赏他什么？

_____

_____

（3）你最担心他什么？

_____

_____

（4）如果可以的话，你最希望他有哪些改变？

_____

_____

（5）他要做些什么，改变才会发生？

_____

_____

（6）你感觉他改变的最大障碍是什么？

_____

_____

（7）你觉得有人能帮助他吗？能帮助他的人是谁？（可以是图中人，也可以是现实中的）

_____

_____

课后实践 ────────────────────────────────────

　　我们每个人的成长都离不开自己的家庭，家庭成员的性格特征、职业、兴趣爱好，以及家庭成员之间的关系等，都会影响和塑造我们成为什么样的人，因此，要想完整地认识自己，就一定要认识你的家庭。接下来一周，请同学们抽空回家或打电话拜访你的家人，并完成自己的"家谱图作业"。

　　家谱图范例如下。

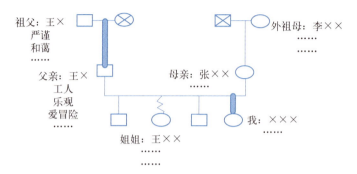

作业要求

　　（1）画出三代以内亲属的家谱图，包括爷爷奶奶、外公外婆、叔伯姑姑、姨舅等（叔伯姑姑、姨舅的另一半及孩子，根据时间许可自行决定是否调查）。

　　（2）用四方形代表男性，圆圈代表女性，写下他们的名字（过世者打叉），夫妇之间男左女右，同辈兄弟姐妹之间按年龄大小从左向右排列，并在姓名的右方注记职业和年龄，同时依照你的感觉用三个形容词描述其性格特质。

　　（3）请你自己评估，每个人之间的关系质量如何，亲密的画一条直线，离婚的中间线画一个叉，冲突的在直线中画齿状，疏离的画虚线。可以用浓淡粗细来代表相互间关系的紧密与距离。

　　（4）在家谱图的下面，依照年代，写下发生在你的家族中的重大事件。如某年×××生老病死、结婚、搬迁、意外事故等重大事件及其影响（是否重大主要看对你造成的影响而言）。

　　（5）最后请仔细看看你的家庭树与年代家庭事件，在访谈书写的过程中，你是否有些什么发现或是启发？对你而言，这个体验活动对你的意义是什么？请用一段文字来描述你的感觉或者想法。

我的感悟 ────────────────────────────────────

四、延伸阅读

课外链接

1. 自我一致和自我差异

据人本主义理论学家卡尔·罗杰斯所说："现实我"（我们的自我概念）和"理想我"（我们希望成为的自我）的差别在我们生活中发挥着关键的作用。托瑞·希金斯拓展了罗杰斯的观点，描述了三个领域：现实自我、理想自我和应该自我。

现实自我，是你自己认为自己真实具备的特征的描述，即你的自我概念。理想自我，是你理想中希望自己具备的特征，即你的愿望的描述。应该自我，是你自己认为自己应该具备的特征，即你的责任的描述。

依据希金斯的自我差异理论，当现实自我与理想自我或与应该自我之间存在差别时，问题就出现了。不同的差别会引发不同的情绪。"现实我"和"理想我"的差异使人产生与沮丧有关的情绪，比如伤心、失望和羞愧。因为他们觉得没能实现自己设定的目标，所以感到沮丧；"现实我"和"应该我"的差异则使人产生不安的情绪，比如焦虑、害怕和负罪感。当人们没有做到应该做的事情时，常常感觉自己正受到（自己或他人的）责备，这时不安的情绪便产生了，如下图所示。

"现实我""理想我""应该我"之间的差异与抑郁和焦虑的关系

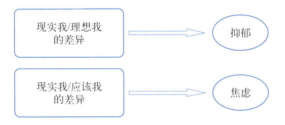

现实中，抑郁和焦虑可能是困扰我们比较多的情绪。当我们抑郁或焦虑时不妨反思下自己的自我认知，经常容易感到对自己失望、羞愧等抑郁情绪的同学，可以问问自己："我的理想自我是否过于不现实？"而经常容易感到害怕、负罪感等焦虑情绪的同学，则可以问问自己："我的应该自我是否过于苛刻？"

2. 积极错觉与心理健康

完全客观正确地认识自我是心理健康的必要条件吗？许多理论家都思考过这样的问题。其中大部分人的结论是正确认识自我是心理健康的一个标志，只有当个体能真实看待自我时才会达到心理健康。从某种意义上说，这个断言无疑是正确的。一个狂妄自大的或者认为自己的行为由外星人决定的人并不是一个心理健康者，很不正确的自我观念显然对心理健康有害。但是，完全客观正确的自我认知对于心理健康是否是必要的？人们一定要了解真实的自我才会健康吗？

研究表明，涉及有关社会看重的品质和能力（如善良、吸引力和智力）时，许多人并没有完全正确的自我认识，大部分人的自我感觉都比真实的自我要好。对刚进入华盛顿大学的学生的一项调查，要求他们说明大量的品质与他们、其他人以及多数华盛顿大学学生的符合程度（1 分代表完全不符合，5 分代表非常符合）。结果如下表所示，这些学生在所有正面品质上对自己的评分都要高于 3 分，而在所有负面品质上的评分都低于 3 分。他们认为自己非常忠诚、真诚、善良和智慧，一点也不轻率、虚伪、迟钝和愚蠢。然而对"大多数其他人"的评分多徘徊在 3 分左右，也就是说比起对其他人的评价来，学生会用更为积极的词汇来描述自己。

被试在积极和消极品质上对自我和他人的评价

品质		自我	他人	品质		自我	他人
积极品质	忠诚	4.25	2.59	消极品质	轻率	1.43	3.02
	真诚	4.03	2.63		虚伪	1.44	2.91
	和善	3.99	2.90		迟钝	1.46	2.91
	聪明	3.85	2.90		愚蠢	1.25	2.30
	受欢迎	3.58	3.03		平凡	1.64	2.43
	有才能	3.46	3.08		不智慧	1.52	2.42
	有魅力	3.26	2.91		不受欢迎	1.82	2.31
	平均数	3.71	2.83		平均数	1.46	2.55

注：分数范围从 1（完全不符合）到 5（非常符合），他人 = 多数其他人。

而且这种偏见非常普遍，并不仅限于参加实验的学生，成年人身上也发现了同样的结果。这就是所谓的积极错觉。进一步研究还发现，关于自我的积极错觉与抑郁呈负相关，即自我评价越积极，抑郁得分越低，与非抑郁个体相比，抑郁个体更倾向于不积极，更不容易自我欺骗。因此，心理学家泰勒和乔纳森等人认为，适度的积极错觉对心理健康是有益的。研究还表明，适度的积极错觉可以提升幸福感，同时还能促进成功应对生活挑战的能力。

📚 推荐资源

1. 书籍：张德芬 《遇见未知的自己》

本书是华语世界第一部影响了数千万人的身心灵成长小说，销量过百万。作者张德芬借由我们每天都可能遭遇到的种种事情，帮助我们看到主宰自己人生的模式是如何形成的，又如何在操控我们的身心，并以故事的形式来分享作者多年的心灵成长感悟，来帮助我们解除现有的人生模式，帮助我们从思想、情绪和身体的桎梏中解脱出来，从而活出自己想要的人生，找回原本真实、快乐的自己！

2. 书籍：崔丽娟等 《皮格马利翁的象牙雕像》

性格是天生的还是教养决定的？失败是否等于成功之母？我们为什么怕孤独？名人光环背后的心理学道理是什么？讨人喜欢的诀窍是什么？如果希望知道这些问题的答案，那么你可以读读这本书。本书通过许多生动有趣的小故事，对各种具体的人格和社会心理现象，例如自恋、孤独、第一印象、人际吸引、自信和合作等作了概括介绍，使我们了解有关心理现象研究的历史发展以及它们在生活中的实际应用，有助于我们初步了解和掌握心理学的一些基本规律，从而指导我们的日常生活和工作。

第3堂

悦纳自我：自我价值感

> 有一天，上帝到了森林深处，问所有的动物："你们对自己有没有不满意的地方，有没有什么要求，我可以满足你们。"不问不知道，一问吓一跳。几乎所有的动物都对自己不满意。
>
> 鸟抢先发言："别的动物都有四条腿，我只有两条，实在太不公平了。"鱼说："我根本没有腿，我想跑步都不行。"长颈鹿说："我的脖子太长了，做什么事情都很不方便。"
>
> "你有什么要求呢，小蚂蚁？"最后，上帝询问一直没有开腔的蚂蚁。
>
> 小蚂蚁很快乐地说："我对自己很满意，虽然我身材矮小，但是我能扛得动比我还重的东西。尽管我没有翅膀，不能飞翔，但是我能制造地下宫殿，冬暖夏凉。我的生活很快乐，我感到非常幸福！"

读完这个故事，或许你会觉得它略显幼稚或者过于普通，但如果有一天这样的奇迹真的发生在我们自己身上，当你有机会表达对自己的不满，并可以毫不费力地让自己变得更完美时，你又会说出怎样的一番诉求呢？你能像蚂蚁那样由衷地接纳和喜欢自己吗？"我的生活很快乐，我感到非常幸福"，相信这一定是我们许多人梦寐以求的生存状态，而这种美好的生存状态，不关乎完美、不关乎成就，只关乎我们的"自我价值感"。本堂课，将带领你：

- 掌握什么是自我价值感，及其与自负或自恋的区别；
- 掌握自我价值感的差异模型理论及其公式；
- 熟悉自我价值感的情感模型；
- 了解自我价值感对个体生活产生的影响；
- 了解自我价值感的发展规律与培养注意事项；
- 探索自己的自我价值感水平；
- 体验如何提升自我价值感。

一、理论介绍

 基本知识 ──────────────────────────────

（一）什么是自我价值感

自我价值感，又称自尊（这里的自尊并不完全等同于日常生活所说的自尊或自尊心），它是指个体在对待自己的态度上表现出来的对自我价值的总体判断和相应的情感体验。如果说自我概念是个体对与自我相关的各个部分的认知，那么自我价值感就是个体对自我的情感体验，即是否接纳和喜欢自己。简言之，具有高自我价值感的人是高度喜欢和热爱自己的，而低自我价值感的人只是略微喜欢自己，甚至不那么喜欢自己。关于自我概念和自我价值感的区别，我们可以理解为：自我概念强调自我认识的部分，而自我价值感强调自我悦纳的部分。

有研究结果表明，自我价值感是自我最核心的成分，它被看成是经济收入、健康和个人实现的钥匙，也被看作是无法成功、犯罪和药物滥用的解毒剂。同时，高自我价值感与幸福感高度相关，而低自我价值感则与焦虑、抑郁、饮食障碍等密切关联。可以说，自我价值感作为一种比较稳定的自我情感，会成为一个人的情绪情感底色，直接制约和影响个体的日常生活。

（二）自我价值感的来源

我们因何喜欢自己？或者说个体为何具有高低不同的自我价值感？自我价值感的认知模型或多或少地把自我价值感看成个体对自己作为人的价值的有意识判断，也就是如果你认为自己拥有很多社会希望的品质，你将拥有高的自尊。这里，我们主要介绍在自我价值感这个研究领域有很大贡献的心理学家威廉·詹姆斯的差异模型理论，该理论认为自我价值感取决于你在对你来说非常重要的方面如何评价自己，用公式表示，即

$$自我价值感 = 成功 / 抱负$$

以上公式表明，自我价值感不仅取决于个体对成功的感知，还取决于获得的成功对个体的意义，即自我价值感与个体感知到的成功成正比，与个体对成功的抱负水平成反比。这里所说的抱负水平，我们可以从以下两个角度加以理解。

抱负等同于价值，即它可以指代个人看重的领域。比如詹姆斯曾说："我一生都致力于成为一名心理学家，如果有人比我还要了解心理学，那将会让我感到苦恼。但我在语言方面的不足并没有让我感到任何的耻辱。"这里，詹姆斯指出，比起语言学家来，他想成为心理学家的愿望更能激发他强烈的情绪反应。也就是说，比起个人不看重的领域，个人看重的领域能产生更强烈的情绪反应。相信同学们对此也很能理解，比起一门你不看重的课程，你看重的课程成绩的好坏将能激发你更强烈的自我体验。

抱负等同于渴望，即它可以指代个人希望自己在某个领域要达到的水平。比如一个运动员会因为自己在奥运会中获得亚军而感到沮丧，普通的人可能无法理解，他能够打败全

世界除一人以外的所有人，为何还觉得自己什么都不是。这种情况正说明，人们对于已经获得结果的感受并不仅仅取决于结果本身，而是取决于人们对成功的期望水平。设想一下两个在同一门课上都取得了 B 的学生，原本期望拿到 A 的学生可能并不满意，但另一个只期望拿到 C 的学生却会很兴奋。

　　心理学家做了一个有趣的实验，他们研究了获得奥运会奖牌的人的情绪反应（见下图）。逻辑上，银牌获得者应该比铜牌获得者感觉更好，但研究结果却显示，不管是在比赛结束后还是在领奖台上，银牌获得者都显得比铜牌获得者更沮丧。这个实验证明了，对于成绩的情绪反应并不仅仅取决于客观成绩本身，因为银牌获得者会想只要他们在策略上稍微做点变动，或者更努力一点点，他们就能得到金牌了。

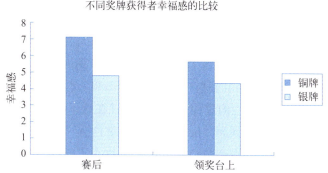

（三）如何提升自我价值感

　　根据詹姆斯的差异模型理论，总的来说有两条途径可以提升我们的自我价值感，即提高你的成功经验或降低你的渴望水平，任何一种情况都能让你感觉更好，具体来讲主要包含以下几条途径。

1. 通过不断实践增加客观的成功经历

　　自我价值感和个体获得的成功成正比，没有切切实实成功的经历，自我价值感就好比空中楼阁，随时可能坍塌。尽管过去已经形成的自我概念可能会局限我们的行为，但大学正是每个同学重新认识自我、扩展自我的最好时机。所以，勇敢一点，努力一些，在实践中不断改变那些你能改变的，有一天你会发现你真的更喜欢自己了。

2. 通过正确比较获得主观的成功体验

　　客观的成功经历能否让我们更喜欢自己，还取决于你如何与他人比较。如果我们一味地选择和那些更成功的人比较，或者总拿自己某个领域的失败和该领域最成功的人比较，那么即使你在现实中取得再多的成功也将对你自我价值感的提升无济于事，除非你在所有你看重的领域都是第一。

3. 通过降低抱负勇敢接纳自己的不足

　　除了提高成功经验，适度降低渴望水平亦是提升自我价值感的重要途径，但降低抱负的前提是你真实地尝试过、努力过，特别是在学业、人际交往等方面。而在那些受到更多先天气质、能力等特质影响的领域，过度坚持不放弃和没有尝试就放弃一样，都是缺乏勇气的表现，有时过度坚持意味着你可能无法面对和接纳自己的不足。

4.通过不断探索寻找人生发展的目标

个体是否看重某个领域，或者说对该领域成功的渴望水平，除了受到个体本身的影响之外，也很难脱离社会价值评判的影响，简言之，大众都认为重要的，个体很难认为不重要。因此，大学阶段不断探寻自己的人生发展目标，将个人发展和社会发展相统一，将有助于自我价值感的提升。正如习近平总书记所言："青年面临的选择很多，关键是要以正确的世界观、人生观、价值观来指导自己的选择"。

 拓展知识

自我价值感的情感模型

从詹姆斯对自我价值感来源的解释出发，我们可以认为我们在各个领域如何评价自己将决定我们的自我价值感水平，所以这个理论也被称为自我价值感的认知模型。但自我价值感的高或低，真的完全取决于我们对自己的理性判断吗？与此相反，自我价值感的情感模型假设，自我价值感通过非理性的过程形成（非理性在这里指不依靠逻辑）。该理论认为自我价值感在早期形成，并以归属感（belonging）和掌控感（mastery）这两种类型的情感感受为特征，也就是说一个人的自我价值感主要源于这个人所拥有的归属感和掌控感。归属感是指被无条件地喜欢或者尊重的感觉，它不需要任何特定的品质和原因，归属感是被爱的感觉，以及由这种感觉带来的安全感。掌控感则是对世界（不一定是大范围的意义层面而是日常生活层面）能够施加影响的感觉。需要说明的是，掌控感并不同于胜任感。举个例子，同样是捏泥巴，掌控感是由于挤捏的动作、泥巴在手指间的感觉，以及由此产生的高度愉悦；胜任感则是"我是捏泥人高手"的感觉。掌控感是活动过程中带来的愉悦感；而胜任感是基于对活动结果的判断。归属感与掌控感通常在生命早期发展形成，主要是亲子相互作用的结果。简单来说，**自我价值感的情感模型认为，个体的自我价值感并非来源于个体对自我的理性判断，而是来源于生命早期的亲子互动模式**。高自我价值感者通常都会有一对无条件爱他们的父母，他们会以孩子的成就为荣，同时也会容忍他们的失败；相反，低自我价值感者的父母对孩子的失败比较苛刻，对孩子表达赞赏和爱也是有条件的，他们更看重孩子活动的结果而不是过程。当然，自我价值感的情感模型虽然强调早期经验的重要性，但也不否认后来经历对自我价值感的影响，只是后来经历相比于早期经验的影响会小一些，这是因为一旦形成了高（或者低）的自我价值感，它就会指导我们看待自己、他人以及我们面临的事和经验。因此，若你发现自己尽管能在不同的领域体验到和预期相符的成功，但却依然无法喜欢自己甚至厌恶自己，那么很有可能是你的早期亲子互动模式损害了你的归属感或者掌控感，最好寻求专业的心理咨询（治疗）的帮助，才比较有望改善你的自我价值感。

二、理论应用

◎ 案例解析

【案例1】刚进大学那会儿，小王有一段时间特别自卑。因为他发现自己除了会读书，其余似乎什么都不会。和同学一说话就脸红，支支吾吾连想说的话都说不清楚。班级搞活动时也只能默默当观众，看着别人又能说、又能唱、又能跳，内心无比羡慕。更可怕的是上英语课，他那带着乡土口音的英语口语总是惹得同学们一阵窃笑。"改变自己能改变的，接受自己不能改变的"，正当小王处于低潮中时，心理课老师的话在耳边响起。于是，他好好地对自我做了一番分析，他发现自己其实并非不喜欢与人交往，只是以前太缺乏锻炼，当务之急是先把英语口语发音做些矫正，然后就是多参加一些社团活动，把胆子练大，多说话、多表达自己的想法。进入大二后，小王的英语发音虽然没有非常标准，但已经和大多数同学相差无几了；说话虽然称不上出口成章，但也能完整清晰地表达自己的观点和想法了，更可喜的是大一时强烈的自卑感也渐渐淡化，他发现自己比以前更喜欢自己了。

教师点评：从詹姆斯的自尊公式出发，要想提升自我价值感，主要的途径有两条：一是努力提升自己在意的（看重的）能力；二是降低自己的抱负（渴望）水平，尤其是那些你努力过后依然无法提升的方面。案例中的小王之所以能在一年的时间里发生这样的变化，绝不是一味地自卑和过度的自我要求可以实现的。小王首先对自己进行了比较客观的分析，确定哪些方面是自己看重的，且是可以通过努力加以提升的。在努力提升的过程中，相信小王也没有给自己提出过高的自我要求，正因此他才能坚持不懈并不断获得自我突破。如果你也有与小王类似的苦恼，那么从此刻开始就出发吧！

【案例2】曾有这样一个接受过心理辅导的人，他说："过去的许多年，我一直感觉自己的生活没有意义。朋友和家人都欣赏我的外表和能力，我是父母两个家族中第一位以优异成绩考入985高校的大学生，我的异性缘也不错。在别人看来我的生活很不错，但我一直感觉很痛苦、很压抑。持续6个月的心理咨询让我有机会审视自己感觉不幸福的深层原因，那就是缺乏自尊，对自我评价很低。"

教师点评：确实，现实中有那么一部分人，尽管他们在外人眼里是成功的、能干的、各方面都很出色的，但他们依然不接纳自己，不喜欢自己。我们大学生心理健康教育中心也时常会接到这样的来访者，他们学业优秀、工作能力也强、外表也不错，但他们却依然没有高自尊。这究竟是为什么呢？也许，自尊的情感模型能很好地解释这样的现象。该理论认为，低自尊的个体在生命早期的亲子互动模式可能是不理想的，他们几乎没有体验过被父母无条件接纳的归属感，也很少体验到全然投入于活动过程本身而不在意结果的掌控感，因此哪怕他们长大后各方面能力都不错，却依然不觉得自己是好的、是有价值的。如果你恰巧也是这些人中的一个，建议你尝试心理咨询，专业的支持和陪伴（安全的人际关系）能够有助于你获得归属感和掌控感。当然，你也可以选择暂时不去面对，或者选择自我探索、自我剖析。

常见问题

Q1：高自我价值感与自恋或自负怎么区别？

A： 高自我价值感和自恋或自负之间的区别到底是什么呢？在我们看来，自恋或自负并非高自我价值感的表现，而是对自我价值感过低的防御。人文心理学的奠基人洛美曾说："弱小之人通常欺负他人，劣势之人通常佯装强势。炫耀者、夸夸其谈者、强出风头者，其实是想摆脱自我焦虑。"更为重要的是，自恋或自负往往建立在对自我的片面认识上，建立在"我比别人强"的错觉中，而高自我价值感的人的内部语言则是"我知道我并不完美，我也知道我有许多缺陷，尽管如此我依然喜欢自己，觉得自己是好的"。正如导入故事中的那只蚂蚁，它并非盲目地以为自己比别人都强，它清楚地知道自己有什么样的缺陷，但它依然喜欢自己，对自己感到很满意。总而言之，两者的区别在于，自恋者认为自己优于其他人，执迷于个人成就，并且相信自己应该受到特殊对待；高自我价值感的个体认为自己是有价值的、重要的，因而接纳自己、喜欢自己。

Q2：自我价值感越高越好吗？自我价值感过高是否会带来自我满足，不思进取呢？

A： 如果大家都认同高自我价值感是指"我知道我不完美但是我依然喜欢自己"这样一个操作定义的话，那么我们认为自我价值感当然是越高越好，因为它代表的是个体对自我接纳的程度。自我价值感过高会带来自我满足从而不思进取吗？答案是"不会"。一个喜欢自己爱自己的人，才会更加想要不断地完善自己。研究表明，高自我价值感的人更愿意冒险，更愿意自我挑战，失败之后更愿意继续坚持。这是因为高自我价值感的个体，并不会因为一次的失败就完全否定自己，他们更在意活动过程带给自己的成就感，而不是活动结果。

Q3：积极的表扬对自我价值感的提高总是有益的吗？

A： 在现代社会，随着育儿观念的改变，越来越多的家长不吝对孩子的赞美，常常会因为孩子很平常的一个举动，说："你真棒！""你太聪明了！"。课堂中，老师们也会尽量维护孩子良好的自我感觉，比如"你说得真好！""你的问题问得好"等，实际上孩子可能只是说了一个很普通的答案或问题。这样的赞美也许在短期内可以提升自我价值感，但从长远来说也许反而降低了自我价值感。发表在《美国科学院院刊》（PNAS）上的一项纵向研究验证了这个观点，表明父母对孩子的过高评估会让儿童更容易变得自恋，而不是提升儿童的自我价值感。自我价值感不是空洞的、不分缘由的表扬，这些不是真正的自我价值感，而是脱离现实的自恋。自我价值感存在于现实中，存在于实际的表现、实际的练习、实际的成功中，它也是努力工作的产物。

三、实操训练

 **课前准备**

1. 心理测试

罗森伯格自尊量表

下面的 10 道题目可以帮助你了解你的自尊水平，请快速浏览每一个题目，并根据你的真实情况和第一感觉在四个选项中做出选择。

1. 我认为自己是个有价值的人，至少与别人不相上下。

A. 非常同意　　　　　　B. 同意　　　　　　C. 不同意　　　　　　D. 非常不同意

2. 我觉得我有许多优点。

A. 非常同意　　　　　　B. 同意　　　　　　C. 不同意　　　　　　D. 非常不同意

3. 总的来说，我倾向于认为自己是一个失败者。

A. 非常同意　　　　　　B. 同意　　　　　　C. 不同意　　　　　　D. 非常不同意

4. 我做事可以做得和大多数人一样好。

A. 非常同意　　　　　　B. 同意　　　　　　C. 不同意　　　　　　D. 非常不同意

5. 我觉得自己没有什么值得自豪的地方。

A. 非常同意　　　　　　B. 同意　　　　　　C. 不同意　　　　　　D. 非常不同意

6. 我对自己持有一种肯定的态度。

A. 非常同意　　　　　　B. 同意　　　　　　C. 不同意　　　　　　D. 非常不同意

7. 整体而言，我对自己觉得很满意。

A. 非常同意　　　　　　B. 同意　　　　　　C. 不同意　　　　　　D. 非常不同意

8. 我要是能更看得起自己就好了。

A. 非常同意　　　　　　B. 同意　　　　　　C. 不同意　　　　　　D. 非常不同意

9. 有时我的确感到自己很没用。

A. 非常同意　　　　　　B. 同意　　　　　　C. 不同意　　　　　　D. 非常不同意

10. 有时我觉得自己一无是处。

A. 非常同意　　　　　　B. 同意　　　　　　C. 不同意　　　　　　D. 非常不同意

计分方法

第 1、2、4、6、7 题的选项 A、B、C、D 分别计 4 分、3 分、2 分、1 分；第 3、5、8、9、10 题的选项 A、B、C、D 分别计 1 分、2 分、3 分、4 分；最后将 10 道题目的分数相加得到总分。

结果解释

本测验的总分在 10 ～ 40 分之间，分数越接近 40 分，则说明你的自尊水平越高，即自我价值感越高。

2. 通过扫描二维码自学完成微课"自我价值感"之后，你的困惑或疑问是什么？

微课：自我
价值感

问题 1：

_____

问题 2：

_____

问题 3：

_____

课堂互动

1. 自信训练营

（1）自我审视训练 想一想，写出自己的优点。

我最欣赏自己的外表是：_____

同学们最喜欢我的是：_____

我最让父母满意的是：_____

在学习中我最有成就感的事是：_____

我最欣赏自己的对学习的态度是：_____

我最喜欢的一门课是：_____

我最满意的一次考试是：_____

最让我高兴的老师的评价是：_____

我在班级中的贡献是：_____

（2）肯定自我训练 将以上自己的优点答案在小组团队中大声朗读，向小组成员进行介绍。要求小组每个成员说出同一项的答案后，再开始下一项。所有成员全部讲完后，开始小组讨论：你是否同意"每个人都有长处"？

你向别人介绍自己优点时的心情怎样？

_____

这个练习让你对自己的认识和以前相比有没有不同？

_____

当你发现自己有这么多的优点时，你的感受是什么？

_____

同学在介绍自己的优点时，你对他（她）的感受是什么？

_____

2. 课堂讨论

那些我们不能接纳的自身不足，同时也是我们身上的闪光之处，真正的转变来自接纳。

自行观看纪录片《小个子，大英雄——赵成龙的故事》。

内容简介：2024 年 6 月 20 日，一名年仅 3 岁的男童不慎坠入深井，该井口直径约 30 厘米，深度约 15 米，十分狭窄，消防人员无法直接进入井内救援，情况十分危急。此时，年龄 36 岁、身高只有 1.1 米的赵成龙挺身而出，倒吊下井，最终协助消防员救人成功。他被授予县级"见义勇为""优秀消防志愿者"荣誉称号。

（1）看完短片后，你有什么想法和感受？

_____

_____

_____

（2）在你的身上，又有哪些不足是你自己目前还无法接受的？它们是否有可能转变成你的资源？它们怎样才会转变成资源？

_____

_____

_____

3. 配对练习

两两配对（最好是与你关系较好的同学）完成以下句子，一人扮演 A，另一人扮演 B，完成一轮之后互换角色。整个活动完成后在大团体中分享活动感受。

A：我想让你看见我是一个_____的人。

B：是的，我看见你是一个_____的人。

A：我担心你会看见我是一个_____的人。

B：是的，我也看见你是一个_____的人。

B：是的，这两个都是你，我欣赏你可以同时拥有这两个部分，拥有_____和_____
_____。同时，你所拥有的，比这两个还更多。

A：是的，这两个都是我，同时可以拥有这两个部分真好，拥有_____和_____
_____。我拥有的，比这两个更多。

课后实践

下文延伸阅读中提到的无条件自尊告诉我们："每个人都是特别的存在，我们爱自己不是因为我比别人更优秀，不是因为我什么都行，仅仅因为我们是独特的存在"。在以后的生活中，可以经常对自己说："我是独一无二的个体，我是有价值的""这个事情做不好也没关系，那并不意味着我很差""虽然……方面我不擅长，我有些遗憾，但我依然是有价值的"。

我的感悟

四、延伸阅读

课外链接

1. 自我价值感是如何影响我们的学习状态的

卡文顿研究发现，自我接受的需要是人类最高的需求，只有个体感觉到自己有价值，他才能接受自我，自我价值感是个体追求成功的内在动力。成功使人感到满足，使人自尊心提高，使人产生自我价值感；而成功的经验往往是在克服困难之后才能获得，困难的克服则需以能力为前提。因此，能力、成功和自我价值感三者之间就形成前因后果的连锁关系。也就是说，高能力的个体容易成功，成功的经验会使个体产生自我价值感。久而久之，对自我价值感的追求就成了个体追求成功的动力，并常常把自我能力与自我价值等同看待。

卡文顿提出，根据学生追求成功和避免失败的倾向，可以将学生分为四类。

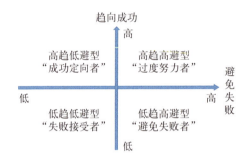

分类	特点	例子
高驱低避型	拥有无穷的好奇心，对学习有极高的自我卷入水平。他们通过不断的刻苦努力发展自我。他们自信、机智。又称为"成功定向者"，或者"掌握定向者"	学霸 学习使我快乐
低驱高避型	又被称为"逃避失败者"，对于这类学生而言，逃避失败要重于对成功的期望。他们对学校和生活感到持续的厌烦和无聊，大部分时间里表现得无精打采，懒洋洋的。但是他们不一定存在学习问题，他们的成绩可以是很好的。他们可能会用短时间里的"猛攻"来换取更多时间的悠闲	平时不烧香，临时抱佛脚
高驱高避型	这类学生同时感受到成功的诱惑和失败的恐惧。这类人被称作"过度努力者"。他们对任务有既追求又排斥的冲突情绪，但焦虑引起并加强了他们对学习的注意，所以他们会想办法取得成功来避免失败。为了成功同时又要掩饰自己的努力，他们中就出现了一种"隐讳努力"的现象。他们在同学中尽量表现得贪玩、不在乎考试，但私下却会偷偷地努力	伪装学渣 明明彻夜学习，但却假装不学无术
低驱低避型	又被称为"失败接受者"。他们没有对成功自豪的期望，也没有对羞耻感的恐惧。他们内心很少有冲突，同时学习的机会和时间也非常有限。他们放弃了通过能力的获得来保持其身份地位的努力。这些学生在面临学业挑战时表现出退缩至少是被动的反应	学渣 无所谓、不在乎

2. 从看人眼色到自我独立：自尊的三个发展阶段

从发展的角度看，每个人的自尊都会经历三个阶段，即依赖性自尊、独立性自尊和无条件自尊。

（1）依赖性自尊

依赖性自尊是指依赖他人肯定和表扬而产生的自尊。在《白雪公主》的故事中，新王后总是问墙上的魔镜："魔镜魔镜告诉我，谁是世界上最漂亮的人？"如果魔镜说是王后，她就会心花怒放。一旦有人比王后漂亮，她就会恼羞成怒。这个故事就表现出依赖性自尊的两个组成部分：第一是"依赖性"，王后要依靠镜子的回答来衡量自己的美貌，不是自己认为的；第二是"比较性"，王后喜欢比较他人和自己的美貌。

依赖性自尊让人渴望别人的表扬；依赖性自尊让人把生活的动力归结于别人的看法，比如，就业时，会倾向于高名望、高地位的工作；依赖性自尊使人把对自己的判断建立在与他人的比较上，比如，如果考试成绩比别人高，感觉很好，反之则很糟糕。尽管如此，现实中几乎没有人不具备依赖性自尊。因为我们都是凡人，不可能无视他人的看法、不与他人比较，这是人性使然。

（2）独立性自尊

独立性自尊即不依靠他人看法而是由自我产生的自尊。拥有独立性自尊的人对自己的评判是根据自我的标准。比如，我很清楚自己的学习是否努力、工作是否用心，尽管别人对此有很多的看法，但最终内心的尺子是由自己来衡量的。这样的人在思考自己的能力大小时，不会和他人比较，而是和过去的自己比较。别人进步的多少，别人幸福还是不幸，都不会影响到他对自己的评价。

独立性自尊水平较高的人的生活动力主要来源于寻找"我对什么感兴趣？我关心什么？我到底想怎样生活？"这些问题的答案。同样是追求真理，依赖性自尊的人是因为他们希望自己是正确的，希望能保护自己不受批评；而独立性自尊较强的人，是真理的学徒，一直寻找"对手"，不畏惧批评与消极判断。因此，前者倾向于选择别人已经走过的路，后者喜欢跳出固定的模式，选择别人未走过的路，这当然不是说他们从不选择别人已经走过的路，前提是如果他们真的喜欢。依赖性自尊与独立性自尊的比较如下表所示。

依赖性自尊与独立性自尊的比较

个体	价值观	个人能力	目的
依赖性自尊	取决于他人	与他人比较	得到表扬和肯定
独立性自尊	取决于自己	与自己比较	帮助自己进步

（3）无条件自尊

无条件自尊使个体处于很稳定的状态，既不依靠他人的看法，也不来源于自我的评判，他们认为根本不需要对自尊进行评价。无条件自尊水平较高的人在评价自己的能力时，既不需要和别人比较，也不需要和自己比较，在他们看来，它是一种自然存在的状态。

例如，写一本书，依赖性自尊较强的人，会和其他书籍进行比较，动力来自他人的赞扬和肯定；独立性自尊较强的人，满足感来自自己写作水平的进步，由自己来决定书写的好坏；而无条件自尊较强的人，写书的目的很简单，就是当有好的想法时，希望能用书呈现出来。如果发现其他同样优秀的书，也会感到很满意——因为他们把自己和他人融为一体了，也就是不会把自己和别人放在对立面上。因此，如果我们在现实生活中能和他人感同身受，不去针对他们，我们会变得强大起来，这也是无条件自尊的魅力所在。

依赖性自尊、独立性自尊和无条件自尊是自尊发展的三个阶段。依赖性自尊是最初的阶段，也是我们大部分人正在经历的阶段；独立性自尊属于第二个阶段，这个阶段我们可以比较客观地认识自己；而无条件自尊有点近乎"圣人"，也是自尊的最高境界。可以说，自尊的培养过程其实就是自我实现的过程。刚出生时，我们都没有自尊，过一段时间后我们开始通过他人的看法来了解自己；然后，开始有自己的意识，懂得和以前的自己进行比较；最后，如果独立性自尊足够强，我们会进行到自然而然的存在阶段。

对于大学生来说，我们在培养自尊的过程中需要注意以下几点。

◆　我们在发展独立性自尊或者无条件自尊的过程中，也不要排斥依赖性自尊的存在。就像心理学家沙哈尔老师所说："你越是想要否认依赖性自尊，它越发会黏住你"。别人表扬时就高兴，别人否定时就伤心，这是人之常情。我们越是压抑人性，人性就会反扑得更厉害。

◆　从提升自己看重的能力入手，是培养自尊的前提，大学时期还是一个可塑性很强的阶段，我们可以在认识自己的基础上，通过不断实践来提升自己看重的能力。

◆　学会与自己比较，是迈向独立性自尊的关键步骤。所以，在和他人比较的同时，别忘了和自己比较，多鼓励和肯定自己所取得的每一个微小的变化，总有一天"小变化"会带来"大变化"。

◆　无条件自尊不是一夜之间获得的，这是一个需要时间、经历、自我有意识培养、从失败中吸取经验反复前进的缓慢过程，所以不要着急，我们可以用一辈子的时间来完善自我。

📖 推荐资源

1. 书籍：斯科特·派克 《少有人走的路》

《少有人走的路》是著名心理医生派克的著作。或许在目前这个快节奏的如微博、微信这种三分钟阅读的时代，我们很难静下心来阅读一本如此长的著作，而《少有人走的路》仅在北美销量就将近千万册，并且被翻译成20多种语言。该书跨越时代限制，帮助我们探索爱的本质，引导我们过上崭新、宁静而丰富的生活；它帮助我们学习爱，也学习独立，归根到底，它告诉我们怎样找到真正的自我。

读者推荐：虽然本书开篇就提到人生处处充满苦难，心灵的成熟将是十分漫长的过程。可是它并没有让我们感到恐惧，相反我们会因为它的引导而自觉地走向一种人生的自我认知的更高境界。它像一把利剑将那些我们一直逃避的问题全部挑露出来，让我们不得不正视它，正视我们的心灵。

2. 电影:《三傻大闹宝莱坞》

本片是根据印度畅销书作家奇坦·巴哈特的处女作小说《五点人》改编而成的印度宝莱坞电影，是一部让人意识到"做自己"的重要性的影片。

　　影片采用插叙的手法，讲述了三位主人公法罕、拉加与兰彻间的大学故事。兰彻是一个与众不同的大学生，公然顶撞院长，并质疑他的教学方法，用智慧打破学院墨守成规的传统教育观念。兰彻的特立独行引起模范学生——绰号"消声器"的查尔图的不满，他们约定十年后再一决高下，然而毕业时兰彻却选择了不告而别。十年之后，事业有成的"消声器"归来，要兑现当年的诺言，他找来法罕、拉加，一同踏上寻找兰彻的旅程，一路上，他们回忆起大学生活的点点滴滴，也发掘出兰彻不为人知的秘密……

第**6**单元

穿越风雨始见彩虹

——探索生命

第1堂

直面危机：心理异常及判断原则

盛夏酷暑，一群口干舌燥的狐狸来到一棵葡萄架下。一串串晶莹剔透的葡萄挂满枝头，狐狸们馋得直流口水，可葡萄架很高。

第一只狐狸跳了几次都摘不到，从附近找来一个梯子，爬上去满载而归。

——积极应对

第二只狐狸跳了几次仍吃不到，找遍四周，没有任何工具可以利用，笑了笑说："这里的葡萄一定特别酸！"于是，心安理得地走了。

——消极应对

第三只狐狸高喊着"下定决心，不怕万难，吃不到葡萄死不瞑目"的口号，一次又一次跳个没完，最后累死在葡萄架下。

——不能正确评价自己

第四只狐狸因为吃不到葡萄整天闷闷不乐，抑郁成疾，不治而亡。

——心理障碍

第五只狐狸想："连个葡萄都吃不到，活着还有什么意义！"于是找个树藤上吊了。

——自杀倾向

第六只狐狸吃不到便破口大骂，被路人一棒子了却性命。

——愤怒情绪

第七只狐狸抱着"我得不到的东西也决不让别人得到"的阴暗心理，一把火把葡萄园烧了。

——犯罪倾向

第八只狐狸因为吃不到葡萄而气极发疯、蓬头垢面，口中念念有词"吃葡萄不吐葡萄皮"。

——精神病

虽然通过一个动作或一句话就对狐狸贴标签显得有些莽撞，但是，从以上的趣味故事可以看出，对同一问题（处境）的不同应对方式可以洞察出某些个性特征和心理问题。其实，心理问题的产生和发展也是有规律可循的，关键在于尽早识别并采取措施加以积极应对。本堂课，将带领你：

- 理解心理正常与心理异常的定义；
- 掌握心理异常判断三原则的内涵；
- 了解引发心理问题的因素；
- 了解大学生常见心理疾病；
- 训练将心理异常判断三原则应用于实践。

一、理论介绍

基本知识

（一）心理正常和心理异常

1.心理正常

正常的心理活动具有如下功能。

第一，保障人顺利地适应环境，健康地生存发展；

第二，保障人正常地进行人际交往，在家庭、社会团体、机构中正常地肩负起责任，使社会组织正常运行；

第三，保障人正常的反应，认识客观世界的本质及其规律性。

心理正常可分为心理健康和心理不健康。心理健康是指个体在与各种环境的相互作用中，在内外条件许可范围内，主体能够不断调整自身心理结构，自觉保持心理上、社会上的正常或良好适应的一种持续而积极的心理功能状态。心理不健康一般是指由现实因素激发、持续一定时间、可能影响到个体部分社会功能的一种心理状态。

2.心理异常

心理异常，即心理变态，相关的术语还有行为异常、心理障碍、精神障碍、心理疾病等，这些术语会交叉使用。

心理异常的实质是大脑生理生化功能障碍和人与客观现实关系失调的基础上产生的对客观现实的歪曲反映。所谓功能障碍，在医学上常常是指那些与器质性病变相对的、难以用一般的检查方法所证明的障碍，而这些正是心理异常的特征。个体心理从健康到不健康到异常，大概可以区分为如右图所示的几个状态。

心理正常			心理异常
心理健康	心理不健康		神经症　　重性精神病
	一般心理问题	严重心理问题	

（二）心理异常判断的原则

郭念锋（1986 年）认为心理异常判断的具体标准一时难以确定，但基本原则是可以说清楚的。为此，从心理学对人类心理活动的定义出发，明确提出区分心理正常与异常的三原则。根据心理学对心理活动的定义——心理是脑的机能，是人脑对客观现实的能动反映，理解心理正常与异常应从心理活动本身的特点去考虑。

第一，主观世界与客观世界的统一性原则。因为心理是对客观现实的反映，所以任何正常心理活动和行为，必须在形式和内容上与客观环境保持一致性。不管是谁，也不管是在怎样的社会历史条件和文化背景中，如果一个人说他看到或听到了什么，而客观世界中当时并不存在引起他这种感觉的刺激物，那么，我们必须肯定，这个人的精神活动不正常了，他产生了幻觉。另外，一个人的思维内容脱离现实，或思维逻辑背离客观事物的规定性时，便形成了妄想。这些都是我们观察和评价人的精神与行为的关键，我们称它为统一性（或同一性）标准。人的精神或行为只要与外界环境失去统一，必然不能被人理解。

所谓无自知力或自知力不完整，是一种患者对自身状态的反映错误现象，亦可称为自我认知统一性的丧失。在精神病学临床上，常把"自知力"作为重性精神病的诊断指标之一，其实这一标准已涵盖在以上统一性标准之中。

第二，心理活动的内在一致性原则。人类的精神活动虽然可以被分为知、情、意等部分，但它自身确实是一个完整的统一体，各种心理过程之间具有协调一致的关系，这种协调一致性保证人在反映客观世界过程中的高度准确和有效。比如一个人遇到一件令人愉快的事，会产生愉快的情绪，手舞足蹈，欢快地向别人述说自己内心的体验。这样，我们就可以说他有正常的精神与行为。如果相反，他用低沉悲伤的语调向别人述说令人愉快的事，或者对痛苦的事做出快乐的反应，那么他的心理过程就可能失去了协调一致性，可能处于心理异常状态。

第三，人格的相对稳定性原则。每个人在自己长期的生活道路上都会形成自己独特的人格特征。这种人格特征形成之后具有相对的稳定性，在没有重大外界变革的情况下，一般是不易改变的。它总是以自己的相对稳定性来区别一个人与其他人的不同。如果在没有明显外部原因的情况下，一个人的人格特征突然出现巨大改变，我们也要怀疑其心理活动是否出现异常。这就是说，我们可以把人格的相对稳定性作为区分心理活动正常与异常的标准之一。比如，一个用钱很仔细的人突然挥金如土，或者一个待人接物很热情的人突然变得很冷淡，如果我们在他的生活环境中找不到足以促使他发生如此改变的原因时，那么他的精神活动可能已经偏离了正常轨道。

从上述这几个原则中不难发现，区分个体心理活动是否正常的所有界限都是相对的。只有把个体及其心理现象或行为，与他所处的客观环境和文化背景中被社会所认可的行为常规相比较，并和他一贯的行为方式和人格特征加以比较，然后再进行综合的分析，才能判断其有无异常或病态的心理症状。特别需要强调的是，同学们掌握判断三原则并非意味着可以对他人心理状态是否正常进行随意评判，只是希望大家可以借助判断三原则及早识别哪些情况下需要尽快就医寻求专业的诊断。

（三）引发心理问题的因素

1. 引发心理问题的生物学因素

生理功能的改变也会引起心理活动的改变，例如：

- 感染所致的心理行为异常。
- 各种脑病。
- 内分泌疾病所致的心理异常。

- 代谢疾病所引起的心理行为异常。
- 手术后出现精神障碍。
- 艾滋病所引起的心理行为异常。

2.引发心理问题的社会因素

- 负性生活事件（考试、作弊、挂科、恋爱、失恋、人际关系冲突、贫困、家庭变故、被骗等）。
- 社会支持系统。不良的人际关系、社交孤立、被霸凌等可能导致心理问题的产生。
- 家庭成长环境。家庭冲突、缺乏支持或遭受虐待等不良家庭环境可能引发心理问题。
- 个人生活环境。恶劣的生活环境，如战争、灾难、暴力、贫困等，可能对心理健康产生负面影响。
- 社会文化背景（如价值观、社会期待、宗教信仰等因素）。

3.引发心理问题的心理因素

- 认知能力、成长中有无错误观念。在童年阶段就开始形成的某些失真的和不现实的固定信念会导致成年后的认知曲解。例如，有些家长要求自己的孩子要在各方面都表现得很成熟，把少年老成作为行为楷模，那么这个孩子自童年开始就可能会形成一种"凡事都必须做得完美无缺""感情不能外露""家丑不可外扬"的固定信念。
- 求助者对现实问题有无误解或错误评价。例如，认为社会里黑暗的东西太多，自己常有"愤世嫉俗"之感，想扫除一切丑恶腐败但又做不到；对"性"的看法很保守，认为自己应当是一个"一本正经"的人，"但有时又有杂念"。
- 有无持久的负性情绪记忆。例如，来自以往生活中的挫折和痛苦经验，所谓"一朝被蛇咬，十年怕井绳"。
- 思维倾向和习惯，有无反逻辑性思维和不良的归因倾向。

 拓展知识

大学生常见心理疾病

1.抑郁症

抑郁症是一种以显著而持续的低落情绪为主要表现，并伴随相应思维和行为异常的一种心理障碍。典型症状表现为三个方面：①情绪低落：个体感到悲伤、空虚、无望、内疚，觉得自己毫无价值，对生活中的所有活动都缺乏兴趣或兴趣减少，出现自杀想法，甚至产生自伤、自杀行为。②躯体症状：个体出现失眠，精力减退，容易感到疲倦，或者睡眠过多。饮食上容易贪食或者厌食，短期内体重变化较大。③思维缓慢：个体大脑迟钝、联想困难，思考能力、记忆能力下降，无法集中注意力。由中国科学院心理研究所完成的2022年度《中国国民心理健康报告》指出，青少年群体抑郁风险高于成年群体，大学生普遍面临繁重学业、职业发展等方面带来的情绪困扰及压力，抑郁症患者中约50%为在校学生，我国内地31个省份近8万名15～26岁的大学生的总体抑郁风险比例为21.48%，焦虑风险比例为45.28%。这些都说明作为抑郁年轻化的一个集中群体，大学生的心理健康状况不

容乐观。抑郁症的产生受多种因素影响，包括遗传因素、生物因素、心理社会因素、人格因素和童年经历等。此外，重大生活事件，如亲人死亡、失恋、失业等，也可能引发抑郁症。从个人特质层面来看，具有完美主义倾向的人，或者容易冲动和敏感的人，以及容易焦虑和紧张的人更容易患上抑郁症。青年要规避并抵御抑郁风险，获得一定的人际支持很重要，无论是来自亲人朋友的暖心支持，还是来自心理医生、心理咨询师的专业支持，都可以帮助抵御抑郁风险。当我们发现自己或身边的人出现抑郁症症状时，应及时寻求专业帮助，接受专业的诊断和治疗。当然，也并不是只有严重到符合列举的全部症状时才需要去寻求帮助，任何时候感觉到了情绪不适，同学们都可以主动寻求专业的帮助，这并不是矫情脆弱的表现，反而是善待自己的一种方式。

2. 双相情感障碍

也被称作"躁郁症"，是一种在临床上既有狂躁发作，又有抑郁发作的心境障碍。双相情感障碍的标志性表现是极端低落和极端高涨的情绪交替发作，躁狂发作的时候，人会感受到极端的兴奋、充满能量、自信而无所不能，个体的思维比语言表达的频率更快，有时候甚至因为想法塞满脑子以至于难以表达，严重的时候还会出现幻听、幻视的症状，甚至不能觉察自己的行为；抑郁发作时往往与单相抑郁症很相似，同样会表现出情绪低落、丧失兴趣、疲劳、思维迟缓等，而往往只有在抑郁发作的时候，双相情感障碍的患者才会觉得自己需要求助，所以有时候会很容易被诊断为抑郁症。要特别注意的是，这里的情绪波动并不是简单的"情绪波动起伏"，患者也不存在一个自由切换的情绪开关，通常情况下，双相患者无法预期自己下一秒的状态，这会给患者的日常生活、学习和工作带来巨大的影响。庆幸的是，只要坚持遵医嘱、按时按量服药，就能显著减少被这种疾病妨碍生活的概率，而不必因为它放弃自己的生活、工作和抱负。

3. 焦虑症

焦虑本身是一种指向未来的普通情绪反应，表现为面对不明确的危险因素时，出现心率加快、呼吸急促、肌肉紧张等现象；同时也是一种处于应激状态时的情绪体验，属于人类防御性的心理机制之一。在大多数情况下，随着外部压力事件的消失，焦虑情绪会相应消失或减退。但过度的焦虑症状则构成了病理性焦虑，也就是焦虑症；而比焦虑症更轻，又比普通焦虑情绪严重的程度，就被称为焦虑状态。所以，只有当焦虑症状严重影响人们日常生活、功能，并导致异常行为时，才符合焦虑症诊断标准。焦虑症可分为多种类别，症状复杂，比较常见的临床表现可概括为：①与处境不相符的痛苦情绪体验：患者内心体验为过分担心、焦躁不安、紧张慌乱、害怕或恐惧，反复呈现不祥的预感；往往别人安慰无效；外在表现可为言语急切，心神不宁，易发脾气，常对事情失去耐心。②精神运动性不安：多表现为注意力难以集中、搓手顿足、无法静坐，不自主来回踱步等；表情紧张，眉头紧锁，来回走动，甚至奔跑呼叫等。③躯体性焦虑：可表现为多样性自主神经功能紊乱，例如心血管（心悸、面色苍白或潮红等）、肌肉组织（震颤、麻痹、运动不安等）、呼吸道（气短、过度通气等）、胃肠道（呕吐、腹泻、吞咽空气并打嗝等）、植物神经系统（出汗、尿频）、中枢神经系统（头昏、眼花、头痛、失眠等）。对于轻中度焦虑症患者，心理治疗较为适合，而对于中重度焦虑患者，病情反复发作或单一治疗不佳等情况时，心理治疗联合药物治疗会是更好的选择。

4.精神分裂症

精神分裂症是一种严重的精神障碍，通常在青少年晚期或成年早期开始，会对患者的生活质量和社会功能产生重大影响。精神分裂症的症状多样，可表现为一系列思维、行为和情绪方面的症状。①阳性症状。阳性症状是精神分裂症最常见的症状，包括幻觉、妄想、思维紊乱和语言障碍等。幻觉是患者感知到的虚假感觉，如听到不存在的声音或看到不存在的事物；妄想是患者坚信的虚假信念，如被追踪或受到控制的感觉；思维紊乱表现为思维跳跃、语言混乱和难以理解的言语。这些症状使患者与现实脱离，影响其日常生活和社交功能。②阴性症状。阴性症状是精神分裂症的另一类症状，包括情感平淡、社交退缩、言语贫乏和意志力减退等。患者常常失去兴趣和动力，表现出情感冷漠和社交障碍。言语贫乏使患者表达能力受限，意志力减退导致缺乏目标和决策能力。③认知障碍。精神分裂症的认知功能受损涉及多个认知领域，包括注意力、记忆力、抽象思维和信息整合功能。相对来说，大众可能对抑郁症、焦虑症等较为熟悉，但对精神分裂症可能了解不深，这也使其遭受比较多的污名化，患者受歧视程度很高，但其实精神分裂症患者更需要社会的理解和支持。虽然精神分裂症是一种严重的心理疾病，但它是可以治疗的，通过药物治疗、心理治疗以及社会支持，许多患者能够显著改善症状，提高生活质量。重要的是，要及早诊断和治疗，以减少疾病对患者和社会功能的长期影响。

二、理论应用

◎«案例解析

【案例1】某大三男生，22岁，言行怪异、出现幻觉妄想一年。患者自小少言寡语，与人交往少，脾气暴躁，一年前因父亲病故和失恋，开始失眠、呆滞、郁郁不乐（失眠、意志减退、情绪低落），说"我活不了几天了，我有罪"（自罪妄想）；听到火车鸣响就害怕，见到鸡鸣狗叫也恐慌（恐怖），见到公安人员就称"我有罪"（自罪妄想），回家后就问家人"公安局的人和你们谈过话吗？为什么我想的事别人都知道？"（内心被揭露感，被洞悉感），有时侧耳倾听"地球的隆隆响声"（幻听），看见小汽车就恐惧地问他人"那是不是来逮捕我的？"（关系妄想、被害妄想）。患者记忆智能无障碍，只是孤独离群，生活懒散，时而恐惧、激越，时而自语自笑、凝神倾听。一次，突然对电风扇下跪，说听到电风扇里有一男声责骂他是"叛徒和内奸"（幻听）。认为自己脑子想的事被别人知道，"监视器就是邻居家的录音机和自己的手表"（被洞悉感、关系妄想、被害妄想）。问患者为什么时哭时笑？患者回答："我脑子被一死者控制，我哭笑不受自己支配。"

家人劝其来心理咨询，患者说自己没病，干吗来看心理医生。生理检查显示各项生理指标正常，无脑器质性病变。家人骗他说来看看脑子是不是被别人控制，才勉强前来。

从以上案例分析可以得出，求助者存在的问题如下。

认知方面：幻听、自罪妄想、关系妄想、被害妄想、内心被揭露感、思维插入。**情感方面**：恐怖、情绪低落。意志行为方面：意志减退。**生理方面**：失眠。社会功能方面：严重受损。

初步评估为：精神分裂症。因此，本案例不属于心理咨询的范畴，建议家属带患者转入医院进一步诊断治疗。

教师点评：根据《中华人民共和国精神卫生法》第二十三条规定，"心理咨询人员不得从事心理治疗或者精神障碍的诊断、治疗。心理咨询人员发现接受咨询的人员可能患有精神障碍的，应当建议其到符合本法规定的医疗机构就诊"。

【案例2】 王某是一名大二男生，外表清秀斯文，戴着一副黑框眼镜，与人交谈时常不自觉地低头，很少和人有眼神沟通。他对很多事情有自己的见解，但长期独来独往的状态让他陷入深深的自我怀疑："每次走进教室都像上刑场，总觉得所有人都在议论我。我觉得自己很孤独。"

王某自述小时候父母工作很忙，没时间照顾自己，自己大部分时间都是一个人独处，很少和其他同龄小朋友玩耍。初中时父亲因工作调动频繁搬家，他在一年内转学三次，每次刚熟悉环境便被迫离开。母亲对自己的学习成绩要求很高，"要多花时间在学习上"是妈妈经常会说的话。考上一所还不错的大学后，大一在迎新会上因手抖打翻饮料被哄笑，自此回避所有社交活动。近期小组作业汇报前夜，他谎称高烧逃避展示任务，却在宿舍刷了一整夜汇报 PPT。

在日常社交中，王某表现出明显的回避态度，甚至有一些明显的躯体化反应：同学迎面走来时，他会突然掏出手机假装忙碌；食堂排队时若有人站在身后，他会脖颈僵硬到无法转动；最严重时，在选修课上，老师让他起来回答问题，他竟因过度紧张引发胃痉挛。尽管感到很孤独，他却对室友充满抵触：认为上铺打游戏语音太吵"缺乏公德心"，斜对床热衷穿搭是"虚荣肤浅"，唯一成绩相当的班长又"好为人师"。聊天中他反复提及"害怕成为焦点"，尽管自己也知道"其实没那么多人注意我"，但就是控制不住自己的紧张害怕。

王某的情况很符合社交恐惧症的相关症状表现，是目前大学生、青少年常见的心理问题之一。社交恐惧症常常来源于早期社交经验缺乏或社交挫折。由于社交经验缺乏，导致社交能力不足；由于社交挫折，引起社交中的负面情绪，久而久之，就会不自觉地形成一种紧张、不安的心理状态，从而产生恐惧感。而随着年龄的增长，青少年、大学生又希望交朋友，渴望社交，但一到具体交往情境中，如找人交谈或别人与自己交往时，又会出现恐惧反应，表现出心慌意乱、语无伦次、紧张焦虑，严重者甚至孤立自我，拒绝与外界发生任何社交关系，从而对日常生活和学习造成极大的阻碍。就王某的情况来看，尚没有发展到严重程度，在与同学交往中，如果是非特殊情况下还能保持正常交往。但同时由于早期负面影响，其交往能力的提高亦非一件容易的事情。王某的社交问题反映了大学生的一种主观性、极端化及情绪化色彩。这是由于大学生的生活阅历、知识水平、社会经验的相对不足造成的。大学生的自我意识的形成与发展有一个较长的过程，特别是由于他们正处于情感丰富的阶段，很关注他人对自己的看法，导致大学生对他人对自己的社会认知严重影响其情绪状态。他们过于注重以自己的眼光、感觉去分析、判断、评价别人，因此往往会出现各种偏差。

教师点评：对于案例中的求助者，我们首先建议还是要先就医进行评估诊断，另外也可以尝试通过以下几条途径来走出心理困扰。第一，帮助求助者树立正确的自我认识，既接纳自己，也接纳他人。对自我形成客观评价，要认识到"金无足赤，人无完人"。因此，我们没有必要要求自己事事得体，处处大方，对自己求全责备。犯错误对每个人来说都是正常的事，关键在于从错误中吸取教训。建议来访者在此认识的基础上保持人际交往的积极态度。第二，适当运用自我暗示法。例如，当恐惧来临时，求助者可以用言辞暗示自我：我只不过是集体的一分子，别人是不会专门盯住我、注意我的。用此方法消除人际敏感，以摆脱那种过多考虑别人评价的思维方式。第三，树立长期发展观念，不要期望一蹴而就，而是从与自己熟悉的人的交往中获取良好的交往经验，再适当推广至一般朋友和陌生人，最终战胜社交恐惧。总之，大学生应不断提高自我意识和社会知识水平，扩大交往的范围、结交知心的朋友，尽快完成社会化过程。

 常见问题

Q1：我自己对照了强迫症的一些症状，发现我绝大部分都符合，是不是意味着我得了强迫症啊？

A：你好，前面我们介绍了心理异常判断的三原则，这里提醒一下，对于心理障碍，尤其是神经症和人格障碍的诊断，是一项专业性很强的工作。所谓正常与不正常的划分标准，是相对的而不是绝对的。而且，正常与不正常的判别，还受一定的文化环境的影响。在某种范围内看似异常的行为，在另一种环境下就不足为奇了。因此，心理疾病的确诊是十分困难的，最好不要盲目进行自我诊断，自我定论。看见书上写了一些症状，就往自己身上套，这种做法是极为有害的。如果真的发现自己有不能解决的问题，应主动寻求专业医生或心理老师的专业帮助。

Q2：有时候心里不舒服，我特别想去心理咨询中心找老师聊一聊，可是又担心同学们觉得我心理有毛病……

A：这个问题好像是很多同学心里的困惑，认为"去心理辅导就是有毛病"的说法很明显是错误的。心理辅导的对象主要是在日常生活中遇到困难或挫折而产生心理困扰的正常人群。心理障碍患者是心理咨询的一小部分，发病期的精神病人不属于心理咨询的范畴。我们每个人在成长的不同阶段及工作的不同方面，都有可能遇到这样那样的心理问题，就这些问题求助于心理辅导并不意味着不正常或心理变态。心理辅导不是看病，它面向的是正常人。当你觉得心里不舒服，情绪不好的时候，你就可以去找心理辅导师聊一聊，咨询一下，主动寻求帮助并不可耻，反而是勇气的表现。

三、实操训练

课前准备

1.心理测试

你需要心理咨询的帮助吗？

什么时候我们需要去寻求心理咨询呢？专家建议，当你出现下列情况时，不妨主动向心理咨询师求助。

① 入睡困难、易醒、早醒、夜惊、梦呓、夜游及梦魇。

② 持久的心情低落的状态，常伴焦虑、躯体不适与睡眠障碍。

③ 月经紊乱、植物神经功能失调、情绪不稳定、心理紧张、焦虑、恐惧、敏感、多疑等症。

④ 以厌食、消瘦、闭经、虚弱为特点的女性心理疾病，大多与追求苗条而盲目节食有关。

⑤ 反复呕吐，但不影响食欲、体重的疾病，暗示性强，多见于女性，往往在明显心理因素作用下发病。

⑥ 明知不必要但又无法摆脱并反复呈现的观念、情绪或行为，常伴有焦虑与恐惧。

⑦ 持续紧张或发作性惊恐状态，但并非由实际威胁所引起，出现的惊恐症状与现实情况不相符合。

⑧ 对特定的情景、物体或人产生强烈的恐惧或紧张，从而不得不回避或退缩。

⑨ 过分关注自身健康，怀疑身体某部分或某一器官异常，尽管临床检查没有客观证据，还坚持认为得了某种疾病，并伴有焦虑、恐惧不安等症状。

⑩ 家庭关系导致家庭成员情绪变化，需要夫妻共同咨询和家庭咨询等。

实际上，在生活中我们总会遇到各式各样的问题，关键是我们需要保持一颗积极的心态去面对、去解决困难。但不管你在生活中遇到有关自身的各种心理问题，都可以找心理咨询师聊一聊，心理咨询都是可以帮助到你的。记住，当你一个人解决不了的时候，你需要心理咨询。

思考与实践

1. 你对心理咨询的态度是怎样的？

2. 请结合生活、学习中的经历，思考哪些问题可以进行心理咨询？

3. 实地了解本校的心理健康教育中心，体会一下自己有何感觉。

微课：心理异常及判断原则

2. 通过扫描二维码自学完成微课"心理异常及判断原则"以及"常见的心理疾病"之后，你的困惑或疑问是什么？

问题1：

_____

问题2：

_____

问题3：

_____

微课：常见的心理疾病

课堂互动

1. 案例分析与实践

李某，女生，19岁，性格内向但温和，学习勤奋，与室友关系融洽。最近两周，她的行为举止变得有些奇怪……

她坚称自己听到"外星人通过教室广播下达指令"，并认为必须按指令行动（如深夜在操场转圈"接收信号"）；声称室友用"脑电波监视她"，因此拒绝和室友住在同一寝室；原本注重整洁，现在书桌堆满杂物，衣服脏污也毫不在意；突然对最爱的绘画失去兴趣，撕毁所有的画作，称"这些画会暴露我的秘密"。

请依据心理正常与心理异常的判断三原则，和小组成员讨论，李某的心理状态是否正常？符合了判断心理异常的哪些原则？

2. 心理训练之心理暗示法

请同学们首先来看几个心理暗示的故事。

【积极的暗示】

1. 某人喜欢新鲜空气的程度无人能及。一年冬天，他到一家高级旅馆住宿。那年冬天奇冷，因而窗子都关得严严实实的，以防寒流袭击。尽管房间里舒服无比，但他一想到新鲜的空气一丝都透不进来时，就非常苦恼，辗转难眠。到了最后，他实在无法忍受，便捡起一只皮鞋朝一块玻璃样的东西砸去，听到了玻璃碎裂的声音后，他才安然进入梦乡。第二天醒来，展现在他眼前的是完好如初的窗子和墙上破碎的镜框。

2. 美国田纳西州有一座工厂，许多工人都是从附近农村招募的。这些工人由于不习惯在车间里工作，总觉得车间里的空气太少，因而顾虑重重，工作效率自然较低。后来厂方在窗户上系了一条条轻薄的绸巾，这些绸巾不断飘动着，暗示着空气正从窗户里涌进来。工人们由此祛除了"心病"，工作效率随之提高。

【消极的暗示】

1. 当孩子参加高考时，父母总是叮咛"千万不要紧张"；当孩子学习成绩不好时，父母总斥责他"笨得不行"；当孩子挑食时，父母当着孩子的面诉说"他不吃白菜"；当孩子尿床时，父母总是为他辩护"他憋不住尿"。这些都能助长某些不良的倾向。重复暗示能引起对方形成相应的心理定向，产生与父母愿望相反的效果。

2. 刚刚学骑自行车的人骑车上街，心里特别紧张，怕撞到别人，心理紧张，默念"别撞上，别撞上"，可结果却偏偏撞上了。参加重大考试，告诉自己"别紧张，别紧张"，可往往脑中一片空白……

3. 星期天，你本来约好和朋友出去玩，可是早晨起来往窗外一看，下雨了。这时候，你怎么想？你也许会想：糟糕！下雨天，哪儿也去不成了，闷在家里真没劲……

我们多数人的生活境遇，既不是一无所有，一切糟糕，也不是什么都好，事事如意。这种一般的境遇相当于"半杯咖啡"。你面对这半杯咖啡，心里产生什么念头呢？消极的自我暗示是为少了半杯而不高兴，情绪消沉；而积极的自我暗示是庆幸自己已经获得了半杯咖啡，那就好好享用，因而情绪振作，行动积极。

所以，紧张的时候默默鼓励一下自己"我很棒，我是最好的，我有比其他人优秀的地方，我在某方面做得比较好"等，真的会有用哦！

学习自我暗示，需要坚强刚毅的意志，要对自我及自我暗示有坚定不移的信心，并在实践中进行锻炼，使自我暗示得到恰如其分的应用。下面介绍两种具体的自我暗示的方法。

（1）冥想放松法。你可以用一件真实的物件，如某种球类，某种水果，或者手头可以找到的小块物体，来发挥自我想象的能力，具体做法是：

① 凝视手中的橘子（或其他物体），反复、仔细地观察它的形状、颜色、纹理脉络；然后用手触摸它的表面质地，看是光滑还是粗糙，再闻闻它有什么气味。

② 闭上眼睛，回忆这个橘子都留给你哪些印象。

③ 放松肌肉，排除杂念，想象自己钻进了橘子里。那么，想象一下，里面是什么样子？你感觉到了什么？里面的颜色和外边的颜色一样吗？然后再假想你尝了这个橘子，记住它的滋味。

④ 想象自己走出了橘子的内部，恢复了原样，记住刚才在橘子里面所看到的、尝到的和感觉到的一切，然后做 5 遍深呼吸，慢慢数 5 下，睁开眼睛，你会感觉到头脑清爽，心情轻松。

（2）自主训练法。又叫适应训练法，其中较简单的一种方法如下。

① 取坐姿，把背部轻轻靠在椅子上，头部挺直，稍稍前倾，两脚摆放与肩同宽，脚心贴地。

② 两手平放在大腿上，闭目静静地深呼吸 3 次，排除杂念，把注意力引向两手和大腿的边缘部位，把意念传导在手心。

③ 不久，你会感到注意力最先指向的部位慢慢地产生温暖感，然后逐渐地扩散到手心全部。这时，你心里可以反复默念："静下心来，静下心来，两手就会暖和起来。"

④ 做 5 遍深呼吸，慢慢数 5 下，睁开眼睛。

课后实践

尝试用一句正面语句代替以下的负面语句。

1. 没有人理睬我

_____

2. 我没有钱

_____

3. 这问题没法解决

_____

4. 跟着他有很大压力

_____

5. 从来没有想过

_____

6. 以前从未有人做过

_____

7. 以前试过都不成功

_____

8. 我没有信心

_____

9. 这事情太复杂了

_____

10. 时间不够

_____

11. 我不知道应该做些什么

_____

12. 我每次都失败

_____

13. 我觉得很无奈

_____

我的感悟

- -

- -

- -

- -

- -

- -

四、延伸阅读

课外链接

1. 影视作品中的异常心理

　　在现实世界中，我们或许会避开那些行为怪异、情绪不稳定的人，但在影视作品中，这些异常心理却成了吸引我们眼球的焦点。它们以一种独特的方式，挑战着我们对正常与异常的认知边界，让我们在紧张的剧情推进中不禁反思：什么是正常？什么是异常？这些角色，无论是因为心理创伤、社会压力还是遗传因素，他们的行为背后隐藏着怎样的故事？他们的内心世界又是怎样的风景？让我们来看一看，在经典影视作品中存在着哪些异常心理。

（1）《雨人》——孤独症

达斯汀·霍夫曼和汤姆·克鲁斯主演的作品，他们饰演一对兄弟雷蒙·巴比特和查理·巴比特。达斯汀把孤独症的样子演得惟妙惟肖。编剧显然对孤独症患者作了一番功课，知道自闭者不是笨，是拙于和外界沟通，会出现一些规律的强迫行为，在这些行为之外，就会极度没有安全感，会脾气暴躁等，另外，有些患者会有某些天赋异禀，有人很会拼图，有人很会唱歌，而雷蒙在片子里则很会计算。这使得他们兄弟俩狠赚了一笔钱！也使得查理从本来瞧不起雷蒙，而变得对他肃然起敬。该片更像是孤独症的宣传短片，消除了一般人以为他们弱智的看法。编剧成功地用孤独症的症状和剧情结合，虽然多少有点"窥奇"的心态，但总之，对孤独症患者来说，是一件走出自闭的好事。

（2）《丈夫得了抑郁症》——抑郁症

该片由根据细川貂貂和丈夫望月昭真实经历撰写的同名漫画改编，讲述了妻子在照顾患有抑郁症的丈夫期间发生的生活琐事，以及丈夫辞职成为家庭主夫的故事。梦想成为漫画家的晴子，和老公干男生活在一起。老公不仅工作认真，而且还每天自己做便当，是个普通的上班族。可有一天，他却拿着刀走到晴子面前说自己想死。去医院检查后，才发现自己是患上了抑郁症。晴子觉得自己老是专注于画不受欢迎的漫画，而疏忽了丈夫，缺少对他的关心。于是她以离婚威胁老公辞职，为支撑家里的开支，主动去编辑部请求接漫画的工作。后来，老公的病情逐渐好转，而与抑郁症抗争的这一年间，夫妻俩度过了前所未有的艰辛时光，同时也得到了最宝贵的收获。

（3）《美丽心灵》——精神分裂症

影片改编自西尔维亚·娜萨儿撰写的关于20世纪伟大数学家小约翰·福布斯·纳什的同名传记。该片讲述了患有精神分裂症的数学家约翰·福布斯·纳什，在博弈论和微分几何学领域潜心研究，最终获得诺贝尔经济学奖的故事。英俊而又十分古怪的数学家约翰·纳什读研究生时便发表了他的博弈理论，短短26页的论文在经济、军事等领域产生深远的影响，他开始享有国际声誉。但纳什出众的直觉受到了精神分裂症的困扰，使他向学术上最高层次进军的辉煌历程发生了巨大改变。面对这个曾经击毁了许多人的挑战，纳什在深爱着他的妻子艾丽西亚的相助下，与被认为是只能好转、无法治愈的疾病作斗争。经过十几年的不懈努力，完全通过意志的力量，他一如既往地坚持工作，并获得诺贝尔奖，他在博弈论方面颇具前瞻性的工作也成为20世纪最具影响力的理论。而纳什也成了一个不仅拥有美好情感，并具有美丽心灵的人。

（4）《女生向前走》——躁郁症

《女生向前走》改编自同名小说，作者苏珊娜将自己于20世纪60年代末待在精神病院18个月的经历写下来，而女主角兼制片薇诺娜·瑞德对这个故事感同身受（她自己就曾在十几岁时因为受不了做明星的压力，进出精神病院数次），事必躬亲地把它改编并搬上大银幕。这部电影真实地描绘了苏珊娜身在精神病院的状态，正如她的旁白："你无法分辨何时是清醒或者是梦境"。可是苏珊娜觉得自己很正常，顶多只是会有神游太虚的老毛病，事实上，连我们观众都不觉得她有何异常之处。这虽然是一部小品，但是点出了我们看待精神病患者的方式，甚至是看待和我们不同的人的方式。精神病的来由有千万种，片中就有各种来历的病情，每一个人背后都有他的故事，虽然没能像女主角一样幸运被拍成了电影，但是一样值得我们去关注。

2.心理美文赏析

感谢自己的不完美

（文/武志红）

我们痛苦了，第一反应就是想降低痛苦、逃离痛苦。但是，这和身体疼痛的道理一样。当我们肚子疼时，医生经常不建议先服用止痛药，因为那会让身体麻木，让医生难以探查到底是哪里的内脏发生了病变，从而无法下手治疗。心理痛苦的意义是一样的。

要分清痛苦与问题，可以想办法减轻痛苦，但更重要的是，我们要有勇气去面对问题。太痛苦常常是因为不了解为什么痛苦，而太痛苦又直接导致我们逃避痛苦、恐惧痛苦……最后，我们忽略问题自身，迫切地想消除痛苦，因此产生了一系列心理问题。要带着心理问题去生活，我们必须先改变一些习惯性的错误认识，明白痛苦与问题的关系。

陷阱一："我是天底下最不幸的"

每个人都有不同程度的心理问题，并且每个人的心理问题都有大量的"同道"。但人们经常看不到这一点，以为自己的痛苦独一无二，总是感叹"为什么不幸的偏偏是我"，将自己的问题无限扩大，并将它当作生命中最重要的事情，用一切资源去纠正它。之所以如此，是因为有心理问题的人以为自己的问题是洪水猛兽，不敢将它暴露出来，但在封锁自己问题的同时也封闭了自己。久而久之，就觉得自己是天底下独一无二的最不幸的人了。无论多么古怪的心理问题，基本都可以找到大量的同类，没有谁是"天底下最不幸的人"，总有别人和你一样不幸甚至更不幸。

陷阱二："痛苦都是因为现在"

一个27岁的女孩写信说，她只谈过一次恋爱，分手后再也不敢谈恋爱了，因为"我很怕失去，很怕那种如坐云端却顿时坠入谷底的感觉，很害怕"。无数人在恋爱中分手，但多数人后来又开始了新的恋爱，为什么这个女孩"很害怕"而不敢再谈恋爱呢？一般来说，这可以回溯到童年。这种不敢再谈恋爱的女孩多在童年遭受过严重的分离焦虑的伤害。譬如，父母在她很小的时候离开她很长时间，甚至，父母一方离开后就再也没有回来。这种严重的分离焦虑最后化为一种无意识，深埋在她的心底，分手重新唤起了她的无意识，又一次诱发了她严重的分离焦虑。于是，她宁愿麻木，也不想再有亲密关系。这个27岁的女孩，她的逻辑看似是合理的，因为成年的体验重复了童年的灾难。但是，如果她能好好思考一下，自己的惧怕和愤怒究竟从何而来，她就会明白，自己的惧怕与愤怒是建立在有限的人生体验上的，是不合理的。

陷阱三："用一切办法减少痛苦"

日本心理学家森田正马，他提出的"顺其自然、为所当为"的森田疗法成为治疗强迫症、社交恐怖症等心理疾病的一种非常流行、有效的疗法，而他自己在读大学时正是一名严重的神经症患者。国内著名口吃矫正专家平易，他自己以前就是一名严重的口吃者。他是在进行自我治疗的时候形成了一套行之有效的治疗方法。这样的例子数不胜数，现在，我更坚信美国心理学家派克的表述——"逃避问题及其内在痛苦情感的倾向是所有心理疾病的主要原因"。我们想逃避痛苦，但痛苦背后的问题恰恰是我们的一部分，须臾不可分离，根本逃避不了。所谓的逃避，只不过是运用种种自欺的方式扭曲了我们对问题的认识，从而减少我们的痛苦。我们以为看不到它们了，但其实它们还是我们甩不掉的尾巴。而那些直面自己的痛苦及痛苦背后的问题的人，每一次痛苦都促进了他们的成长。

陷阱四："我能控制自己的一切"

我们经常以为，我们能够控制自己的一切，这种错误认识是强迫症、社交恐怖症和口吃等问题产生的直接原因。一位男青年写道："我是一名步入社会就业已经六年的普通人，但是，我一直希望我能有不平凡的作为！主要的问题是，我很多时候都不能集中意志思考自己要思考的问题，往往会在思考的时候走神，这样一来，我的效率就很低，想向你请教一下：怎样才能集中意志思考问题？"

一位年轻妈妈说："我很爱我的孩子，但我有一次居然产生了想掐死他的念头。天哪，我怎么能这么想，我一定是疯了。于是，我拼命压制这个念头，但它现在出来得越来越频繁。我现在都不敢抱孩子了，生怕我控制不住自己。"

这位男青年和这位妈妈的问题有些类似，他们都以为自己能控制自己的一切。男青年偶尔走神，他就认为会严重影响自己的追求。年轻妈妈认为爱孩子就绝对不能产生"想掐死孩子"的念头。潜意识的特点是，我们越想控制它，就越控制不了，它的活动会越来越频繁。譬如，那位年轻妈妈拼命想压下掐死孩子的无意识念头，这种念头就会出现得越来越频繁。一个人的潜力无限，但一个人的意识能直接控制的范围却很有限。我们要清醒地认识到这一点，不要总是和潜意识过不去，不必和走神、坏念头等偶尔出现的问题较真。否则，它们就会成为真正的问题。

陷阱五："没有它我就一切正常"

很多时候，当我们把一切焦点放到问题上时，这个问题就会成为我们拒绝成长的一个替罪羊。譬如，断了一截小手指的大学生，他最后的断言是"自己的一生就毁在这一截小手指上了"。真的是这样吗？我们可以做一个最基本的假设，如果他有这一截小手指，那么他的人生就会一切正常吗？显然，答案是否定的。有些男孩会把个子矮当作替罪羊，于是拒绝成长；有些女孩会把相貌丑当作替罪羊，于是拒绝成长。他们把一切问题都归罪到自己的某个缺陷上去，经常会幻想"如果……一切正常"。但是，一些个子同样矮的男孩、相貌同样丑的女孩非常有勇气地去生活，并活得非常成功。一些高大帅气的男孩和一些美貌的女孩却同样找到了各种各样的替罪羊而拒绝成长。

你最在乎自己的什么缺陷？好好思考一下，它有没有成为你的替罪羊？最后，送大家三句话：①接受心理问题，带着你的心理问题去积极生活；②打开心扉，寻找你身边的"业余心理医生"；③理解他人，自己去做一名好的"业余心理医生"。

📚 **推荐资源** ————————————————————————————

书籍：马修·约翰斯通 《我有一只叫抑郁症的黑狗》

这是一本抑郁症患者及其陪伴者的独白，旨在为大众提供帮助和指导，让更多人了解抑郁症，帮助抑郁症患者的康复。全书只有两千多字，分为两个部分，第一部分是抑郁症患者的自述，第二部分讲述的是作为抑郁症患者的恋人，如何陪伴。该书讲述了作者自二十出头起便身患抑郁症，他把抑郁症形象地比喻成"黑狗"，面对被黑狗充斥的生活，他曾奋起反抗又无力地躺倒在地，努力自救却还是被黑狗制服而无法动弹。黑狗一度令他彻底屈服，几乎失去生存下去的勇气和决心。然而凭着一丝抗争的意志，他决定寻求专业的帮助和指导，正视黑狗，不再独自抵抗，并逐渐治愈。在多年对抗抑郁症的过程中，马修学会了许多驯服黑狗的方法。他由此出发，与太太安斯利共同创作了本书，启发和帮助了无数抑郁症患者及其家庭。

珍爱生命：心理危机

越王勾践：从危机中破茧的君王

公元前494年，吴越大战，勾践的军队在会稽山惨败。这位年轻的越王被迫屈膝求和，带着妻子与重臣入吴为奴。在吴国，他沦为吴王夫差的马夫，日夜与牲畜同眠，甚至被要求跪伏于地，供夫差踩踏上马。史载，勾践"尝粪问疾"以表忠心——当夫差患病时，他竟亲尝其粪便，佯装以医术判断病情。这份隐忍背后的煎熬，正如他在竹简上刻下的誓言："复国之日，必以血洗耻。"

三年后，夫差放松警惕，放勾践归越。但勾践的复国之路远比战场更艰难：越国城池尽毁，百姓流离，连年饥荒。勾践没有沉溺于怨恨，而是将屈辱化作刀刃，悬于心头。他在房梁悬挂苦胆，每日舔舐以不忘亡国之痛；撤去锦被，以柴草为席，提醒自己"生于忧患"。百姓耕种时，他扶犁同行；将士操练时，他执戈共饮；他甚至颁布法令，奖励生育、开荒拓土，让越国每一寸土地都浸润着复兴的信念。

十年生聚，十年教训。勾践的"苦胆精神"感染了整个越国：文种主政，以智谋瓦解吴国；范蠡练兵，铸就精锐之师；百姓织布垦荒，积粮如山。当吴国因连年征战耗尽国力时，勾践抓住战机，亲率大军突袭姑苏城。公元前473年，越军破吴，夫差自刎。勾践立于废墟之上，终以血与火洗刷了二十年的耻辱。

勾践的故事印证：危机从来不是终点，而是蜕变的起点。他舔舐的苦胆、背负的荆棘，恰似命运淬炼强者的熔炉。人生如逆旅，真正的勇者不会在绝境中跪地求饶，而是将苦难碾碎成砖，重建生命的城池。正如勾践刻在越王剑上的铭文："以弱胜强，唯韧者存"。那些敢于直面深渊、在至暗时刻仍调整步伐的人，终会等到黎明破晓，将昨日的伤疤锻造成明日的光辉。

看完越王勾践卧薪尝胆的例子，你是否也有所思考呢？虽然我们生活在和平年代，但自然灾害、身患疾病、亲人去世、学业受挫、关系破裂等危机事件依然时有发生，由此引发的心理危机更是难以避免。因此，如何转危为机，在危机中获得成长，是我们每个人都可能会面临的人生课题。本堂课，将带领你：

- 理解危机与心理危机的基本知识；

- 了解严重（危机）事件集体减压法和心理应激障碍；
- 掌握心理自救的基本技能；
- 学会运用相关技能处理日常生活中的危机事件。

一、理论介绍

 基本知识

（一）危机与心理危机

危机是人们面对重要生活目标的阻碍时产生的一种状态。这里的阻碍是指在一定的时间内，使用常规的解决方法不能解决的问题。这里的状态是一段时间的解体和混乱，在此期间可能有多次失败的解决问题的尝试。

日常生活中，我们经常听到“经济危机”“政治危机”这样的概念，对于“心理危机”很多人感到还很陌生。什么是心理危机呢？心理危机这一概念是美国心理学家卡普兰（G. Caplan）首次提出的。他认为，心理危机是当个体面临突然或重大生活事件（如亲人死亡、婚姻破裂或天灾人祸等）时所出现的心理失衡状态。他认为，每个人都在努力保持一种内心的稳定状态，使自身与环境稳定协调，当重大问题和剧烈变化使个体感到问题难以解决时，平衡就会被打破，正常的生活受到干扰，内心的紧张不断积累，继而出现无所适从甚至思维和行为的紊乱，进入一种失衡状态，这就是心理危机的状态。

（二）危机的种类

1. 发展性危机

发展性危机（Developmental Crisis），又称为内源性危机（Endogenous Crisis）、内部危机（Internal Crisis）、常规性危机（Normative Crisis），指正常成长和发展过程中的急剧变化或转变所导致的异常反应。心理学家埃里克森（Eric Erikson）认为人生是由一系列连续的发展阶段组成的，每个阶段都有其特定的身心发展课题。当一个人从某一发展阶段转入下一个发展阶段时，他原有的行为和能力不足以完成新课题，新的行为和能力尚未建立起来，发展阶段的转变常常会使他处于行为和情绪的混乱无序状态。如儿童与父母的分离焦虑，身心发育急剧变化的青少年的情感困惑，青年期的职业选择和经济拮据，对婚姻生活缺乏足够心理准备和处理夫妻角色能力的新婚夫妇，缺乏足够育儿本领的父母面对第一个孩子的诞生，中年职业压力、下岗失业、婚姻危机、子女离家、父母死亡，以及习惯于忙碌的退休老人、衰老、配偶离去、疾病缠身等。如果没有及时为承担新角色培养新的能力和应对方式，每个人都有可能产生发展性危机。如果一个人没有及时建设性地解决某一发展阶段的发展性危机，他未来的成长和发展就会受阻碍，他就会固着在那一阶段。

发展性危机被认为是常规发生的、可以预期的，但是独特的，在生命发展的各个时期都可能存在。如果个体有足够的时间和机会对发展性转变作出适应性地调整，如获得有关信息，学习新技能，承担新角色，就会减小危机对个体心理上的冲击和损害。但是，如果个体缺乏处理危机的经验、对挫折的耐受能力差、缺乏自信、不会与人相处等，发展性危机对他的冲击就会很严重。

2. 境遇性危机

境遇性危机（Situational Crisis），也称外源性危机（Exogenous Crisis）或环境性危机（Environmental Crisis），是指由外部事件引起的心理危机，当出现罕见或超常事件，且个体无法预测和控制时出现的危机，如地震、火灾、洪水、海啸、龙卷风、疾病流行、空难、战争、恐怖事件等。境遇性危机具有随机性、突然性、意外性、震撼性、强烈性和灾难性，往往对个体或群体的心理造成巨大影响，如 2008 年 5 月发生在我国四川的"5·12"汶川大地震给民众造成的心理危机就是境遇性危机，这种危机发生突然、影响面广、影响程度深、影响时间长，需要进行及时有效的干预。

3. 存在性危机

存在性危机指伴随重要的人生问题，如关于人生目的、责任、独立性、自由和承诺等出现的内部冲突和焦虑。存在性危机（Existential Crisis）可以是基于现实的，也可以是基于后悔的，还可以是一种压倒性的持续的空虚感、生活无意义感。如一个 40 岁的人从未做过有意义的事，没有任何成就，没有产生过任何影响；一个 50 岁的人，一直独身并与父母在一起，从未过独立的生活，而到现在却永远失去了机会；一个 60 岁的退休者觉得自己的生活毫无意义，这种空虚的感觉永远无法以有意义的东西来弥补。

4. 病理性危机

某些心理疾病可能导致病理性心理危机产生，如抑郁、焦虑等，病理心理是个体的主要特征，会使其心理上受到痛苦和困扰，甚至会产生躯体的症状。除精神分裂症之外，其他诸如抑郁症、双相情感障碍等大学生中常见精神障碍也会导致患病学生出现病理性心理危机，最常见的病理性危机是由抑郁发作等引起的自杀、自伤等极端心理危机状态。

（三）心理危机的特征

现实生活中的危机涉及面很广泛，既有不同群体的各种不同危机，也有同一群体不同时期的同一危机。不同的心理学家对危机的特征持不同观点，归纳起来，主要有以下特征。

1. 普遍性

心理危机的产生、发展及激化经历着复杂而微妙的心理过程。几乎每个成长中的个体都不同程度地经历过心理危机，但心理危机并非必然导致极端行为。事实上，心理危机并不像我们想象的那样神秘，它就在大学生的身边，甚至正存在于某些大学生的心里。心理危机从一定意义上讲是每个人成长过程中都会遇到的事，没有人能够幸免。虽然在人生中危机是不可避免的，但是只要我们把握机会、设定目标、形成计划、妥善处理，是可以渡过危机的。

2. 机遇性

危机意味着风险，又蕴藏着机遇。一方面危机是危险的，因为它可能导致个体严重的病态，包括对他人和自我的攻击；另一方面危机也是一种机会，因为它带来的痛苦会驱动当事人寻求帮助，解决问题，从而使自己得到成长。在危机状态下，如果大学生成功地把握了危机或及时得到了适当、有效的心理危机干预或帮助，个体可能就学会了新的应对技能，不但重新得到了心理平衡，还获得了心理上的进一步成熟和发展。危机的成功解决能使个体从危机中得到对现状的真实把握、对过去冲突的重新认识，以及学到更好地处理将来危机的应对策略和手段，这就是机会。没有危机，就没有成长，如果当事人能够有效地利用这一机会，就会在危机中逐步成长并达到自我完善。

3. 复杂性

心理危机是复杂的，可以是生物性、环境性和社会性危机，也可以是情境性、过渡性和社会文化结构性危机。而造成危机的原因既可能是生理的，也可能是心理的和社会性的。另外，由于个性不同，个体面临危机时也会采取不同的反应形式。例如，有的当事人能够自己有效地应对危机，并从中获得经验，使自己变得成熟；有的当事人虽然能够渡过危机，但并没有真正地解决问题，在以后的生活中，危机的不良后果还会不时地表现出来；而有的当事人在危机开始时心理就崩溃了，如果不提供及时、有效的帮助，就可能产生有害的、难以预料的后果。一旦危机出现，便会有很多复杂的问题卷入其中。

4. 动力性

伴随着危机，焦虑和冲突总是存在的，这种情绪导致的紧张为变化提供了动力。也有人把危机看作成长的机会或催化剂，它可以打破个体原有的定势或习惯，唤起新的反应，寻求新的解决问题的方法，增强对挫折的耐受性，提高适应环境的能力。例如，明代王阳明被贬龙场，他于绝境中打破程朱理学框架，创立"心即理"，将生死焦虑转化为思想涅槃，重定儒学格局。个体在成长和追求的同时，也意味着带动一个可能受挫的机制，如能及时调整，适应变化，则能形成动力，促进心理健康发展。

5. 困难性

当个体处于危机中时，其可供利用的心理能量降到最低点，有些深陷危机的个体拒绝成长，危机干预者需要加强联动，共同帮助处于危机中的个体重建新的平衡。具体来讲，家庭、社区、学校以及专业精神医疗机构等需加强协作，其中家庭需构建情感支持基座，校方通过心理测评及时识别预警信号，医疗机构提供分级诊疗与危机干预流程，社区则整合公益资源搭建社会支持网络。各方协同建立"危机事件 - 风险评估 - 分层介入 - 跟踪服务"的闭环系统，共同保障学生的安全，确保顺利渡过危机。

📖 **拓展知识** ——————————————————————————

（一）创伤后应激障碍（PTSD）

心理疾病和心理危机是不同的概念，二者有区别也有一定的关联性。首先，心理疾病是长期、持续的精神障碍（如抑郁症、焦虑症），需系统性治疗；心理危机则是突发的、短暂的情绪崩溃状态（极端的如自杀倾向、急性应激反应），多由重大创伤事件触发。两者又经常交织出现，例如经历灾难、暴力等极端事件后，个体若长期陷入创伤记忆闪回、情感麻木或过度警觉，则可能发展为创伤后应激障碍（PTSD）。

创伤后应激障碍是指个体经历、目睹或遭遇到一个或多个涉及自身或他人的实际死亡，或受到死亡的威胁，或严重的受伤，或躯体完整性受到威胁后，所导致的个体延迟出现和持续存在的精神障碍。PTSD 的发病率报道不一，女性比男性更易发展为 PTSD。

创伤后应激障碍，一度被称为"弹震症"或"战斗疲劳症"，首次引起公众注意的人是战争后的退伍军人。不过它能够由任何可怕的意外创伤导致，包括绑架；严重的事故——飞机或火车失事；自然灾害——洪水或地震；暴力袭击——抢劫、强奸、虐待，或被监禁。能够触发该病的可能是某些威胁到患者或其亲人生活的事件，也可能是患者目睹的某些情境，比如飞机失事后的大片废墟。

大部分 PTSD 患者会在夜晚的噩梦或白天令人不安的回忆中不断地重温创伤，这些噩梦和回忆忽来忽去，他们也许几周都不会受其困扰，之后又没来由地被其纠缠。与此同时，病人可能表现出睡眠障碍、抑郁、感情冷漠或麻木、易受惊等症状，对于曾经喜爱的活动也逐渐兴趣减退，并难以与人亲近。他们可能变得易怒，比之前更富有攻击性，甚至更暴力。看到能勾起那次回忆的事物后，患者会感到痛苦，这会让他们尽量回避那样的场所和情境。此外，事件发生的周年纪念也会让他们很难过。

日常生活中的一些小事就能让患者联想起那次痛苦的经历，触发闪回，或是在脑海中不断有记忆片段闯入。闪回会使人脱离现实，内心重现那次创伤，持续时间可从数秒到数小时不等，也有极少数人会达到几天。正在经历闪回的患者（以视觉、听觉、嗅觉、感觉的形式）通常会相信那件可怕的事情又完完全全发生了一遍。

创伤后应激障碍是可以治疗的，通常采用心理治疗和药物（用于具体症状的缓解，例如患者中普遍伴有的抑郁症状）相结合的方法。PTSD 患者最好应该寻求一位在创伤后应激障碍的治疗方面有特殊经验和背景的治疗专家。抗抑郁的药物可以缓解 PTSD 的症状，与治疗师面谈也可以帮助渡过 PTSD 的难关。

（二）如何提高大学生对危机的应对技能

危机通常是需要立即处理的紧急情形，个体的心理健康水平和心理素质直接影响对危机的克服与应对，因此，提高大学生的心理素质和心理健康水平，可视为危机干预的源头工作。如何营造心理健康的环境，提高个体对危机的应对技能呢？我们认为应从以下几个角度考虑。

（1）正确看待压力、挫折和危机

人的认知犹如"过滤镜"，它会使许多情境改变颜色。首先，压力、挫折和危机都是客观存在的。人的一生，困难、挫折和危机是不可避免的，可以说是与生俱来，这是客观存在的东西，不以人的意志为转移。面对客观存在的这些情境，我们应该承认它，怨天尤人是没有任何意义的。其次，压力、挫折和危机又是辩证的。它们对人既是刺激、威胁，然而也是挑战，有人将其称之为"生命之盐"是有一定道理的。从积极的意义上看，适度的压力、挫折是维系正常心理功能的条件，有助于人们适应环境，提高能力，有助于认识自身的长处与短处。而危机能激发潜能的发挥乃至发挥至极致。危机的克服能使人在增长人生经历的同时提高自信心，使人生变得丰富而充实。

（2）争取社会支持

人是社会中的人，人的发展离不开社会的支持。大学生应该努力争取拥有良好的人际关系，拥有家庭的亲情和朋友、邻居的友情，以及拓展的网络，包括同伴、同乡、同学、团体的接纳与被接纳。社会支持的作用一是屏障作用，二是支持本身所具有的意义和价值。所以我们应培养社会兴趣，在人际交往中学会与他人协调合作。我们的建议为：首先，学会从他人的角度看问题，既要对自己负责，也要对他人负责；其次，对人不苛求，善于发现他人的优点，欣赏他人的成功；再次，不嫉妒人，比自己强的人没资格去嫉妒，比自己弱的人不屑于嫉妒；从次，主动关怀并帮助他人，从中营造互助互利的氛围，体味人生的价值；最后，当面临自身难以应付的困难、挫折时，应主动寻求、善于利用并乐于接受他人所提供的社会支持，包括工具性的和情感性的支持。

（3）营造积极的自我概念

提高自我调节能力的核心是营造积极的自我概念。自我概念不是遗传的结果，而是后天社会实践的产物。具有积极自我概念的人的主要特质，一是以"真实的我"的面目出现，有适度的自信，不矫揉造作；二是对自我有清晰的认知评估，并以肯定的态度接纳自己，既能接纳自己的长处，也能接纳自己的短处乃至缺陷。那么，怎样才能营造积极的自我概念呢？主要途径是从事实践活动并力争获得成功，成功可增强人的自我效能感、价值感，提高自信心，同时还是医治抑郁症、焦虑症的良药。

二、理论应用

案例解析

小 A，男，大学一年级学生，爱好篮球。在期末考试之前，得知高中同桌因突发疾病去世，对他影响非常大，自述当他得知这个消息时，整整哭了一个晚上。现在虽然已经过去一个多月了，但还是经常会想起和同桌的一些事情，脾气变得非常暴躁，也是在这个时候学会了抽烟。本来和父母关系很好，可是现在回家和父母也吵架，自述错在自己，太容易冲动了，所以来寻求心理帮助。

案例分析

经过性格问卷测试，小 A 性格中比较典型的特点是冷静、平和。他也觉得是符合自己情况的。可是自从同桌去世后，他就变了，变得很冲动、易怒。从心理学角度来看，同桌的去世对他来说是一个创伤事件，成为他的应激源，从而导致了心理危机。他一直都没有从同桌生命消逝的阴影中走出来，所以情绪表现很反常。按照完形学派的观点，同桌的去世对他来说是一个"未完成事件"，心理辅导要做的就是帮助他顺利渡过危机，对这个未完成事件进行现场重现，去帮助他来完成这件事情。

辅导片段节选

（1）"是兄弟，就要共用一把伞"

在这一阶段，心理咨询师主要引导他倾诉他和同桌之间的一些事情，与他共情，并让他的情绪得以宣泄。主要对话如下。

师：你能告诉我一些你们之间发生过的事情吗？

生：以前和他在一起的时候，经常打打球，出去吃吃饭，也没觉得有什么。可是……（哭，沉默了一段时间）。在他去世的前一天，我还和他电话联系，回想起以前我们还一起出去吃饭，有一次天气不太好，下着小雨，我没有带伞，他带了一把伞，遮不住我们两个，我也不是很在意淋雨，就说："你打伞吧，反正雨不大，我没关系的。"可是他一定要和我共用一把伞，说："是兄弟，就要共用一把伞。"（哭）后来，我们两个就共用那一把小伞，虽然我们两个都淋雨了，可是很开心。半夜两点多的时候得到他去世的消息，我当时都不敢相信，很害怕，整整哭了一个晚上，后来我爸还买了花圈，让我去送给他。我们曾经一起打篮球，还得过市一等奖，每次看到奖状上他的名字我就会哭，我实在没有办法控制……（哭）。

师：（递给他纸巾）老师能理解你此刻的心情。这么真实地感觉死亡，感觉生命的消逝，对你来说确实有点残酷，心情难以平复。

（2）"那里有人陪你打篮球吗"

这一阶段，主要是用"空椅子"的方法，引导小 A 来完成对同桌的"未完成事件"。

师：从上两次的谈话中可以看出，你和同桌有着很深厚的感情，并且他去得那么突然，我想你一定还有很多还没来得及对他说的话，你想和他说吗？

生：已经不可能了。

师：现在假设这个椅子（空椅子）上坐着你的同桌，你可以对他说任何你想说的话。

（刚开始学生一直沉默，心理咨询师给他做了放松训练……，并对情境加以引导，后来他终于开口说话了）

生：小 N（同桌），你在那里还好吗？很想你，那里有人陪你打篮球吗？每次打篮球我就会想起你，你灌篮的动作是那么帅。还有，你那里有我们最喜欢吃的炸酱面吗？你不喜欢放葱的。（哭）我们篮球队今年又得奖了，队员们都很想念你。我现在有时抽烟，有一次我们几个队员一起去唱歌，唱的都是我们曾经喜欢的歌，"她来听我的演唱会""阿根廷别为我哭泣""光辉岁月"。

（"空椅子"对话到此结束，接下来主要在改善小 A 的情绪，提高现在的生活质量上做辅导）

师：你想想同桌希望你过什么样的生活呢？是做现在这个冲动、暴躁的你还是做以前那个冷静、平和的你？

生：我想是后者。

师：我想这样的"现场重现"对你的冲击是很大的，你回去写个感想，下次给我好吗？

生：嗯。谢谢老师！

大概在最后一次辅导第 3 天的时候，小 A 交了份感想给咨询师，一来表示对咨询师的感谢，二来表示对同桌的告慰，也许这就是人们常说的"化悲痛为力量"吧！

辅导反思

心理危机是指由于突然遭受严重灾难、重大生活事件或精神压力，使生活状况发生明显的变化，尤其是出现了用现有的生活条件和经验难以克服的困难，以致使当事人陷于痛苦、不安状态，常伴有绝望、麻木不仁、焦虑，以及植物神经症状和行为障碍。本例中主要选取了心理辅导的一个片段，目标在于缓解当事人的情绪和压力问题。

本案例中的完形治疗的一个重要焦点为"未完成事件"（unfinished business），它指未表达出来的情感，包括悔恨、愤怒、怨恨、痛苦、焦虑、悲伤、罪恶、遗弃感等。虽然这些情感并未表达出来，但却与鲜明的记忆及想象联结在一起。由于这些情感在意识领域里并没有被充分体验，因此就在潜意识中徘徊，而在不经意中被带入现实生活，从而妨碍了自己与他人间的有效接触。本个案的辅导主要就是用了完形疗法，引导来访者进行"现场重现"，去完成他的"未完成事件"，从而让他健康地成长。

从学校教育的角度来看，学生生命的消逝对他所在的班级成员来讲是一个危机事件，真实的死亡会让他们去思考生命的意义与价值，所以针对校园所出现的危机事件需要相关部门及时组织对学生进行危机干预，帮助他们顺利度过心理危机，引导他们健康的认知，是非常重要且必要的。

 常见问题 ────────────────────

Q1：我们经常在听到自杀事件发生后感到很遗憾，那么想要自杀的人会不会有一些特殊表现和征兆呢？

A：自杀是有征兆的。我们知道，一个人在轻生之前会做出一些奇怪或者让人费解的事，甚至说一些悲观的话。所以我们要对身边的每一个人仔细观察，为什么说每一个人，因为有些事情是没有预兆的，而没有预兆才更可怕。下面是一些自杀者自杀前的表现和预兆。具体表现有：①有强烈的孤寂感，同时又存在互相矛盾的另一种心理，喜欢独居，缺乏归属感。②很容易流露出挫折和失望心态，失落感强。对周围的人和事物丧失兴趣。③自责，自卑，经常因为良心的折磨而烦恼。④人际关系不好，很内向，缺乏与身边的人正常交流的能力。人与人之间的感情交流是维系人正常心理生活的重要基础，而自杀者的正常感情交流是比较差的，再加上内向的性格和悲观的思想，与外界的交流显得更困难。具体预兆有以下四种。

分类	具体表现	示例 / 说明
语言预兆	直接或间接表达死亡意愿	"长痛不如短痛""生活的乐趣何在""活着好累"等隐喻表达 / 在现实或网络中出现死亡暗示向他人明确表达自杀念头或谨慎地暗示
情绪预兆	情绪剧烈波动或反常	突然变得冷漠 / 亢奋人格解体征象（如"变了个人"）极端情绪交替出现
行为预兆	异常行为模式	突然赠送个人物品 / 长时间卧床 / 拒食 / 整理私人物品 / 回避社交或过度关注他人 / 频繁缺课 / 自残 / 研究死亡相关书籍或方法
身体预兆	心身症状	持续失眠 / 嗜睡 / 食欲骤变（暴食 / 拒食）/ 体重急剧变化 / 面色晦暗 / 目光呆滞 / 持续性头晕 / 乏力

Q2：心理越健康的人，就越不会遭遇心理危机吗？

A：心理健康程度与心理危机风险之间的关系并非简单的线性对应，而是一个复杂的动态平衡过程。从发展心理学视角来看，心理健康的个体确实具有更强的心理弹性

（Resilience），但这并不意味着能完全规避危机，而是表现为三个关键差异。

首先，危机触发阈值差异。心理健康者的神经内分泌系统具有更好的应激调节能力，其下丘脑 - 垂体 - 肾上腺轴（HPA 轴）对压力的反应更为适度。研究显示，其皮质醇水平在应激源消失后能更快恢复基线，这种生理特性使其面对同等压力时更不易进入危机状态。但极端应激事件（如重大灾害、突发创伤）仍可能突破其心理防御机制。

其次，危机发展轨迹不同。心理亚健康群体遭遇危机时更易陷入"压力—认知扭曲—行为失控"的恶性循环，而心理健康者则展现出更强的认知灵活性。其前额叶皮层对边缘系统的调控更为有效，能更快启动适应性应对策略，如问题聚焦解决、认知重评等，从而缩短危机持续时间。

最后，危机转化效能有别。心理健康者往往具备更完善的"心理免疫系统"，能将危机转化为成长契机。积极心理学研究证实，这类人群在危机后出现创伤后成长（PTG）的比例高达 70%，表现为价值观重构、人际关系增强等积极改变，而心理脆弱者更容易固着在创伤后应激障碍（PTSD）阶段。

但需特别注意：①心理健康状态具有动态波动性，长期压力累积可能削弱心理免疫力；②现代社会的"高功能抑郁"现象显示，表面社会适应良好者可能隐藏危机因子；③跨文化研究提示，集体主义文化中的心理健康者更易因关系破裂触发危机。因此，维护心理健康是降低而非消除危机风险，建立持续的心理养护机制才是根本应对策略。

三、实操训练

 **课前准备**

1. 心理测试

我的生命观

请在每项后根据自己的实际情况选择"符合"或"不符合"，并标记出来。

1. 在我生命中，我感到一种无以名状的失落感。　　　　　　　（　　）
2. 我觉得在我的生命中缺乏一个真正的意义和目标，而我也需要找到它。　（　　）
3. 生命的奥秘迷惑着我，并使我感到不安。　　　　　　　　　（　　）
4. 在我一生中，有一股强大的驱力，促使我去寻找自我。　　　（　　）
5. 我发觉有个强而有力的目标在指引着我。　　　　　　　　　（　　）
6. 我感到在生命中缺乏一件值得去做的工作。　　　　　　　　（　　）
7. 我觉得有决心去完成某些超凡脱俗的事。　　　　　　　　　（　　）
8. 真正的爱永不褪色。　　　　　　　　　　　　　　　　　　（　　）
9. 假如人要获得快乐，他必须相当以自我为中心。　　　　　　（　　）
10. 苦难是对我性格力量的考验。　　　　　　　　　　　　　　（　　）
11. 人只有经历苦难，才会变成完整的人。　　　　　　　　　　（　　）
12. 经历苦难的人必有后福。　　　　　　　　　　　　　　　　（　　）

13. 我选择职业时，很重视该职业的声望。　　　　　　　　（　　）

14. 假如一个病人濒临死亡，遭遇苦难，医生应该帮助病人安乐死。（　　）

15. 苦难有助于人了解真正的人生意义。　　　　　　　　　（　　）

16. 关于死亡，我毫无准备，并感到害怕。　　　　　　　　（　　）

17. 关于自杀，我曾经慎重考虑过，并认为这是一种解脱之道。（　　）

18. 在经历苦难之后，我变得更能体谅别人。　　　　　　　（　　）

19. 死亡是生命的结束，再也没有其他意义。　　　　　　　（　　）

20. 面对将来有一天会死的事实，使我整个人生变得毫无意义。（　　）

21. 我预期我的未来会比过去更有希望。　　　　　　　　　（　　）

22. 我已经找到一个满意的生命目标。　　　　　　　　　　（　　）

23. 我生命中所发生的事，我能作决定。　　　　　　　　　（　　）

24. 生命的意义存在于我们的周遭世界。　　　　　　　　　（　　）

25. 我觉得有必要为我的生命制定清楚目标。　　　　　　　（　　）

26. 对死亡的自觉，使我觉得生命一刻比一刻重要。　　　　（　　）

27. 我决心使我的未来有意义。　　　　　　　　　　　　　（　　）

28. 我生命的成就，大部分决定于我努力的程度。　　　　　（　　）

29. 新奇变化的事物吸引着我。　　　　　　　　　　　　　（　　）

30. 每个人都应为他自己的生命负责。　　　　　　　　　　（　　）

31. 我以极大的期待心盼望着未来。　　　　　　　　　　　（　　）

32. 我能依照我想过的方式生活。　　　　　　　　　　　　（　　）

33. 我很关心如何过一种有意义的生活。　　　　　　　　　（　　）

34. 基本上来说，我正过着一种我喜欢的生活。　　　　　　（　　）

35. 我目前的生活是与我未来的希望紧密相连的。　　　　　（　　）

36. 我正在追寻生活中令人兴奋的事物。　　　　　　　　　（　　）

37. 我时常觉得烦躁无聊。　　　　　　　　　　　　　　　（　　）

38. 生命对我而言，似乎是非常机械化的。　　　　　　　　（　　）

39. 对于生活，我有很明确的目标和计划。　　　　　　　　（　　）

40. 我个人的存在生活是非常有意义、有目的的。　　　　　（　　）

41. 每天的生活总是千篇一律。　　　　　　　　　　　　　（　　）

42. 如果可以选择，我宁愿没有出生。　　　　　　　　　　（　　）

43. 退休之后，我愿意无所事事地度过余生。　　　　　　　（　　）

44. 对于祈求生命的目的，我不断进展而终于圆满。　　　　（　　）

45. 我的生命充满兴奋美好之事。　　　　　　　　　　　　（　　）

46. 假如我今天就去世，我会觉得我的生命毫无价值可言。　（　　）

47. 想到我的生命时，我常不懂我活着的理由。　　　　　　（　　）

48. 每当我注视世界与我的关系时，这世界使我迷惑不堪。　（　　）

49. 我是一个非常有责任感的人。　　　　　　　　　　　　（　　）

50. 关于人为自己作决定的自由，我相信人是完全被传统环境所限制的。　　（　　）

51. 为寻求生命的意义、目标和使命，我是很有这种能力的。　　（　　）

52. 我的生命受外界因素的影响，我不能控制。　　（　　）

53. 我发现人生并无任何目的与使命。　　（　　）

计分方法

1. 正向选择题选项"符合"得 1 分，选择"不符合"得 0 分；负向选择题选择"不符合"得 1 分，选择"符合"得 0 分。

2. 正向题目：4、5、7、8、10、11、12、13、15、18、21、22、23、24、25、26、27、28、29、30、31、32、33、34、35、36、39、40、44、45、49、51。

3. 负向题目：1、2、3、6、9、14、16、17、19、20、37、38、41、42、43、46、47、48、50、52、53。

结果解释

1. 得分 ≥ 40 分，表明你对生活充满希望和信心。

2. 得分 25 ～ 39 分，表明你对生命有轻度无望感。

3. 得分 < 25 分，表明你对生活有重度无望感，甚至有自杀意愿，建议立即寻求心理援助。

微课：心理
危机

2. 通过扫描二维码自学完成微课"心理危机"之后，你的困惑或疑问是什么？

问题 1：＿＿＿＿＿＿＿＿＿＿＿＿＿＿＿＿＿＿＿＿＿＿＿＿＿＿＿＿＿＿

＿＿＿＿＿＿＿＿＿＿＿＿＿＿＿＿＿＿＿＿＿＿＿＿＿＿＿＿＿＿＿＿＿＿

问题 2：＿＿＿＿＿＿＿＿＿＿＿＿＿＿＿＿＿＿＿＿＿＿＿＿＿＿＿＿＿＿

＿＿＿＿＿＿＿＿＿＿＿＿＿＿＿＿＿＿＿＿＿＿＿＿＿＿＿＿＿＿＿＿＿＿

问题 3：＿＿＿＿＿＿＿＿＿＿＿＿＿＿＿＿＿＿＿＿＿＿＿＿＿＿＿＿＿＿

＿＿＿＿＿＿＿＿＿＿＿＿＿＿＿＿＿＿＿＿＿＿＿＿＿＿＿＿＿＿＿＿＿＿

课堂互动

1. 我的生命线

在下面方框内按照你自己的想法画生命线。在右侧标出箭头，这一条线代表你的生命线，起点代表你出生的时间，在终点写出你的预测死亡年龄。然后找出自己现在所处的位置。回忆过去发生在你生活中的事情，并将它们按时间顺序在生命线上列出来，根据感受，愉快的可以放在线条上方，不愉快的可以放在线条下方。然后再想象未来想要做的事情及可能发生的事情，仍然按可能愉快的或不愉快的放在线条的上下方，然后仔细看看你的生命线，它就是你的心灵地图。

分享时刻

将学生进行分组，共同分享自己画的生命线并讨论以下 2 个问题，然后请小组派代表上台与所有同学一起分享。

（1）面对生命线你想到了什么？

_____

_____

（2）它给了你什么启示？

_____

_____

2. 假如明天死亡来临

（1）我的墓志铭（希望自己给世界和后人留下什么样的印象）

_____

_____

（2）最后三个月要做的事（我生命中最重要的事）

_____

_____

（3）从这一刻起我可以为父母做些什么？

_____

_____

（4）从这一刻起我可以为他人和社会做些什么？

_____

四、延伸阅读

📖 课外链接 ─────────────────────────

严重（危机）事件集体减压法（CISD）

严重（危机）事件集体减压法（Critical Incident Stress Debriefing，CISD），是一种系统的、通过交谈来减轻压力的方法，是一种简易的支持性团体治疗。

对于灾害幸存者、灾害救援人员、急性应激障碍（ASD）的病人，可以按不同的人群分组进行 CISD。CISD 是一种心理服务的方式，并不是正式的心理治疗，面对的大部分是正常人。严重事件即创伤性事件，是任何使人体验异常强烈情绪反应的情境，可潜在影响人的正常心理功能。创伤性事件不是指一般的心理创伤，而是指可能危及生命或者导致残疾的恶性事件。严重事件造成应激是因为事故处理者的应对能力因该事件而受损。实践表明，CISD 是一种非常有效的心理干预方式。

1.CISD 的目标

通过集体公开讨论各自内心的真实感受和体验，帮助当事人在认知上和情绪上消减、消融危机事件创伤体验；在集体互动中获得心理支持和心理安慰；充分调动当事人内在和外在的各种资源，使危机事件当事人顺利地度过心理危险期，获得新的应对危机事件的能力。

2.CISD 的时限

经历创伤事件后 24 ～ 48 小时之间是理想的干预时间，6 周后效果甚微。正规 CISD 通常由心理卫生专业人员指导，创伤事件发生后 24 ～ 48 小时之间实施，指导者必须对小组治疗有广泛了解，必须对急性应激障碍有广泛了解。在灾难事件发生后 24 小时内不进行 CISD。灾难事件中涉及的所有人员都必须参加 CISD。

3.CISD 的实施过程

第一期：介绍期（Introductory Phase）

目的：建立基本规则，特别强调保密性。

方法：指导者进行自我介绍，介绍 CISD 的训练规则，仔细解释保密问题。

第二期：事实期（Fact Phase）

目的：经历创伤事件的个体叙述事件的事实。

方法：请参加者描述事件发生过程中他们自己及事件本身的一些实际情况；询问参加者在这些严重事件过程中的所在、所闻、所见、所嗅和所为；每一参加者都必须发言，然后参加者会感到整个事件由此而真相大白。

第三期：感受期（Feeling Phase）

目的：确定和证实经历过的急性应激反应。

方法：询问有关感受的问题，比如事件发生时您有何感受？您目前有何感受？以前您有过类似感受吗？

第四期：症状期（Symptom Phase）

目的：确定急性应激障碍的症状。

方法：请参加者描述自己的急性应激障碍的症状，如失眠、食欲不振、脑子不停地闪出事件的影子，注意力不集中，记忆力下降，决策和解决问题的能力减退，易发脾气，易受惊吓等；询问事件过程中参加者有何不寻常的体验，目前有何不寻常体验？事件发生后，生活有何改变？请参加者讨论其体验对家庭、工作和生活造成什么影响和改变？

第五期：辅导期（Reaching Phase）

目的：有效的应激处置教育。

方法：介绍正常的反应；提供准确的信息，讲解事件、应激反应模式；应激反应的常态化；强调适应能力；讨论积极的适应与应对方式；提供有关进一步服务的信息；提醒可能的并存问题（如饮酒）；给出减轻应激的策略；自我识别症状。

第六期：恢复期（Re-entry Phase）

目的：准备恢复正常的社会活动。

方法：澄清错误观念；总结晤谈过程；回答问题；提供保证；讨论行动计划；重申共同反应；强调小组成员的相互支持；可利用的资源；主持人总结。

整个过程需 2～3 小时（一个单元时间），严重事件后数周内进行随访。

4.CISD 的注意事项

① 对那些处于抑郁状态的人或以消极方式看待 CISD 的人，可能会给其他参加者增加负面影响。

② 鉴于 CISD 与特定的文化性建议相一致，有时某些民族文化仪式或宗教仪式可以替代 CISD。

③ 对于急性悲伤的人，如家中亲人去世者，并不适宜参加 CISD。因为时机不好，可能会干扰其认知过程，引发精神障碍；如果参与 CISD，受到高度创伤者可能为同一会谈中的其他人带来更具灾难性的创伤。

 **推荐资源**

1.电影:《叫我第一名》

BoBo(詹姆斯·沃克饰)患有先天性的妥瑞氏症,这种严重的痉挛疾病,导致他无法控制地扭动脖子和发出奇怪的声音。而这种怪异的行为,更是让他从小不被周围的人理解,在学校里老师经常批评他,同学们更是对他冷嘲热讽,就连他的父亲也对他失望透顶。只有他的母亲一直是他的坚实港湾,母亲的坚持与鼓励,让他能够在正常人的生活中艰难前行。然而面对这个不能理解他的世界,BoBo 一直在痛苦的漩涡中挣扎。直到在一次全校大会上校长在众人面前巧妙地让大家了解了 BoBo 的真实情况,让他有了成为一名关爱学生的教师的坚定梦想,即使因为这个病症让 BoBo 在寻求教师梦想的道路上遭到众人怀疑,屡屡受挫,但他始终坚持着自己的这份梦想,为了找到一个愿意接受自己的学校,不抛弃梦想,不放弃信念,默默地努力。而他曾经曲折的人生道路在他的坚持下也开始慢慢好转……最终实现了自己的梦想,同时也找到了属于自己的爱情。

2.电影:《心灵奇旅》

究竟是什么塑造了真正的你? 乔伊·高纳,一位中学音乐老师获得了梦寐以求的机会——在纽约最好的爵士俱乐部演奏。但一个小失误把他从纽约的街道带到了一个奇幻的地方"生之来处"(the Great Before)。在那里,灵魂们获得培训,在前往地球之前将获得他们的个性特点和兴趣。决心要回到地球生活的乔伊认识了一个早熟的灵魂"二十二",二十二一直找不到自己对于人类生活的兴趣。随着乔伊不断试图向二十二展示生命的精彩之处,他也将领悟一些人生终极问题的答案。

理发师用剃刀也能救人危难,造型师用针线也会缝补梦想。枝头掉落的树叶,街头鼓起的排风,地铁里忙碌人群中的歌声,角落里饥肠辘辘时的披萨,当你爱上生活的一刻,就找到了激活生命的火花。

3.纪录片:《苏东坡》

央视大型人文纪录片《苏东坡》,以苏轼的人生轨迹为纵轴,以苏轼谪居黄州的这一特殊阶段为横断面,以其生活为线,观照其一生的心路历程,从文学、艺术、美食、情感等多维度,解读苏东坡生命感悟、精神嬗变和艺术升华的过程。同时,辅之以当今最新的苏东坡研究成果,再现一个最丰富、最接近本真的苏东坡形象。全片共分为《雪泥鸿爪》《一蓑烟雨》《大江东去》《成竹在胸》《千古遗爱》《南渡北归》六集。

第3堂

呵护生命：心理求助与心理助人

　　蛤蟆先生一向是大家的开心果，热情、时尚又爱冒险。最近，他陷入抑郁，不能自拔。鼹鼠发现了他从未见过的有史以来最悲伤的蛤蟆，他的大眼睛半睁着，神色暗淡。

　　蛤蟆的朋友们观察到他的变化后很是担心，一起走向蛤蟆庄园。先是精心照料他，接着鼓励他振作起来。可朋友们越是劝说他该怎么做，蛤蟆就越是悲伤忧郁。獾看不下去了，建议蛤蟆去做心理咨询。

　　带着困惑和恐惧，蛤蟆来到了"苍鹭小筑"。当心理咨询师苍鹭了解到蛤蟆是因为朋友才来做咨询时，这样告诉他："心理咨询是一个自发的过程，只有你为自己而不是为取悦朋友才想咨询的时候，我们才能真正合作。为咨询负责的只能是你，而不是其他任何人。"

　　蛤蟆做了自己的决定——接受心理咨询。在心理咨询过程中，苍鹭会问"你感觉怎么样"，对蛤蟆而言，这很新颖，似乎从小到大，很少有人问"你好吗""你感觉怎么样"。从觉察自己的情绪开始，蛤蟆在苍鹭的陪伴下，开始在更多方面探索和理解自己。蛤蟆意识到，原来自己当前在人际关系中顺从、讨好的行为模式，与自己的成长经历有紧密的关联。

　　在咨询历程中，蛤蟆慢慢理解与整合自己的内心感受，也慢慢变得越来越有力量。他开始恢复与外界的联系，情绪逐步好转。康复后，蛤蟆也开启了自己的有梦想、有动力的新生活。

——引用自《蛤蟆先生去看心理医生》

　　当你在生活中遇到心理困扰时，会主动向他人求助吗？当你想要寻找心理支持时，内心会有什么顾虑吗？当你看到身边的朋友情绪状态持续不佳时，你会做些什么？本堂课，将带领你：

- 了解心理求助及其影响因素；
- 发展自我关怀的态度；
- 掌握心理助人的理念与方法；
- 练习带着同理心倾听他人的表达；
- 探索心理求助与心理助人过程中的内心体验。

一、理论介绍

基本知识

（一）什么是心理求助

心理困扰具有一定的普遍性，有的困扰可以通过自我调节等自助的方式得到缓解，但有的困扰可能会超出个人可调节的限度。例如，罹患心理疾病或是遇上突发的心理危机，有时候个体有很强的意愿想要缓解痛苦，但可能依赖自身的努力，不足以缓解当下困境。

心理求助是指个体向外部寻求帮助以缓解自身心理困扰的过程，是面对心理困扰的一种适应性的应对方式。根据心理求助的"阶段 - 决策"模型，心理求助包括以下阶段。

① 问题知觉阶段：个体意识到自己存在心理困扰，例如"感到有些不太对劲"。

② 自助评估阶段：个体尝试通过自我评估、自我调节的方式应对，例如"试图通过写日记缓解情绪，未见明显改善"。

③ 他助评估阶段：收集可以寻找帮助的资源并做出求助的决策，例如预约学校心理健康教育中心的咨询。

大学生的心理困扰，部分可能在中小学阶段已经出现，但由于学业压力或环境中的心理专业资源有限，未能得到及时的帮助与干预，上大学后经由特定情境的触发，心理困扰再次凸显。随着社会的发展，人们对心理健康的关注与认知逐步提升，大众寻求心理专业帮助的意识和行为也在逐步提升，但有困扰却未经专业帮助与干预的人群，依旧占很大的比例，大学生群体亦是如此。

（二）心理求助的影响因素

许多因素会影响个体是否在心理出现困扰时进行心理求助：①倾向于自己应对。个体习惯于自己处理与应对心理困扰，不习惯于求助他人。②没有足够的时间、金钱寻求专业帮助。③对于心理求助效果感到不确定。④污名化与羞耻感，担心他人的评价。⑤对于保密性的担忧。⑥困扰的严重程度。在很严重的时候，才会想到心理求助。⑦缺乏对心理健康知识的了解，难以识别心理症状。

了解心理健康知识、对自我情绪状态有充分认识、对专业人员有一定信任，这些因素能够促进个体主动寻求心理方面的专业帮助。

许多人在心理出现困扰时，容易出现自责情绪，例如"为什么就我这么难受""这是不是我的问题"，这些想法往往会让个体陷入更低落的情绪中，也会阻碍个体主动寻找帮助。这时候，发展自我关怀的态度显得尤为重要，对自己经历的困扰抱有共情、理解，而非评判、指责，可以帮助自己更好地应对困境。

每个人都有自己的求助偏好，有的人习惯于在网络上寻求陌生人的支持，有的人倾向于向现实生活中的师长、朋友透露自己的困扰。寻求朋辈的支持，也是一种心理求助的方式。在校园中，班级心理委员、寝室气象员是这样的朋辈队伍，他们接受过一定的心理助人培训，也愿意成为周围同学的"心晴使者"，在同学们有需要时提供力所能及的帮助。

当我们每个人都有一定的求助和助人意识时，校园中也拥有了更安全、温暖的心理健康保护网络。尤其在医学类院校，未来，当大家走上职场，许多人从事的工作都将与助人有关，学习心理助人的理念与方法，除了可以帮助自己和周围的人，还可以为未来职业生涯中的助人场景做好准备。

（三）心理助人的理念与方法

试想这样的情境，有人向你发出求助的信号，表达内心的困扰，而你也希望给对方提供心理支持和安慰、提供力所能及的帮助，但你不确定，你怎样做才可以支持到对方。这时，就需要学习助人的理念与方法，提高助人水平，从而更好地支持身边向你求助的人。

1. 建立良好关系

安全、信任的关系是一切助人工作的基础，良好的关系，可以让一个人安心地敞开心扉，表达自己内心的感受。人本主义心理学家卡尔·罗杰斯认为，共情、积极关注（指以积极的态度看待对方）、尊重和真诚是建立良好助人关系的基本条件。

2. 尊重个体差异

每个人都是独一无二的个体，拥有独特的成长历程，拥有独属于自己的生命经历与个人处境。当我们倾听他人的讲述时，可以带着好奇心与尊重，不仅尊重对方的优点与长处，也能尊重对方的不足与局限，不仅尊重那些被社会广泛接受与认可的特点，也尊重那些在社会上属于少数群体所具有的特点。人各不同，充分的尊重可以让对方感受到安全、温暖、被理解、被接纳。

3. 带着同理心的倾听

同理心，也叫共情（Empathy），是指设身处地体验他人内心世界的能力。带着同理心的倾听，意味着能够不带评判地多听少说，从对方的角度看待对方的处境，就像"穿上对方的鞋子走路"。同理心可以通过练习和实践，不断提高。在生活中，我们大多数人都适应了快速地对一件事情下评判，评判与分别心成了自动化的过程，而同理心的练习正是要打破这一自动化的过程，它意味着我们需要放下自己内在的各种价值判断，深入对方的内心，体察对方的情绪感受。

（四）朋辈助人者的定位与角色

在我们所生活的大学校园中，五级心理健康工作网络是为学生心理健康提供护航的支持体系。班级心理委员、寝室气象员是学校心理健康工作网络的重要组成，也是朋辈互助的骨干力量。当身边有同学出现心理困扰时，朋辈助人者主动发现、主动关心，可以帮助当事人尽早获得支持，避免困扰发展到很严重的程度才寻求专业帮助。

班级心理委员的工作角色包括以下方面。①宣传员：宣传普及心理健康知识，例如转发优质心理科普文章至班级群、开展心理健康主题班会等。②组织员：组织开展心理健康教育活动，例如愉悦身心的户外活动、心理健康主题读书会等。③助人者：为同学提供心理支持。在日常生活中，留心观察同学们的心理动态、主动交流、提供理解和支持。④信息员：及时反映异常心理问题，特别是严重危害身心健康、容易引发严重后果的心理危机现象，应立即上报给辅导员、班主任或者心理中心。

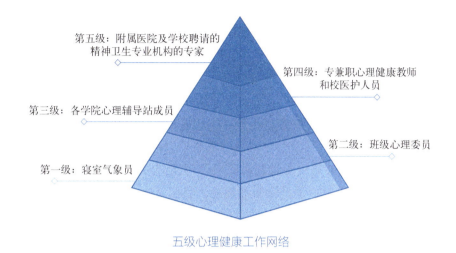

五级心理健康工作网络

　　寝室气象员的工作角色包括以下方面。①关注者：及时关注寝室同学的心理动态。②倾听者：当寝室同学遇到心理困扰寻求支持时，能够聆听他／她的困惑，多听少说，不说教。③守护者：及时识别心理危机、报告心理危机。

　　值得一提的是，班级心理委员、寝室气象员上报心理危机，并不属于"告密"。上报心理危机的目的，是为了保护身边同学的生命安全。处于心理危机中的个体，主观上有强烈痛苦感，但并不一定会主动向外界寻求帮助。这时候，周围同学及时发现，人际支持系统及时介入，可以帮助当事人打破孤立状态，及时获得关心、帮助与专业干预。

二、理论应用

◎«« 案例解析

　　小叶是一名班级心理委员，上岗后，小叶在班会上告诉大家，如果同学们在生活中遇到烦恼需要找人聊天，可以找她。小雅当前正处在一段不太稳定的恋爱关系中，她的情绪像在经历过山车，有时候在恋爱中，感受到浓浓的爱意，有时候又会经历感受不到爱的焦虑不安。于是她找到小叶，和她聊天，小叶总是很耐心地倾听小雅的困扰，试图给小雅带去安慰和支持。在这一过程中，小雅越来越依赖小叶，开始频繁地找小叶聊天，与小叶讲述自己在恋爱中的经历与细节。渐渐地，小叶开始有点困扰与焦虑："我还是没有帮助小雅解决她的问题，怎么办呢？"小叶也因此开始感到压力，晚上也睡不好觉。

　　教师点评：小叶在担任班级心理委员的过程中，是称职和用心的，她内心有很强的意愿，想要帮助和支持到周围的同学。前文谈及，班级心理委员的工作职责之一是助人者。但作为助人者的前提是，先照顾好自己，再照顾他人。就像飞机的安全提示语中提及："客舱失压时，氧气面罩会自动落下。先拉下离自己最近的面罩，确认调整好后再帮助他人"。作为心理委员，能够做到倾听与支持，就已经做得很到位，并不能承担更多的事情，例如负责同学的情绪，或是帮助同学完全解决困扰。给予适当的陪伴，并提供给同学可以寻求专业帮助的资源，就已经做得很多、很好了。要明白心理委员的工作内容，也有一定的界限，超出这个界限，有可能心理委员自身也会承受很大的压力。在这一情境中，如果小叶感觉目前的助人工作有些超越自己的能力范围，可以转介同学到学院心理辅导站或学校心理中心寻求进一步的帮助。

 **常见问题**

Q1：曾经主动求助过，但觉得没什么用，想想还不如自己扛着，但又确实很难受，不知道该怎么办？

A：当你经历过不太能够得到支持的求助后，可能会对求助感到失望，并对求助不抱有期待，这样的失望可以理解，也是正常的反应。我们常会说求助是勇敢者的行为，因为求助意味着你愿意尝试信任另一个人，与对方分享你的困扰，求助也意味着你愿意承担一定的风险，去尝试迈出一小步。我们的确无法完全确定，自己求助的人是否足够匹配、可靠，也确实有可能在求助过程中，再次经历受伤，就像我们在生活中会遇到各种挫折那样。但请记住，如果一次求助是受挫的，仅意味着这个你求助的人，不一定与你匹配，不一定适合当前的你，并不意味着，所有的求助行为，都是无效的。寻找内心觉得信任、可靠的朋友或专业人员，这需要经历一个"试错"过程。

Q2：如果想要帮助一个人，但对方不想要有人靠近，表现出对他人靠近的抗拒，怎么办？

A：对方不想要有人靠近，这也是内心的一种表达。尝试理解这个表达意味着什么，可以帮助我们更好地理解他。也许是他的内心有一些不安和恐惧，担心其他人无法理解自己，也许是他曾经经历过让自己感到受伤、失望的关系，于是对他人的靠近感到抗拒，又或者，他正处于内在的挣扎中，他人的靠近让自己感受到了更多的压力。前文提到，助人的前提是建立良好的关系。在试图理解，"对方不想要有人靠近"的过程中，你已经在与对方建立良好关系的路上了。没有人会拒绝真诚的关心、有力的支持与帮助，前提是，对方需要时间，去建立与你之间的信任。

三、实操训练

 **课前准备**

1. 请搜索并观看视频：《同理心的力量》(*The Power of Empathy*)

看完视频后，请尝试写下同理心与同情心的区别。

同理心	同情心

2. 通过扫描二维码自学完成微课"心理委员的工作职能""寝室气象员的工作方法与技巧"之后，你的困惑或疑问是什么？

微课：心理委员的工作职能

问题 1：
_____

问题 2：
_____

问题 3：
_____

微课：寝室气象员的工作方法与技巧

课堂互动

1. 请试想下列情境，当同学对你说出这些话时，你可能会用什么样的方式回应对方？请在相应的方框内打钩。

（1）同学说："怎么办，我家的猫死掉了，呜……"

你的回应是？

□ 它去了喵星，你要祝福它。

□ 你一定很舍不得它，我知道很多人在宠物离开后，都会难过一段时间。

□ 难过的时候，我可以陪你。

□ 别哭了，再买一只新的猫就好啦！

（2）同学换了一个新发型，室友对他说："剪这什么发型，丑死了。"同学心里有些闷闷不乐并告诉了你。

你的回应是？

□ 你室友这样说你，你会很伤心吧！

□ 这点小事干嘛在乎，头发会再长啊！

□ 不会啊！我觉得很好看，很快你就会习惯了。

□ 你是不是也不太喜欢这个发型。

（3）同学收到了一封情书，觉得很懊恼，因为并不喜欢对方。

你的回应是？

□ 你应该要开心啊，至少还有人喜欢你。

□ 这说明你很有魅力啊！

□ 你看起来很困扰。

□ 你是不是因为不知道怎么拒绝，而感到困扰。

（4）期末成绩出来后，你的同学对你说："考这个成绩，好担心我家里人会对我失望。"

你的回应是？

□ 拜托，你已经考得比很多人都好了，不要难过了。

□ 还好啊，你会不会想太多了！

□ 你好像很担心别人对你失望，你很在意家人的感受。

□ 你很担心被骂？家里人对你的要求也太高了吧！

2. 请在小组中，与你的组员讨论：以上情境中，哪些回应的方式是带有同理心的回应？

课后实践

1. 主动问候

请主动关心、问候一位你在意的人，了解对方最近过得怎么样，心情还好吗？

2. 带着同理心的倾听

在他人与你分享内心的困扰时，尝试带着同理心、好奇心去倾听与回应对方。

我的感悟

四、延伸阅读

课外链接 ————————————————————————————————

助人技术三阶段模型简介

助人过程包括让当事人"沉下去"了解自己，然后"浮上来"融入世界，能够更好地应对困难。助人三阶段模式是一个运用助人技术，引导当事人探索其问题，更好地理解这些问题并在生活中做出改变的一个框架。助人过程包括从探索到领悟，再到行动的三个阶段。助人者的角色是合作者和辅助者。

1. 探索阶段

在探索阶段，助人者要建立良好的氛围，鼓励当事人讲述自己的故事，帮助当事人探讨自己的想法和情感，促进情感唤醒，并了解当事人。探索阶段给当事人提供了一个很好的表达情感、彻底思考自己的困扰的机会。同时，给当事人提供回音壁和镜子是有帮助的，因为这样当事人就可以更加开放自己；助人者的倾听可以让当事人更容易觉察自己的困扰。

2. 领悟阶段

在领悟阶段，助人者与当事人合作以使当事人更好地了解自己的想法、情感和行为。同时让当事人有机会认识自己在问题的维持中起着什么作用。领悟是重要的，因为它可以帮助当事人从新的视角看待事物并使他们承担一定的责任，从而调节自己的想法与行为。

人们也可以自己获得领悟，但从一个体贴的助人者那里聆听新观点，并获得反馈，可以使他们培养更深层次的自我觉察。相比于探索阶段，领悟阶段的助人者要更积极地参与，与当事人共同建构新的意义。

3. 行动阶段

在行动阶段，助人者帮助当事人思考能够体现他们所获领悟的改变。他们一起探讨改变在生活中的意义，一起运用"头脑风暴"法讨论不同的改变方法并确定可行的方案。助人者不是专家，但可以辅助当事人探索关于行动的想法和感受并作出积极改变。

助人模式中的每一个阶段都是重要的。彻底的探索，是为当事人获得领悟搭建舞台；深入的领悟，是为行动的决策铺平道路。进一步说，改变还会鼓励当事人回过头来探索其他问题。

推荐资源 ————————————————————————————————

1. 书籍：洛莉·戈特利布 《也许你该找个人聊聊》

这是一位心理治疗师的回忆录，讲述了发生在诊室中的故事。在这个小小的密闭空间里，人们会展现出最真实、最脆弱的一面；也是在这里，人们获得了陪伴和倾听，也获得了宝贵的觉察、成长与改变。

2. 书籍：塔拉·韦斯特弗 《你当像鸟飞往你的山》

人们只看到我的与众不同：一个十七岁前从未踏入教室的大山女孩，却戴上一顶学历的高帽，熠熠生辉。只有我知道自己的真面目：我来自一个极少有人能想象的家庭。我的童年由垃圾场的废铜烂铁铸成，那里没有读书声，只有起重机的轰鸣。不上学，不就医，是父亲要我们坚持的忠诚与真理。父亲不允许我们拥有自己的声音，我们的意志是他眼中的恶魔。哈佛大学，剑桥大学，哲学硕士，历史博士……我知道，像我这样从垃圾堆里爬出来的无知女孩，能取得如今的成就，应当感激涕零才对。但我丝毫提不起热情。我曾怯懦、崩溃、自我怀疑，内心里有什么东西腐烂了，恶臭熏天。直到我逃离大山，打开另一个世界。那是教育带给我的新世界，那是我生命的无限可能。——塔拉·韦斯特弗

3. 电影：《心灵捕手》

拥有数学天赋的年轻清洁工威尔，因为解开了麻省理工学院数学教授公开的一道困难的数学题，被教授蓝波关注。当时威尔还是打架滋事、叛逆不羁、为此几乎入狱的少年。教授蓝波将他保释，开始为他寻找合适的心理医生，并希望他可以发挥数学才能。

在威尔接连"赶跑"五名心理医生后，终于，尚恩走进了他的内心。威尔很难得地开始信任一个人。

他和一个女孩恋爱，却因恐惧而逃开，他有着令人羡慕的数学天赋，却回避发展自己的才能。内心充满了恐惧不安与冲突的威尔，最后经过自己的努力，也经过蓝波和尚恩的耐心，渐渐敞开心扉。

"那些发生过的事你无法改变不是你的错""你会遭遇这种烂事也不是你的错""你选择避开所有的爱也不是你的错""你选择在事情变糟之前提前抽身离开也不是你的错""你会长成如今的面貌成为如此的自己也不是你的错"，最后，是这些领悟让威尔逐步走出成长的创伤，开始迎接自己崭新的人生。

4. 电影：《奇迹男孩》

奥吉是一个 10 岁的男孩，除了头戴一个巨大的太空头盔外，他和其他的同年龄孩子别无二致。头盔下隐藏了奥吉因为各种手术而伤痕累累的脸庞，它不仅完美地隐藏起了奥吉脆弱自卑的内心，也成功地防止了奥吉的模样吓到别的孩子。

奥吉没有上过学，他的所有文化知识都是母亲伊莎贝尔在家教授给他的。然而，伊莎贝尔渐渐感觉到，家庭课堂无法满足奥吉的成长需要，除了学习知识，奥吉还必须学会的是如何同除了家人以外的人交流。在忧虑重重之中，伊莎贝尔将奥吉送入了一间公立学校里，在那里，奥吉面临的是他人生中必须战胜的挑战。

影片展示了从每个人的视角所作出的选择，如果每个人都能选择以最大的善意对待他人，相信大家在面对困难和挑战时都能获得心理上的抚慰和支持。

参考文献

[1] 马建青.大学生心理健康教程[M].第4版.杭州：浙江大学出版社，2022.

[2] 江光荣.大学生心理健康素养[M].长沙：湖南师范大学出版社，2020.

[3] 王滟明，邹简.哈佛积极心理学笔记[M].北京：中国言实出版社，2011.

[4] 任俊.积极心理学[M].上海：上海教育出版社，2006.

[5] 边玉芳.心理健康[M].上海：华东师范大学出版社，2006.

[6] 胡真，李光英.医学心理学[M].第3版.北京：人民卫生出版社，2021.

[7] 彭聃龄.普通心理学[M].北京：北京师范大学出版社，2005.

[8] 林崇德，杨治良，黄希庭.心理学大辞典[M].上海：上海教育出版社，2003.

[9] 王芳.成长快车：大学生心理健康教育读本[M].杭州：浙江大学出版社，2013.

[10] 吕澜.大学生心理健康教程[M].北京：中国社会科学出版社，2011.

[11] 叶一舵.心理健康标准及其研究的再认识[J].东南学术，2001.6: 169-175.

[12] 黄丽，李梅.校园成长列车——献给大学新生的心领礼物[M].杭州：浙江科学技术出版社，2009.

[13] 朱坚，王水珍.健康之路从心起步：大学生心理调适与发展[M].北京：科学出版社，2010.

[14] 黄维仁.活在爱中的秘诀——亲密关系三堂课[M].北京：中国轻工业出版社，2011.

[15] 小魔女Candy.爱情心理测试[M].北京：中国铁道出版社，2010.

[16] 魏棻卿，王启芬.一切都是心理学：信念力[M].北京：北京理工大学出版社，2014.

[17] 曹希波.培养孩子坚忍品质的成长故事全集[M].南昌：江西人民出版社，2007.

[18] 凌辉.自我[M].上海：上海教育出版社，2022.

[19] 张伯源.变态心理学[M].北京：北京大学出版社，2005.

[20] 钱铭怡.变态心理学[M].北京：北京大学出版社，2006.

[21] 郭念锋.国家职业资格培训教程心理咨询师(基础知识)[M].北京：民族出版社，2011.

[22] 沈远平，江晓黎，杨思思.应急管理预防、演练与自救[M].广州：暨南大学出版社，2011.

[23] 小天.心理学上有一个词叫：梅拉宾法则，微信公众号：第一心理，2025.

[24] "让我们来看看古人是如何巧妙的化解人际矛盾"，微信公众号：骑着蜗牛的赶路人，2024.

[25] 马红霞，刘晓玲，高月春，等."三位一体"的大学生心理健康教育教学模式的改革与实践——以压力管理与挫折应对为例[J].华北理工大学学报(社会科学版)，2018,18(1): 86-89,104.

[26] 唐桂梅.大学生心理健康教育课程混合式教学设计探讨 ——以"大学生压力管理与挫折应对"为例[J].广西教育(高等教育)，2020(31): 156-158.

[27] 王红姣.大学生压力源及压力应对方式研究综述[J].思想理论教育(上半月综合版)，2007(11): 80-84.

[28] 张建卫，刘玉新，金盛华.大学生压力与应对方式特点的实证研究[J].北京理工大学学报(社会科学版)，2003,5(1): 7-11.

[29] 李慧民，翟景峰.大学生人格特征及与心理健康的关系[J].中国临床康复，2006,10(2): 166-168.

[30] 董妍，俞国良.自我提升的研究现状与展望[J].心理科学进展，2005,13(2): 178-185.

[31] 秦虹云，季建林.PTSD及其危机干预[J].中国心理卫生杂志，2003,17(9): 614-616.

[32] 俞国良，侯瑞鹤.论学校心理健康服务及其体系建设[J].教育研究，2015,36(8): 125-132.

[33] 戴安娜·帕帕拉，萨莉·奥尔兹，露丝·费尔德曼.发展心理学：从生命早期到青春期[M].李西营，等译.北京：人民邮电出版社，2013.

[34] 罗伯特·S.费尔德曼.费尔德曼发展心理学(原书第4版)[M].苏彦捷，等译.杭州：浙江教育出版社，

2021.

[35]　克里斯托弗·彼得森.积极心理学 [M].徐红,译.北京:群言出版社,2010.

[36]　马丁·塞利格曼.真实的幸福 [M].洪兰,译.沈阳:万卷出版公司,2010.

[37]　理查德·格里格,菲利普·津巴多.心理学与生活 [M].王垒,王甦,等译.北京:人民邮电出版社,2003.

[38]　E.T.韦伯,J.J.摩根.他人心理:人际交往中的心理学常识 [M].周智文,译.北京:新世界出版社,2009.

[39]　埃立特·阿伦森,等.社会心理学 [M].侯玉波,等译.北京:中国轻工业出版社,2007.

[40]　马歇尔·卢森堡.非暴力沟通 [M].阮胤华,译.北京:华夏出版社,2009.

[41]　乔塞尔森.我和你:人际关系的解析 [M].鲁小华,孙大强,译.北京:机械工业出版社,2009.

[42]　艾瑞克·伯恩.人间游戏:人际沟通心理学 [M].汪畅,译.天津:天津人民出版社,2023.

[43]　罗伯特·J.斯腾伯格,凯琳·斯腾伯格.爱情心理学 [M].倪爱萍,译.北京:世界图书出版公司,2010.

[44]　盖瑞·查普曼.爱的五种语言 [M].王云良,陈曦,译.北京:中国轻工业出版社,2006.

[45]　沃特·谢弗尔.压力管理心理学 [M].方双虎,等译.北京:中国人民大学出版社,2009.

[46]　Judith S.Beck.认知疗法:基础与应用 [M].张怡,孙凌,王辰怡,等译.第 2 版.北京:中国轻工业出版社,2013.

[47]　John W.Santrock.心理调适 [M].王建中,等译.北京:高等教育出版社,2008.

[48]　乔纳森·布朗.自我 [M].陈浩莺,等译.北京:人民邮电出版社,2004.

[49]　丹·艾瑞里.怪诞行为学 [M].赵德亮,夏蓓洁,译.北京:中信出版社,2010.

[50]　克拉拉·E.希尔.助人技术:探索、领悟、行动三阶段模式 [M].朱旭,尹娜,杨雪,等译.第 5 版.北京:中国人民大学出版社,2025.

[51]　罗伯特·戴博德.蛤蟆先生去看心理医生 [M].陈赢,译.天津:天津人民出版社,2024.